绿色发展情景仿真、技术推广与重点领域建设

以湖南为例

HUNAN GREEN DEVELOPMENT

SCENARIO SIMULATION,
TECHNOLOGY PROMOTION AND MECHANISM CONSTRUCTION
IN KEY FIELDS

杨顺顺 著

社会科学文献出版社
SOCIAL SCIENCES ACADEMIC PRESS (CHINA)

资　助

湖南省社会科学成果评审委员会课题"湖南工业部门碳排放结构分解及减排情景分析"（XSP20YBZ087）

湖南省社会科学界联合会智库课题"健全'一湖四水'治理长效机制研究"（ZK2019032）

湖南省社会科学院智库研究专项课题"湖南绿色发展多情景仿真及绿色技术推广研究"（19ZHC15）

目　　录

第一章

绪论

建设"生态强省"是湖南省对"创新、协调、绿色、开放、共享"五大发展理念的准确领悟和创新实施，自2007年长株潭城市群启动两型社会建设综合配套改革试验以来，湖南省先后提出了"绿色湖南""生态强省"等建设目标，在绿色发展的不少领域取得了不俗成绩，一批关键、重大技术获得了突破和应用，一批机制创新和改革案例得到了上级肯定。未来在实现基本现代化目标的引领下，需要找准绿色发展瓶颈制约和着力环节，通过相关领域关键技术推广应用、重点领域的政策创新，巩固领先优势板块，助推形成绿色发展方式和生活方式，实现人与自然和谐共生现代化的各项目标和美丽湖南的建设愿景。

第一节 研究背景

"绿色发展"这一概念可追溯到20世纪60年代末"生态

经济"和70年代末"可持续发展"概念的提出，1987年《我们共同的未来》中则正式阐述了可持续发展的定义①，联合国计划开发署发表的《2002年中国人类发展报告：绿色发展，必选之路》中首次明确提出中国应实施绿色发展②，"绿色发展"由此进入中国学界的理论探索范畴和各地区的发展实践中。目前与绿色发展类似的概念还有绿色经济、生态经济、低碳经济、绿色新政等③。最早将生态经济以学术性成果形式展现的是1968年美国经济学家肯尼斯·鲍尔丁的《一门新兴科学——生态经济学》一书④和同年由英国科学家Garrett Hardin提出的"公地悲剧"理论，此后出现了一系列如《增长的极限》《我们共同的未来》等20世纪最具国际影响力的论著和报告⑤。国内学界早在20世纪80年代末就开始对可持续发展理论进行讨论，对于"绿色发展"这一概念，胡鞍钢是对其理论和应用探讨较多的学者之一。他认为"绿色发展"是区别于传统"黑色发展"的新发展观，以人为本、协调发展、

---

① 冯仿娅：《可持续发展理论研究综述》，《现代哲学》1996年第3期，第112～114页。
② 霍艳丽、刘彤：《生态经济建设：我国实现绿色发展的路径选择》，《企业经济》2011年第10期，第63～66页。
③ Pearce D. W., Markandya A., Barbier E. B., *Blueprint for a Green Economy*, London: Earth Scan Publication Limited, 1989.
④ 严茂超：《生态经济学新论：理论、方法与应用》，中国致公出版社，2001。
⑤ 滕藤：《生态经济与相关范畴》，《生态经济》2002年第12期，第19～21页。

可持续发展就是绿色发展①。王毅②认为需要厘清"绿色发展"与"循环经济""低碳经济"等概念的区别，绿色发展强调在经济发展方面的 3 个层次的含义，包括资源节约与环境建设、发展新型绿色产业、经济系统绿色改造。周宏春③没有直接给绿色发展下定义，但认为低碳经济和循环经济包含于绿色发展概念之中，并提出绿色发展是中国现代化的应有之义。潘家华④则直接探讨了绿色发展指标的问题，认为节能减排目标应与经济发展和民生保障要求相适应。北京师范大学自 2010 年以来以年度报告的形式发布的《中国绿色发展指数报告》(2010～2018)⑤ 全面评估全国及各省（区、市）经济增长绿化度、资源环境承载潜力、政府政策支持度水平，是目前国内学界、政界中较有影响力的成果。"绿色发展"被列入五大发展理念后，国内学界对其理论及应用的研究更为深入。鲍健强⑥解读了供给侧结构性改革与绿色低碳发展之间的关系。庄

---

① 胡鞍钢：《绿色发展是中国的必选之路》，《环境经济》2004 年第 2 期，第 31～33 页；胡鞍钢：《中国：创新绿色发展》，中国人民大学出版社，2012。

② 王毅：《厘清"绿色发展"理念》，《北京观察》2011 年第 6 期，第 27 页。

③ 周宏春：《走中国特色的绿色发展之路》，《中国科学院院刊》2010 年第 4（2）期，第 4～9 页；周宏春：《绿色发展是中国现代化的应有之义》，《绿叶》2015 年第 8 期，第 9～17 页。

④ 潘家华：《"十二五"绿色发展指标无需过激》，《气候变化研究进展》2011 年第 3 期，第 72～75 页。

⑤ 关成华、韩晶：《2017/2018 中国绿色发展指数报告——区域比较》，经济日报出版社，2019。

⑥ 鲍健强：《供给侧结构性改革与绿色低碳发展》，《浙江经济》2016 年第 7 期，第 26～27 页。

贵阳等①探讨了生态优先、绿色发展战略背后的理论意蕴。杨志江和文超祥②采用数据包络分析技术评价了中国东、中、西三个区域和省际绿色发展效率差异。沈晓艳等③构建了绿色GDP核算体系并对全国各省（区、市）进行了试算研究。周宏春④认为绿色发展是落实乡村振兴战略的关键。黄茂兴和叶琪⑤指出中国绿色发展理念是对马克思主义绿色发展观的继承和创新。汪光焘、张国俊、许宪春等⑥分别阐述了城市规划、产业发展、大数据应用等与绿色发展相应的关系，而高赢、张腾飞和杨俊、刘杨等⑦则分别从经济区、省域、城市群等不同尺度考察了区域绿色发展绩效。整体上说，绿色发展与可持续发展

---

① 庄贵阳、薄凡、张靖：《中国在全球气候治理中的角色定位与战略选择》，《世界经济与政治》2018年第4期，第4~27页。

② 杨志江、文超祥：《中国绿色发展效率的评价与区域差异》，《经济地理》2017年第37（3）期，第10~18页。

③ 沈晓艳、王广洪、黄贤金：《1997~2013年中国绿色GDP核算及时空格局研究》，《自然资源学报》2017年第10期，第1639~1650页。

④ 周宏春：《乡村振兴背景下的农业农村绿色发展》，《环境保护》2018年第46（7）期，第16~20页。

⑤ 黄茂兴、叶琪：《马克思主义绿色发展观与当代中国的绿色发展——兼评环境与发展不相容论》，《经济研究》2017年第52（6）期，第17~30页。

⑥ 汪光焘：《对未来城市绿色发展的思考》，《城市规划》2019年第7期，第9、20页；张国俊、邓毛颖、姚洋洋等：《广东省产业绿色发展的空间格局及影响因素分析》，《自然资源学报》2019年第34（8）期，第1593~1605页；许宪春、任雪、常子豪：《大数据与绿色发展》，《中国工业经济》2019年第4期，第5~22页。

⑦ 高赢：《中国八大综合经济区绿色发展绩效及其影响因素研究》，《数量经济技术经济研究》2019年第9期，第3~23页；张腾飞、杨俊：《绿色发展绩效的环境保护财政支出效应评价及政策匹配》，《改革》2019年第5期，第60~69页；刘杨、杨建梁、梁媛：《中国城市群绿色发展效率评价及均衡特征》，《经济地理》2019年第39（2）期，第110~117页。

领域其他概念确实在定义和实践中存在重复的区域，不是一个完全排他的学术概念，将其与其他类似概念进行严格的界定并非完全必要且不具可操作性，事实上应当更注重将这一概念与社会经济建设相结合，使其更灵活地为我国社会经济可持续发展服务①。

本书主要涉及区域绿色发展仿真预测技术、绿色技术推广和政策支持体系建设等内容，本章对国内学界相关研究成果进行简要回顾和评述。其中，由于绿色发展仿真预测技术属于学界讨论的热点，本书将对系统动力学应用于我国绿色发展政策仿真的相关研究进行详细综述；而技术推广、政策与体制机制建设相关内容由于偏重于具体实践应用，理论研究偏少，后文主要对其国内外相关实践经验进行归纳分析，不再对其学术研究的进展展开评述。

（1）绿色发展仿真预测方法的研究述评。国内学界已有成果中，绿色发展的模型技术从评价方法兴起，而后为深入指导实践，各类仿真预测技术的应用日益广泛，其发展趋势呈现以下特点：一是预测方法技术使用日趋多样化和综合性。经济学方法，如增长模型②、CGE 模型③；运筹学方法，如多目标

---

① 杨顺顺：《长江经济带绿色发展指数测度及比较研究》，《求索》2018 年第 5 期，第 88～95 页。

② 石培基、祝璇：《甘肃省人口预测与可持续发展研究》，《干旱区资源与环境》2007 年第 21（9）期，第 1～5 页。

③ 高颖、李善同：《征收能源消费税对社会经济与能源环境的影响分析》，《中国人口：资源与环境》2009 年第 2 期，第 34～39 页；熊振兴：《生态赤字税：绿色发展与税制改革》，《经济理论与经济管理》2018 年第 4 期，第 22～33 页。

规划①；系统科学方法，如人工神经网络②、灰色预测③等都得到了广泛应用，而多种分析方法的复合应用，特别是评价与预测方法的联用也得到了学者的青睐④。二是各类仿真预测成果指向的层次和领域逐步涵盖了宏观、中观和微观层次，以及经济、社会、环境、资源等领域。研究既包括对国家和省级等宏观层面的绿色发展问题的探讨⑤，又包括对城市⑥、产

---

① 于堃、熊黑钢、韩茜等：《基于目标规划模型的大连市水资源承载力分析》，《城市环境与城市生态》2005 年第 18（5）期，第 12～14 页；胡雅蓓、邹蓉：《新常态下碳减排与经济转型多目标投入——产出优化研究》，《资源开发与市场》2018 年第 34（8）期，第 1066～1073 页。

② 连飞：《中国经济与生态环境协调发展预警系统研究——基于因子分析和 BP 神经网络模型》，《经济与管理》2008 年第 22（12）期，第 8～11 页；傅建华、张莉：《基于 AHP 与 BP 神经网络模型的循环经济绿色营销绩效评价》，《科技管理研究》2012 年第 32（20）期，第 215～220、242 页。

③ 黄明强：《基于资源及环境约束的我国低碳城市发展机制研究》，天津大学博士学位论文，2014；夏扬坤、庞燕、夏扬奇：《长株潭城市绿色物流发展预测分析》，《中国科技投资》2014 年第 4 期，第 515 页。

④ 曾悦、商婕：《生态工业园区绿色发展水平趋势预测及驱动力研究》，《福州大学学报》（自然科学版）2017 年第 2 期，第 262～267 页；王晓君、吴敬学、蒋和平：《中国农村生态环境质量动态评价及未来发展趋势预测》，《自然资源学报》2017 年第 32（5）期，第 864～876 页；靖培星、赵伟峰、郑谦等：《安徽省农业绿色发展水平动态预测及路径研究》，《中国农业资源与区划》2018 年第 39（10）期，第 51～56 页。

⑤ 李文超、田立新、贺丹：《生态创新促进经济可持续发展的路径研究》，《科学管理研究》2013 年第 31（2）期，第 16～19 页；付帼、卢小丽、武春友：《中国省域绿色创新空间格局演化研究》，《中国软科学》2016 年第 7 期，第 89～99 页。

⑥ 栾胜基、黄艺、张金华：《深圳环境展望（2007）》，UNEP/SZPKU（联合国环境规划署/北京大学深圳研究生院）联合出版，2007；孙秀丽、高斌：《城市园林绿化的预测分析与政策取向研究——以山东省为例》，《东岳论丛》2010 年第 31（12）期，第 20～23 页；陈明华、张晓萌、刘玉鑫等：《绿色 TFP 增长的动态演进及趋势预测——基于中国五大城市群的实证研究》，《南开经济研究》2020 年第 1 期，第 20～44 页。

业部门①等中观层面，直至对企业、供应链等②微观层次的实证分析。三是仿真预测技术的应用大大强化了学术成果对现实决策的指导功能。相较于以往研究更侧重于理论概念分析、指标体系的建立和历史现状评价，近年来学界将更多的目光投向基于情景分析手段和系统仿真技术的政策仿真优化研究，使用评价体系对不同的政策集的趋势预测数据进行评估，进而得到更具针对性和可操作性的政策建议，如佟贺丰等③基于系统动力学模型从 7 个行业角度分析了中国绿色经济发展的潜在影响；甘宇、朱发根和单葆国、邵继东、唐建荣和邓林④均采用情景分析手段对绿色经济转型、能源供需平衡、环保投资、控制碳足迹等问题的政策路径选择进行了讨论。

① 乔长涛、杜巍、屈志光：《我国绿色食品产量灰色预测及政策启示——基于供给增长驱动力视角的分析》，《农产品质量与安全》2011 年第 1 期，第 44～49 页；陈超凡、韩晶、毛渊龙：《环境规制、行业异质性与中国工业绿色增长——基于全要素生产率视角的非线性检验》，《山西财经大学学报》2018 年第 3 期，第 65～80 页。

② 李冬伟：《环境可见度视角下企业绿色响应驱动研究——基于上市公司数据的分析》，《科学学与科学技术管理》2016 年第 12 期，第 53～61 页；成琼文、周璐：《基于系统动力学的绿色供应链管理实践路径仿真》，《科技管理研究》2016 年第 23 期，第 226～231 页；温兴琦、程海芳、蔡建湖等：《绿色供应链中政府补贴策略及效果分析》，《管理学报》2018 年第 15（4）期，第 625～632 页。

③ 佟贺丰、杨阳、王静宜等：《中国绿色经济发展展望——基于系统动力学模型的情景分析》，《中国软科学》2015 年第 6 期，第 25～39 页。

④ 甘宇：《区域绿色经济转型分析模型的建立与应用——以山西为例》，清华大学硕士学位论文，2013；朱发根、单葆国：《基于情景分析模型的 2030 年中国能源供需格局研究》，《生态经济》2013 年第 12 期，第 18～21 页；邵继东：《基于情景分析的环保投资路径选择研究》，大连理工大学硕士学位论文，2013；唐建荣、邓林：《基于 Lasso - Arima - GM 的碳足迹情景分析》，《管理现代化》2014 年第 34（5）期，第 66～68 页。

（2）绿色发展技术推广研究的应用探索。绿色技术推广作为绿色发展研究的子领域，专业技术和实操性强。目前学界对绿色技术的研究主要集中为：技术创新、技术进步对绿色发展的影响分析，如袁润松等[①]采用方向距离函数和 SBM 模型分析了技术创新、技术差距对我国区域绿色发展的影响；张江雪等[②]讨论了绿色技术创新面临的主要制度障碍和支持政策体系；李香菊、卢飞等[③]分别以技术进步为切入点，分析了环境税制、贸易开放对区域绿色发展的影响。而针对绿色技术推广的研究，则更多地从具体技术类型推广入手，如绿色农业、绿色交通、绿色建筑等的技术推广[④]，但在推广模式、体制机制方面的系统化、深入性研究尚不多见。

（3）绿色发展政策支持体系的研究热点。作为一个从理论界进入我国发展实践的概念，目前对区域绿色发展的规划和政策研究正处于从初步摸索转向深度探讨的阶段。学界对绿色

---

① 袁润松、丰超、王苗等：《技术创新、技术差距与中国区域绿色发展》，《科学学研究》2016 年第 34（10）期，第 1593~1600 页。

② 张江雪、张力小、李丁：《绿色技术创新：制度障碍与政策体系》，《中国行政管理》2018 年第 2 期，第 153~155 页。

③ 李香菊、杜伟、王雄飞：《环境税制与绿色发展：基于技术进步视角的考察》，《当代经济科学》2017 年第 4 期，第 117~123 页；卢飞、刘明辉、孙元元：《贸易开放、产业地理与绿色发展——集聚与产业异质性视角》，《经济理论与经济管理》2018 年第 9 期，第 34~47 页。

④ 张燕：《对我国生态农业技术推广的思考》，《农业经济》2011 年第 2 期，第 26~28 页；夏胜国、王树盛、曹国华：《绿色交通规划理念与技术——以新加坡·南京江心洲生态科技岛为例》，《城市交通》2011 年第 4 期，第 72~81 页；蒲云辉、李文渊：《国外绿色建筑推广对我国的启示》，《建筑技术》2017 年第 7 期，第 678~680 页。

发展政策支持体系的构建基本从顶层规划、组织领导、法律标准、金融财税、科技创新、人才建设、考评监督等方面展开[①]，而相对特色较强的研究主要体现为以下深入考察：一是结合特殊区域条件，对特定地区政策支持体系的深入思考。如黄海燕和杨春平[②]对 "两型社会" 建设中绿色发展重点领域制度革新的讨论；熊映梧[③]通过比较分析海南与台湾的产业政策，提出了岛域绿色发展的产业政策设计；孙凌宇[④]讨论了推进高原盆地柴达木地区绿色发展的政策建议；贾若祥、李雪梅等[⑤]分别对流域、滨海湿地绿色发展进行了发育（发展）程度

[①] 张莹、刘波：《我国发展绿色经济的对策选择》，《开放导报》2011 年第 5 期，第 74～77 页；秦书生、晋晓晓：《政府、市场和公众协同促进绿色发展机制构建》，《中国特色社会主义研究》2017 年第 3 期，第 93～98 页；杨解君：《论中国绿色发展的法律布局》，《法学评论》2016 年第 4 期，第 160～167 页；李周：《中国经济学如何研究绿色发展》，《改革》2016 年第 6 期，第 133～140 页；王全良：《财税政策对中国绿色发展的影响研究——基于空间计量模型的实证检验》，《中国软科学》2017 年第 9 期，第 82～90 页；周志远：《湖南长沙县实施绿色政绩考核精准评价干部实绩》，《中国行政管理》2015 年第 1 期，第 159 页；盛明科、朱玉梅：《生态文明建设导向下创新政绩考评体系的建议》，《中国行政管理》2015 年第 7 期，第 158 页。

[②] 黄海燕、杨春平：《积极建设 "两型社会" 着力推动绿色发展》，《宏观经济管理》2012 年第 3 期，第 36～37、50 页。

[③] 熊映梧：《选择绿色发展的道路——海南与台湾产业政策比较分析》，《科技导报》1994 年第 12 期，第 57～64 页。

[④] 孙凌宇：《对推进柴达木地区绿色发展的思考》，《柴达木开发研究》2011 年第 2 期，第 24～26 页。

[⑤] 贾若祥、张燕、王继源等：《促进我国流域经济绿色发展》，《宏观经济管理》2019 年第 4 期，第 48～52、59 页；李雪梅、张丽妍、殷克东：《中国沿海地区典型滨海湿地绿色发展效应评价研究》，《中国海洋大学学报》（社会科学版）2019 年第 6 期，第 54～65 页。

分类、聚类和评价，并提出了政策建议。二是结合特殊发展对象，对特定方向政策支持体系的深入思考。如中国行政管理学会和环境保护部宣传教育司①从提高政府的"绿色领导力"出发，重点讨论了绿色行政与其他机制的结合问题；彭文兵、姜子昂等②分别论述了我国新能源产业和天然气产业绿色发展的支持政策和建设策略。

（4）国内学界对绿色湖南建设的相关讨论。建设"绿色湖南"的目标尽管刚刚整合提出，国内学界已经开始对"绿色湖南"建设的若干理论问题和对策研究进行初步探索，如廖小平③从建设"绿色湖南"的必要性和现实基础出发，讨论了"绿色湖南"建设的总体思路和主要目标；匡跃辉和曾献超④从决策、管理、自然三个层面阐述了建设"绿色湖南"的优势条件；秦文展⑤提出了通过营造绿色文化，促进"绿色湖

---

① 中国行政管理学会、环境保护部宣传教育司联合课题组：《实施中国特色的绿色新政　推动科学发展和生态文明建设》，《中国行政管理》2010年第4期，第12～15页。

② 彭文兵、马永威、张方方：《政府绿色支持政策对我国新能源推广影响研究》，《价格理论与实践》2018年第9期，第58～61页；姜子昂、肖学兰、余萌等：《面向绿色发展的中国天然气科学体系构建》，《天然气工业》2011年第31（9）期，第7～11页。

③ 廖小平：《绿色发展：湖南实现可持续发展的战略抉择——加快建设"绿色湖南"的思路与对策研究》，《湖南社会科学》2012年第1期，第119～122页。

④ 匡跃辉、曾献超：《建设"绿色湖南"的主要优势》，《湖南社会科学》2012年第1期，第122～125页。

⑤ 秦文展：《营造绿色文化　建设绿色湖南》，《经济研究导刊》2012年第4期，第146～147页。

南"建设的指导性建议;彭芬兰和邓集文[1]认为为推进"绿色湖南"建设,政府应形成生态优先的价值取向和相应的行政责任理念、行政权力观、行政思维方式和行政系统观;刘茂松[2]指出在我国经济转入中高速增长的新常态下,湖南要实现后发赶超必须建立两型生产方式和践行绿色发展战略。可以预见,随着"绿色湖南"建设的落实和深化,学界对建设"绿色湖南"理论与方法的讨论也将日趋深入和完善。

综上所述,当前学界在绿色发展理论与仿真预测方法的研究上已经相对成熟。湖南作为全国两型社会试验区所在地(长株潭城市群为试验区),在绿色发展方面已经形成了一批相对领先的核心技术和较有成效的支撑机制,未来如何将绿色技术推广、重点领域机制建设作为促进全省绿色发展的重要抓手,倒逼技术创新、优化扶持机制、更新商业模式、深入促进改革,是实现"生态强省"奋斗目标,为全国提供技术推广经验、树立机制改革标杆的可行途径。

本书的学术价值在于,在把握湖南绿色发展内涵和特征的基础上,辨析湖南绿色发展经济、社会、资源、环境系统之间的联系和响应关系,并采用系统动力学的复杂反馈方法整合其他单结构模型,直接定量研究社会—经济—环境系统间的相互

---

① 彭芬兰、邓集文:《绿色湖南视域下行政文化的生态化需求及其社会化》,《中南林业科技大学学报》(社会科学版) 2013 年第 7 (5) 期,第 106 ~ 110 页。

② 刘茂松:《论经济发展新常态与湖南绿色发展战略及其路径》,《湖南社会科学》2015 年第 3 期,第 129 ~ 133 页。

作用和平衡规律，形成能够用于情景分析、效应预测的仿真分析系统。本书有助于将湖南绿色发展研究从概念性、框架性和现状评价分析深入至规律性、预判性和制度安排层面，丰富相关研究板块。本书的应用价值在于，情景分析事实上对应了未来湖南绿色发展的不同主攻方向和可能的瓶颈环节，从绿色发展多情景分析结论入手，寻找未来制约和支撑湖南绿色发展水平提升的关键绿色技术和重点建设领域，通过深入调研和比较研究，提出各关键绿色技术推广的优选模式、机制，并遴选、讨论绿色发展重点领域的改革思路和机制创新，将为协调相关具体工作提供决策参考，研究结果具有较明显的政策含义和现实价值。

第二节　研究框架

本书共 8 章，从内容板块上可以分成两个主要篇目。第一章至第三章为理论与仿真方法篇，主要介绍湖南绿色发展相关理论学科背景、技术方法进展和仿真模型的具体构建过程及结果分析；第四章至第八章为实证应用篇，主要介绍湖南绿色发展相关技术推广机制、重点领域政策支持机制和从全产业链出发的绿色产品供给体系建设。

理论方法构建层面，湖南要走生态优先、绿色发展道路是国家的既定战略和明确要求，对湖南绿色发展建设的分析、评估、预测，业已成为影响科学决策的重要因素。湖南绿色发展是一个覆盖社会、经济、资源、环境、政策多层面因素的战略工程和复杂系统，对其进行建模和仿真研究需要借助概念模型和定量模型相结合的分析手段。从具体的技术方法选用方面，本书采用 PSR 矩阵框架分析有助于充分理解湖南绿色发展的丰富内涵和子系统关联，从社会经济过程和自然环境过程对其进行综合把握与准确定位，为构建仿真模型提供机理支撑；同时，湖南绿色发展具有开放性、不确定性、动态演化的特点，本书借助系统动力学擅长处理具有高阶、非线性、时变特点的中长时间尺度和中宏观区域系统模拟问题，这与湖南绿色发展对应的宏观性和复杂性相吻合，其在湖南政策情景仿真建模方面具有广阔的应用前景。从与政策研判相关的情景分析方面，对湖南绿色发展研究需要突破历史分析—现状评价—政策建议的传统范式，针对湖南绿色发展这一项探索性事业的政策研究要充分发挥情景分析"讲故事"的能力和系统仿真方法预测预判的能力，围绕社会经济和资源环境循环波动等特定周期现象进行规律分析，将常规评价与仿真预测方法相结合，全面预判和调控建设轨迹，为决策部门提供科学、量化的研究成果，帮助其规避政策风险、突破体制障碍、创新政策体系。

实证应用层面，湖南从国家两型试验区建设到"绿色湖南""生态强省"建设，业已具备绿色发展的基础条件，在不少领域已经形成相对领先的技术储备和卓有成效的政策体系。加强以清洁、循环、低碳技术为核心的绿色发展技术推广工作，遴选绿色发展关键领域并对重点领域如何突破现实发展瓶颈提出针对性政策建议，进一步夯实全省绿色发展基础，有助于自主核心技术的突破、产业集群的打造、高效市场的培育、有为政府的建设，需要按照"政府引导、市场主导、多方参与、项目示范"的整体思路，加快在全省推广一批效益显著、先进适用、便于借鉴的清洁、循环、低碳技术，在绿色发展重点领域形成样板和典型示范，将湖南建设成"绿色科技创新的策源地、两型产业的聚集区、绿色企业的孵化器"，助推美丽湖南从"盆景"变成"花园"。

当前，湖南绿色技术推广面临着资金缺口大、融资模式单一，市场培育滞后、劣币驱除良币，政策设计模糊、权责边界不明，协同平台待完善、专业人才待引进等现实困境；绿色发展重点领域存在如何保持领先态势，发挥改革"排头兵""先遣队"作用，如何突破资金、技术瓶颈，解决突出环境问题的同时打造环保蓝海市场等方面的迫切要求；绿色产品供给方面也受到了顶层设计与实施机制待完善、标准认证标识体系不统一、消费市场供需对接待引导等现实条件制约。针对这些问题和困难，既要抓住关键环节通过"一事一议"优化支持机制，又要从整体完善保障体系：加强组织协调，完善省市联动、部门联动和考核评估机制；加大财税支持力度，落实相关优惠政策和创新财政资金支持方式；拓宽融资渠道，创新绿色信贷、扩大直接融资和创新融资模式；优化市场环境，深化两型采购、规范准入门槛、完善价格调节机制、培育交易市场和强化执法监管；强化创新应用，推进产学研结合和建设技术联盟、促进科技成果转化和人才培养储备；推进项目建设，争取重大科技专项和落实基础领域重大项目建设。

整体而言，对应上述研究背景、思路，本书的章节分布如下。

第一章对全书涉及的相关研究，主要是绿色发展相关理论、仿真预测方法、绿色技术推广、绿色政策体系、"绿色湖南"等研究，以及研究的现实意义、框架逻辑进行综合叙述。

第二章主要对系统动力学应用于区域绿色发展政策分析的国内外文献进行综述，按照研究尺度（国家、省市、县域）、应用领域（资源能源、环境治理、经济系统）、集成应用（软系统分析、优化技术、GIS 技术）分别展开，并提出相关展望。

第三章采用 PSR 思路 + 系统动力学建模。首先从经济、资源、环境出发设计了经济人口子系统、资源能源子系统、环境评估子系统 3 个主要的子系统，确定流位流率系和系统反馈结构。其中，经济人口子系统涉及经济增长、三次产业结构变化、资源利用效率、人口自然增长与流动、城镇化和城乡协调、区域板块协调等内容；资源能源子系统涉及土地资源、水资源、能源供需平衡等内容；环境评估子系统涉及大气、水、固废、碳排放控制等内容。由于仿真系统涉及内容较多，各子系统均仅包括最主要的评价指标。然后，广泛收集历史统计数据、调研资料、文献报道，以回归分析和表函数为主要手段，确定流位、流率、辅助、增补变量的基本水平和函数关系，并比对主要指标的模型仿真结果与历史实际值差距，验证模型有效性。接着，按照经济增长和结构调整速度、资源环境管控层级、绿色发展主攻方向将湖南绿色发展未来走向划分为 3 类不同情景，即粗放—调整、经济转型优先、污染治理优先情景。最后，按照各类情景特点设计相应参数，仿真预测 3 类情景下湖南 2019～2035 年社会经济环境系统的发展趋势和演变规律，并对湖南 2019～2035 年绿色发展经济、社会、资源、环境关键指标进行预测分析。在达到湖南绿色发展目标要求的前提下，评价和比对不同情景建设前景和薄弱环节，提出需要发展或重点干预的绿色技术、主要领域及宏观政策建议。

第四章为绿色技术推广的国内外经验梳理和模式匹配研究。首先，提出了清洁、循环、低碳十大关键技术。其中，清洁技术包括污水处理技术、土壤修复技术、大气污染防治技术、生态养殖技术、海绵城市建设技术；循环技术包括资源循环利用技术、垃圾资源化处理技术；低碳技术包括节能与新能源发电技术、绿色交通技术、绿色建筑技术。然后，对欧美发达国家、国际知名企业和国内绿色技术推广的宏观经验进行了回顾梳理。在此基础上，从推广主体及其合作出发，将绿色技术推广分解为 13 类推广模式，并将上述 10 项具体技术的各子领域与 13 类推广模式进行了匹配荐选。

第五章为湖南绿色发展关键技术推广研究。在明确技术推广必要性、市场潜力和投资规模的基础上，合理确定推广目标、技术重点、推广模式，对湖南各项技术进行如下分析：一是技术应用现状与市场潜力分析，梳理当前该技术应用的范围、现状、问题，按照相关规划目标、产业发展趋势或政策要求，匡算估计该项技术推广的市场潜力与规模。二是投资估算与技术重点，比照类似项目，按照造价成本、运行费用等匡算估计该项技术推广的投资规模，梳理相关文件、文献，提出未来重点推广的具体技术类型。三是经典案例分析与推广模式、机制研究，本部分为该章节重点研究板块，学习国内外、省内外该项技术推广的经典案例，从中系统性提炼适合于湖南省情的推广模式、机制、扶持政策、管理方式等，提出具体对策建议。

第六章为湖南绿色发展重点领域建设机制创新。首先，从绿色制造、乡村振兴等 11 个领域，梳理了 45 项有一定领先地位和基础条件的改革创新。然后，从其中提出了绿色农业、土壤修复、第三方治理、国际绿色合作 4 项重点领域。接着，对这 4 项重点领域均按照国内改革动向、国际经验借鉴、湖南现实基础和对策建议四方面进行了专门分析和论述。其中，国内改革动向主要包括中央改革动向和地方改革行动；国际经验借鉴包括发达国家、发展中国家的一些可参考的做法和经验；湖南现实基础通过文献查阅，以及对长沙、株洲、益阳、岳阳等市相关重点项目的走访和企业访谈进行提炼总结；对策建议针对当前湖南相关领域发展的主要瓶颈和迫切需求提出相关应对举措。

第七章为长株潭城市群促进绿色产品供给研究，从产品和服务端入手对绿色供应链从制造到产品消费的整体打造进行分析。首先，对长株潭支持绿色产品供给的内外环境背景、需求和潜力进行综合论述。然后，对长株潭绿色发展取得的主要成绩和面临的多重挑战进行分析整理。最后，从政府职能、标准认证、平台载体、市场模式和配套机制五个方面，提出长株潭加快和保障绿色产品供给的制度建议。

第八章为结论与展望，对全书各章的分析结论进行总结归纳，并对湖南未来推动绿色发展的政策机制突破口进行展望分析。

本书研究的技术路线和撰写框架见图1-1。

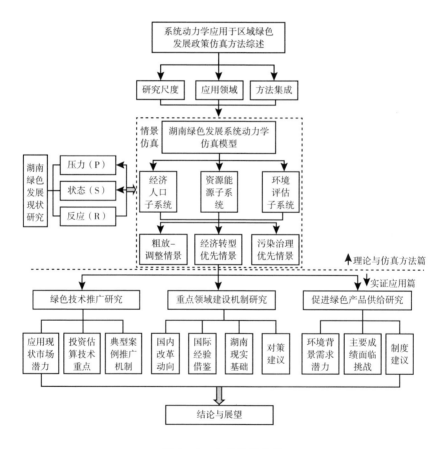

图1-1　本书技术路线

第二章

区域绿色发展系统动力学情景仿真[*]

联合国开发计划署发布的《2002 年中国人类发展报告：绿色发展，必选之路》中首次明确指出中国应走绿色发展[①]之路。虽然与绿色发展类似的可持续发展、循环经济、低碳经济在我国早已开展了相关政策实践，但绿色发展在"十二五"伊始才正式成为国家五年规划纲要的专门章节，而 2015年党的十八届五中全会提出的创新、协调、绿色、开放、共享五大发展理念，标志着绿色发展将成为我国未来相当长一段时期内的核心发展理念[②]，也将是解决我国发展与保护矛

---

[*] 本章主要以笔者发表于《中国环境管理》2017 年第 6 期独著论文《系统动力学应用于中国区域绿色发展政策仿真的方法学综述》为基础，并增加对 2018 年以来学界相关研究成果评述内容而得。

[①] 霍艳丽、刘彤：《生态经济建设：我国实现绿色发展的路径选择》，《企业经济》2011 年第 10 期，第 63~66 页。

[②] 李晓西：《〈中国绿色发展指数报告〉发布六周年小记》，《中国环境管理》2016 年第 1 期，第 116 页。

盾的根本途径。系统动力学是模拟宏观社会经济发展趋势和政策效力的常用分析工具，本章对系统动力学在中国区域绿色发展政策仿真中的应用进行了梳理。系统动力学应用的区域范围方面，该方法全面应用于从国家直至县域等各个尺度的区域绿色发展研究，区域绿色发展通常被分解为经济、社会、资源、环境等子系统；应用的主要领域方面，水土资源、能源、水环境、固废治理、绿色产业等领域应用较多，大气环境、绿色消费等领域应用相对较少；方法的改进和完善方面，软系统分析法、各类优化方法和地理信息系统与系统动力学的集成应用日益普遍。从研究进展来看，未来可在决策变量设计、历史数据挖掘、环境系统对经济系统的反馈等方面进行方法改进。

第一节　系统动力学发展简述

系统动力学（System Dynamics，SD）方法是 20 世纪 50 年代中期发展起来的用于研究信息反馈系统动态变化规律的分析技术，于 1956 年由美国麻省理工学院教授 Forrester 创立，其于 1958 年在《哈佛商业评论》刊出了代表性成果[①]。系统动力学最初被称为工业动力学[②]，主要用于企业这一微观主体的

---

① Forrester J. W., "Industrial Dynamics: A Breakthrough for Decision Makers," *Harvard Business Review*, 1958, 36 (4): 37 – 66.

② Forrester J. W., *Industrial Dynamics*, Canbridge, MA: The MIT Press, 1961.

货物生产、销售、传递以及对应的市场问题，其后被引入城市发展等宏观问题。20 世纪 70 年代，随着《世界动力学》《增长的极限》等一系列经典著作的出版，系统动力学开始全面介入宏观层面的社会经济问题研究，并逐步成为政策效力仿真分析的常用工具。

系统动力学方法于 20 世纪 70 年代末引入我国学界，80 年代在科研院所得到了强力推广，涌现出了杨通谊、王其藩、许庆瑞、贾仁安等一批著名学者[1]和经典著作[2]。系统动力学基于反馈控制理论自上而下建立仿真模型，常用的仿真平台包括 DYNAMO、Stella 和 PowerSim、Vensim 等[3]可视化集成平台方法的出现，极大地降低了系统动力学模型差分方程组和程序语言的编写难度，使仿真模型变得直观和易于理解，推动了系统动力学方法在各个学科领域的全面应用。目前，在中国知网以系统动力学为关键词可搜索到学术论文超过 1 万篇，其在社会科学、自然科学和工程技术领域的应用已极为广泛。

本章将对系统动力学方法应用于我国区域绿色发展政策仿真优化的相关研究，从研究的空间范围、领域范畴、方法改进等方面进行全面梳理和述评，在此基础上提出进一步完

---

[1] 陈国卫、金家善、耿俊豹：《系统动力学应用研究综述》，《控制工程》2012 年第 19（6）期，第 921~928 页。

[2] 王其藩：《系统动力学》（修订版），清华大学出版社，1994。

[3] 张波、虞朝晖、孙强等：《系统动力学简介及其相关软件综述》，《环境与可持续发展》2010 年第 35（2）期，第 1~4 页。

善该方法应用实践的对策建议，为相关领域研究者提供参考借鉴。

第二节　系统动力学应用于区域绿色发展的研究尺度

一　全国范围研究

系统动力学方法应用于全国范围尺度绿色发展的研究，主要集中于：一是对国家绿色发展指数的探讨和评价。张雪花等构建区域社会环境复杂系统仿真模型，通过系统动力学方法辨识影响人类绿色发展指数的关键因素①；郑宏娜构建了包含经济、环境、政策子系统的系统动力学评价模型，测算了1992～2011年我国的绿色福祉指数和绿色发展指数②。二是对我国绿色增长模式的筛选和判断。此类研究常常结合情景分析方法共同实施，如佟贺丰等构建了中国可持续发展模型，模拟了发展绿色经济情景下农业等7个不同行业的发展情况③；郝芳等构建了中国绿色增长评价模型和"调整产业结构"等6种发展模式，分析了至2020年我国社会、经济、资源环境和能源系

①　张雪花、王小双、陶贻侠：《人类绿色发展指数的构建与测度方法研究》，《2013 中国可持续发展论坛暨中国可持续发展研究会学术年会》，2013，第 310～313 页。

②　郑宏娜：《中国绿色发展系统模型构建与评价研究》，大连理工大学硕士学位论文，2013。

③　佟贺丰、杨阳、王静宜等：《中国绿色经济发展展望——基于系统动力学模型的情景分析》，《中国软科学》2015 年第 6 期，第 20～34 页。

统中第三产业占比、"三废"存量、万元 GDP 能耗等关键指标的运行趋势，认为现有生态创新水平尚不能满足"十三五"时期的绿色发展目标[①]；董锁成等基于环境库兹涅茨曲线（EKC 曲线）及系统动力学模型，判断我国中部地区依然存在"先污染后治理"的路径锁定效应，亟待通过生态补偿和联防联控等实施绿色崛起战略[②]。三是应用于国家间绿色发展比较分析。李文超等建立了涵盖人口、资源、资本、污染子系统的经济可持续发展模型，并对 OECD 国家通过生态创新转变系统衰退趋势的作用进行了分析[③]。

二 省、市域范围研究

系统动力学方法应用于省、市域或类似范围尺度绿色发展的研究，主要集中于：一是对省域绿色发展情景的仿真分析。和国家范围尺度类似，此类研究常常将绿色发展体系分解为经济、人口、资源、环境等子系统的结合，如秦钟等模拟了广东省循环经济发展情景[④]；王耕等对辽宁省实施了生态安全预警

---

① 郝芳、王雪华、孔丘逸：《基于系统动力学的中国绿色增长评价模型研究》，《大连理工大学学报》（社会科学版）2017 年第 38（3）期，第 39～45 页。

② 董锁成、任扬、李静楠等：《中部地区资源环境、经济和城镇化形势与绿色崛起战略研究》，《资源科学》2019 年第 41（1）期，第 33～42 页。

③ 李文超、田立新、贺丹：《生态创新促进经济可持续发展的路径研究》，《科学管理研究》2013 年第 31（2）期，第 16～19 页。

④ 秦钟、章家恩、骆世明等：《基于系统动力学的广东省循环经济发展的情景分析》，《中国生态农业学报》2009 年第 17（4）期，第 800～806 页。

评价①；刘耀彬等以江苏省为例建立了区域城市化与生态环境耦合发展模型②；李素峰等以黑龙江省为例讨论了矿产资源密集型区域可持续发展模式③；程云鹤等④分析了财税、税收等六类不同政策情景下安徽绿色发展的节能减排绩效；马永强和华志芹讨论了人口迁移、产业生态化与生态城镇化间的因果反馈和量化关系⑤；罗福周和李琬钰构建了陕南循环经济发展评价模型，预测了 2035 年陕南可持续发展和循环经济能值指数⑥。二是对市域绿色发展情景的仿真分析。Tsolakis 和 Anthopoulos 提出了通过系统动力学实施生态城市可持续性评价的整体框架⑦，与省域相比，此范围尺度的模型构建在保留普适性的基础上，大多加入了案例区域的特征要素，如 Jin 等利用系统动力学方法开发了

① 王耕、刘秋波、丁晓静：《基于系统动力学的辽宁省生态安全预警研究》，《环境科学与管理》2013 年第 38（2）期，第 144～149 页。
② 刘耀彬、陈斐、李仁东：《区域城市化与生态环境耦合发展模拟及调控策略——以江苏省为例》，《地理研究》2007 年第 26（1）期，第 187～196 页。
③ 李素峰、严良、牛晓耕等：《矿产资源密集型区域可持续发展模式的系统动力学仿真研究》，《数学的实践与认识》2014 年第 44（24）期，第 86～94 页。
④ 程云鹤、王宛昊、周强：《安徽绿色经济发展系统动力学模型及政策仿真》，《华东经济管理》2019 年第 6 期，第 14～23 页。
⑤ 马永强、华志芹：《生态城镇化的人口—产业与生态协同演化机理研究——以江苏省城镇化为例》，《中国农业资源与区划》2019 年第 40（3）期，第 188～197 页。
⑥ 罗福周、李琬钰：《基于系统动力学的陕南地区循环经济发展水平研究》，《生态经济》2019 年第 7 期，第 63～69 页。
⑦ Tsolakis N., Anthopoulos L., "Eco-cities: An Integrated System Dynamics Framework and A Concise Research Taxonomy," *Sustainable Cities and Society*, 2015, 17: 1–14.

一个城市生态足迹的动态预测和决策支持框架[①]；王向华等以湿地生态系统为评估重点，对厦门建设海湾型生态城市模式进行了评价[②]；郭振峰等[③]和徐鹏等[④]分别以港城互动和低碳城市为特色，分析了深圳市低碳生态城市建设路径；窦睿音等以鄂尔多斯为例比较了资源型城市六类不同的转型模式，认为循环协调发展模式能够较优实现经济增长去自然资源化目标[⑤]。三是对跨省级、市级行政区域，具有共同自然资源禀赋或者经济社会发展区位特征的区域绿色发展研究。此类研究进一步强调了研究区域的独特性，系统动力学模型针对区域特色设计相应模块，已见报道的研究包括对大型河流[⑥]及其三角洲[⑦]、半岛城市群[⑧]、

①　Jin W. , Xu L. Y. , Yang Z. F. , "Modeling a Policy Making Framework for Urban Sustainability: Incorporating System Dynamics into the Ecological Footprint," *Ecological Economics*, 2009, 68 (12): 2938 – 2949.

②　王向华、朱晓东、李杨帆等：《厦门海湾型城市发展累积生态效应动态评价》，《生态学报》2007 年第 27 (6) 期，第 2375 ~ 2381 页。

③　郭振峰、范厚明、崔文罡等：《港城互动构建绿色低碳港口城市系统仿真》，《生态经济》2016 年第 32 (6) 期，第 98 ~ 102 页。

④　徐鹏、林永红、栾胜基：《低碳生态城市建设效应评估方法构建及在深圳市的应用》，《环境科学学报》2016 年第 36 (4) 期，第 1457 ~ 1467 页。

⑤　窦睿音、张生玲、刘学敏：《基于系统动力学的资源型城市转型模式实证研究——以鄂尔多斯为例》，《干旱区资源与环境》2019 年第 33 (8) 期，第 20 ~ 27 页。

⑥　Wei S. K. , Yang H. , Song J. X. , et al. , "System Dynamics Simulation Model for Assessing Socio-economic Impacts of Different Levels of Environmental Flow Allocation in the Weihe River Basin, China," *European Journal of Operational Research*, 2012, 221 (1): 248 – 262.

⑦　刘超、林晓乐：《城镇化与生态环境交互协调行为研究——以黄河三角洲为例》，《华东经济管理》2015 年第 7 期，第 49 ~ 58 页。

⑧　艾华、张广海、李雪：《山东半岛城市群发展模式仿真研究》，《地理科学》2006 年第 26 (2) 期，第 144 ~ 150 页。

大湖经济区[①]、大型水库区[②]和山区经济[③]等区域社会经济环境协调发展的研究。

三　县域及以下范围研究

县域及以下范围尺度绿色发展的研究，既包括对区域或乡镇，也包括对工业园、开发区等小而集中的发展板块的分析，目前的研究包括：一是对县域经济—生态系统发展趋势的考察。在 20 世纪 80 年代至 90 年代初，出现了一批以特定县域为研究对象的系统动力学研究成果[④]，由于此类研究和省域、市域研究思路过于接近，报道日益减少。二是对小城镇、村落绿色发展模式分析。李桂君等构建了小城镇发展系统动力学流图，揭示其自组织规律[⑤]；宫德圆建立了严寒地区村镇绿色发

①　徐升华、吴丹：《基于系统动力学的鄱阳湖生态产业集群"产业—经济—资源"系统模拟分析》，《资源科学》2016 年第 38（5）期，第 871 ~ 887 页；Guo H. C., Liu L., Huang G. H., et al., "A System Dynamics Approach for Regional Environmental Planning and Management: A Study for the Lake Erhai Basin," *Journal of Environmental Management*, 2001, 61 (1): 93 – 111.

②　张梦婕、官冬杰、苏维词：《基于系统动力学的重庆三峡库区生态安全情景模拟及指标阈值确定》，《生态学报》2015 年第 35（14）期，第 4880 ~ 4890 页。

③　汪一鸣：《宁夏南部山区经济与人口、资源、环境协调发展的系统动态分析》，《干旱区资源与环境》1989 年第 1 期，第 12 ~ 22 页。

④　杨秉赓、赵士鹏：《龙井县社会—经济—生态复合系统动态仿真》，《地理科学》1989 年第 9（1）期，第 60 ~ 66 页。

⑤　李桂君、杜磊、李玉龙：《小城镇发展系统结构及其支持政策选择》，《小城镇建设》2013 年第 10 期，第 36 ~ 39 页。

展模型[1]；徐如意和陈田讨论了边境特色小城镇如何发挥生态和自然资源优势，找准特色产业提升发展动力[2]。此类研究由于研究区域偏小、偏向乡村地区，很多都转向绿色农业政策的系统动力学仿真分析[3]。三是对新区新城、园区等经济社会活动高度活跃的小型经济单元的研究。瞿庆玲等以徐州经济开发区为例，将系统动力学应用于工业园的管理与调控[4]；李春发等[5]、韦静和曾维华[6]分别将能值和生态足迹的方法与系统动力学相结合，评价了中新天津生态城和博鳌特别规划区的可持续发展模式。

综上可见，此类研究主要针对区域"社会—经济—环境"复杂巨系统如何实现绿色发展展开研究，将巨系统分解为多个子系统进行分析，通常包括社会、经济、资源、环境子系统。研究成果主要涉及对系统运行的稳定性、协调性的评价结论，

---

① 宫德圆：《基于系统动力学的严寒地区村镇绿色发展研究》，哈尔滨工业大学硕士学位论文，2016。

② 徐如意、陈田：《边境特色小城镇发展模式的系统动力学分析》，《现代城市研究》2019 年第 7 期，第 73 ~ 79 页。

③ 王翠霞、贾仁安、邓群钊：《中部农村规模养殖生态系统管理策略的系统动力学仿真分析》，《系统工程理论与实践》2007 年第 27（12）期，第 158 ~ 169 页。

④ 瞿庆玲、钱新、王瑾：《综合类工业园环境系统动力学仿真与调控》，《环境保护科学》2010 年第 36（2）期，第 82 ~ 85 页。

⑤ 李春发、曹莹莹、杨建超等：《基于能值及系统动力学的中新天津生态城可持续发展模式情景分析》，《应用生态学报》2015 年第 26（8）期，第 2455 ~ 2465 页。

⑥ 韦静、曾维华：《生态承载力约束下的区域可持续发展的动态模拟——以博鳌特别规划区为例》，《中国环境科学》2009 年第 29（3）期，第 330 ~ 336 页。

绿色发展多情景方案的优选结果和系统调控思路，以及系统关键参数的变化趋势和展望。此外，由于社会系统的参数量化模拟困难，一般社会领域只重点模拟人口系统的变化。

第三节　系统动力学应用于区域绿色发展的主要领域

一　资源、能源系统中的仿真应用

系统动力学方法在模拟资源、能源系统供需安全，以支撑"经济—资源"系统绿色发展方面应用颇多：一是在水资源管理方面，研究主要着眼于水资源承载力、供需平衡和管理方面。Winz 等总结了系统动力学在解决水资源管理中的理论和方法的发展以及常见的问题[①]；Feng 等的模拟结果显示义乌市未来必须采取节水措施，否则水资源承载力将无法满足经济发展需求[②]；杨开宇建立了快速城镇化进程中水资源供需变化的理论模型[③]；熊鹰等则以长株潭城市群为例对比了发展经济型、节水型等多种方案的水资源供需状态，并提出了协调城镇

---

① Winz I., Brierley G., Trowsdale S., "The Use of System Dynamics Simulation in Water Resources Management," *Water Resources Management*, 2009, 23 (7): 1301 – 1323.

② Feng L. H., Zhang X. C., Luo G. Y., "Application of System Dynamics in Analyzing the Carrying Capacity of Water Resources in Yiwu City, China," *Mathematics and Computers in Simulation*, 2008, 79 (3): 269 – 278.

③ 杨开宇：《运用系统动力学分析我国城镇化对水资源供需平衡的影响》，《财政研究》2013 年第 6 期，第 10 ~ 13 页。

化和水资源优化配置的决策建议①；曹琦等讨论了如何通过人口发展优化和产业结构调整提高区域水资源管理绩效②；张晓宇等构建了阿拉善地区的"三生"用水系统模型，认为生态优先必须以实施节水政策为前提③；秦欢欢等在4类情景下对北京市2012～2030年需水量进行了仿真预测④；杨子江等讨论了5类情景下昆明市水资源承载力的变化和综合应对手段⑤；李韧和聂春霞预测了2017～2040年3套方案下乌鲁木齐市的供水缺口⑥；刘芳和孙华则从水资源项目治理中发散分析到其利益相关方形成的关系网络⑦，以及其涉及的社会风险和环境风险问题，是一个视角较独特的研究成果。二是在土地资源管理方面，研究主要着眼于土地资源承载力、土壤质量控制和可持续利用方面。何鹏飞研究了维持生态平衡条件下，各类

① 熊鹰、李静芝、蒋丁玲：《基于仿真模拟的长株潭城市群水资源供需系统决策优化》，《地理学报》2013年第68（9）期，第1225～1239页。

② 曹琦、陈兴鹏、师满江：《基于SD和DPSIRM模型的水资源管理模拟模型——以黑河流域甘州区为例》，《经济地理》2013年第33（3）期，第36～41页。

③ 张晓宇、许端阳、卢周扬帆、赵志荣等：《基于系统动力学的阿拉善"三生"用水系统演化模拟与调控》，《干旱区资源与环境》2019年第33（8）期，第109～115页。

④ 秦欢欢、赖冬蓉、万卫等：《基于系统动力学的北京市需水量预测及缺水分析》，《科学技术与工程》2018年第18（21）期，第180～187页。

⑤ 杨子江、韩伟超、杨恩秀：《昆明市水资源承载力系统动力学模拟》，《长江流域资源与环境》2019年第28（3）期，第594～602页。

⑥ 李韧、聂春霞：《基于系统动力学的乌鲁木齐市水资源配置方案优选》，《中国农村水利水电》2019年第10期，第99～104、110页。

⑦ 刘芳、孙华：《水资源项目治理的社会网络动态分析》，《中国人口·资源与环境》2012年第22（3）期，第144～149页。

用地系统的土地规划问题①；Shen 等设计了包含人口、经济、住房、交通、建成区 5 个子系统的城市发展模型，对香港土地可持续利用进行了模拟预测②；祝秀芝等认为未来上海市采用协调发展型模式的土地综合承载力指数最高③；陈慧等将土地安全分解为粮食安全保障、土地经济安全、土地生态安全 3 个维度，分析了土地资源与社会经济和自然环境间的响应关系④；涂小松等以无锡市为例讨论了不同优先发展模式下土壤质量的调控重点⑤。三是在能源管理方面，研究主要着眼于能源安全、能源消费结构及其引发的碳排放问题。郭玲玲等建立了中国能源安全模型，通过调节产业经济、人口、资源子系统参数，预测了能源生产、消费、供需缺口和储备量的变动⑥；李爽等模拟了能源安全和能源消费结构的关联机制⑦；

① 何鹏飞：《生态试验区土地可持续利用的 SD 模型》，《中国经贸导刊》2012 年第 29 期，第 8~10 页。

② Shen Q. P., Chen Q., Tang B., et al., "A System Dynamics Model for the Sustainable Land Use Planning and Development," *Habitat International*, 2009, 33 (1): 15-25.

③ 祝秀芝、李宪文、贾克敬等：《上海市土地综合承载力的系统动力学研究》，《中国土地科学》2014 年第 2 期，第 90~96 页。

④ 陈慧、付光辉、刘友兆等：《南京市土地资源安全 SD 法评价研究》，《资源科学》2017 年第 39 (5) 期，第 846~859 页。

⑤ 涂小松、濮励杰、严祥等：《土地资源优化配置与土壤质量调控的系统动力学分析》，《环境科学研究》2009 年第 22 (2) 期，第 99~104 页。

⑥ 郭玲玲、武春友、于惊涛：《中国能源安全系统的仿真模拟》，《科研管理》2015 年第 1 期，第 112~120 页。

⑦ 李爽、汤嫣嫣、刘倩：《我国能源安全与能源消费结构关联机制的系统动力学建模与仿真》，《华东经济管理》2015 年第 8 期，第 89~93 页。

Liu 等[1]、陈彬等[2]、Feng 等[3]均从能源消费与温室气体排放关系出发，分别提出了全国、重庆市和北京市的低碳经济发展建议。

二　环境治理系统中的仿真应用

环境污染控制是绿色发展的核心问题之一，狭义的绿色发展特指环境治理领域，近年来随着公众对环境质量期望的日益提升，对经济和环境治理系统协调发展的讨论也更接近现实热点问题：一是水环境治理方面的研究，主要关注水环境承载力、水环境质量调控及其社会经济效应等内容。叶龙浩等建立了水环境承载力核算模型，并应用于沁河流域系统优化调控[4]；Yang 等以铁岭为例测算了不同社会和环境情景下的水环境承载力变化[5]；盖美和田成诗辨识了影响近岸海域水环境的

① Liu X., Mao G. Z., Ren J., et al., "How Might China Achieve its 2020 Emissions Target? A Scenario Analysis of Energy Consumption and CO_2 Emissions Using the System Dynamics Model," *Journal of Cleaner Production*, 2015, 103: 401 – 410.

② 陈彬、鞠丽萍、戴婧：《重庆市温室气体排放系统动力学研究》，《中国人口·资源与环境》2012 年第 22（4）期，第 72～79 页。

③ Feng Y. Y., Chen S. Q., Zhang L. X., "System Dynamics Modeling for Urban Energy Consumption and CO_2 Emissions: A Case Study of Beijing, China," *Ecological Modelling*, 2013, 252: 44 – 52.

④ 叶龙浩、周丰、郭怀成等：《基于水环境承载力的沁河流域系统优化调控》，《地理研究》2013 年第 32（6）期，第 1007～1016 页。

⑤ Yang J. F., Lei K., Khu S., et al., "Assessment of Water Environmental Carrying Capacity for Sustainable Development Using a Coupled System Dynamics Approach Applied to the Tieling of the Liao River Basin, China," *Environmental Earth Sciences*, 2015, 73（9）: 5173 – 5183.

主要因素，并对大连市水环境质量进行了仿真调控[①]；Liu 等模拟了滇池流域水环境保护策略的效果[②]；徐鹏等以南四湖为例，设计了流域社会经济水环境效应评估方法[③]。此外，由于近年来我国城镇水环境污染问题逐步得到解决，农业面源污染控制方面的应用开始增多[④]。二是大气环境治理方面的研究，主要关注大气污染排放和环境承载力等内容，由于大气质量受难以人为控制的气象原因影响较大，此类研究数量较水环境领域显著偏少。郑斯瑞等模拟了化工工业园污染排放趋势，提出了相应的工业能耗和脱硫效率目标[⑤]；周业晶等对引发城市灰霾天气的 PM2.5 排放量和承载力进行了宏观动态模拟[⑥]；梁丽琨等建立了针对西南四省（区）（广西、四川、贵州和云南）

---

① 盖美、田成诗：《大连市近岸海域水环境质量、影响因素及调控研究》，《地理研究》2003 年第 22（5）期，第 644～653 页。

② Liu H., Benoit G., Liu T., et al., "An Integrated System Dynamics Model Developed for Managing Lake Water Quality at the Watershed Scale," *Journal of Environmental Management*, 2015, 155: 11–23.

③ 徐鹏、高伟、周丰等：《流域社会经济的水环境效应评估新方法及在南四湖的应用》，《环境科学学报》2013 年第 33（8）期，第 2285～2295 页。

④ 罗光斌、何丙辉、刘光平等：《重庆市农业面源污染 SD 仿真研究》，《西南大学学报》（自然科学版）2010 年第 32（9）期，第 77～82 页；杨顺顺、徐鹏、李丽丽：《南方流域农业面源污染控制政策仿真》，科学出版社，2017。

⑤ 郑斯瑞、钱新、瞿庆玲：《化学工业园的系统动力学仿真与调控》，《环境科学研究》2011 年第 24（5）期，第 587～592 页。

⑥ 周业晶、周敬宣、肖人彬等：《以 GDP – PM2.5 达标为约束的东莞大气环境容量及承载力研究》，《环境科学学报》2016 年第 36（6）期，第 2231～2241 页。

煤基多环芳烃排放预测模型①。三是固体废弃物治理方面的研究，主要分为工业固废、建筑固废和城乡生活垃圾三个方面的研究。范厚明等以辽宁省为例预测了工业固废的产生、利用、处置和贮存情况，并对政府激励和约束政策进行了仿真②；Zhao 等以重庆为例评估了建筑和拆迁垃圾回收中心设置的最佳方案③；徐礼来等、王耕和李优分别对城市生活垃圾产生量预测和资源化处理进行了框架研究④和情景分析⑤；代峰和戴伟尝试用系统动力学方法仿真生活垃圾发电三方进化博弈过程⑥，在方法上有一定的创新性。

三 经济系统中的仿真应用

绿色经济方面涉及系统动力学方法的研究很多，本书仅对部分重点领域进行梳理：一是产业的绿色化转型方面。许多研

---

① 梁丽琨、汝旋、韦朝海：《我国西南四省（区）大气煤基 PAHs 排放系统动力学分析》，《环境科学学报》2018 年第 38（9）期，第 391～400 页。

② 范厚明、李佳书、丁钦等：《基于系统动力学模型的工业固废管理政策作用仿真》，《环境工程学报》2014 年第 8（6）期，第 2563～2571 页。

③ Zhao W., Ren H., Rotter V. S., "A System Dynamics Model for Evaluating the Alternative of Type in Construction and Demolition Waste Recycling Center - the Case of Chongqing, China," *Resources, Conservation and Recycling*, 2011, 55 (11): 933 – 944.

④ 徐礼来、崔胜辉、闫祯等：《城市生活垃圾产生预测的核心问题探讨》，《环境科学与技术》2013 年第 36（2）期，第 184～190 页。

⑤ 王耕、李优：《基于 SD 模型的城市生活垃圾资源化处理模拟研究——以大连市为例》，《环境工程技术学报》2016 年第 6（5）期，第 493～500 页。

⑥ 代峰、戴伟：《基于系统动力学的城市生活垃圾发电进化博弈》，《工业工程》2017 年第 20（1）期，第 1～11 页。

究都对产业结构与污染排放间的关系进行了讨论①，对产业绿
色转型进行了路径设计②，对促进节能环保产业发展的政策调
控手段进行了探讨③，不少研究还深入具体的绿色制造、绿色
工艺流程、绿色企业等方面④。此外，生态产业链和绿色供
应链也是此类研究一直以来的热门方向⑤。二是绿色交通领域
方面，主要集中于低碳交通、交通拥堵等问题的研究。Han
和 Hayashi 等分析了通过加快铁路建设、减少高速公路网络

---

① 韩楠：《产业结构调整对环境污染影响的系统动力学仿真预测》，《中国
科技论坛》2016 年第 10 期，第 53～58、71 页。

② 李健、孙康宁：《基于系统动力学的京津冀工业绿色发展路径研究》，
《软科学》2018 年第 11 期，第 113～119 页；李子美、张爱儒：《三江源
生态功能区产业生态化模式系统动力学分析》，《统计与决策》2018 年
第 34（9）期，第 121～123 页。

③ 郝维宝、雷颜溪、李盛国等：《基于系统动力学的我国节能环保产业政
策仿真研究》，《数学的实践与认识》2019 年第 24 期，第 21～34 页。

④ Dong X. Q., Li C. L., Li J., et al., "Application of a System Dynamics
Approach for Assessment of the Impact of Regulations on Cleaner Production in
the Electroplating Industry in China," *Journal of Cleaner Production*, 2012,
20 (1): 72 – 81；田红娜、毕克新、夏冰等：《基于系统动力学的制造
业绿色工艺创新运行过程评价分析》，《科技进步与对策》2012 年第 29
(13) 期，第 112～118 页；赵敏、赵国浩、张宝建：《地方政府行为视
角下资源型企业绿色责任动力机制研究》，《华东经济管理》2019 年第 8
期，第 161～166 页。

⑤ 李春发、王彩凤：《生态产业链模式下企业的生态——经济系统的动力
学模拟研究》，《哈尔滨工业大学学报》（社会科学版）2007 年第 9（6）
期，第 89～92 页；Tian Y. H., Govindan K., Zhu Q. H., "A System
Dynamics Model Based on Evolutionary Game Theory for Green Supply Chain
Management Diffusion Among Chinese Manufacturers," *Journal of Cleaner
Production*, 2014, 80: 96 – 105；成琼文、周璐：《基于系统动力学的绿色
供应链管理实践路径仿真》，《科技管理研究》2016 年第 36（23）期，
第 226～231 页。

延伸和征收燃油税的方式，降低我国城际客运碳排放的可能性[1]。三是绿色建筑领域方面，涵盖了绿色建筑推广的影响因素、推进策略和政府激励机制的研究[2]，但受限于数据获取难度，目前国内量化研究尚不多见。四是绿色消费领域方面，由于居民个体消费行为的研究需要偏好调研数据的支持，且微观主体行为分析与系统动力学自上而下建模特征吻合度较低，目前该方面的研究仅见于低碳出行、绿色产品使用等领域[3]。

　　将系统动力学应用于区域绿色发展特定领域的政策仿真，由于研究相对深入，是目前学界报道最为集中的板块。研究的主要障碍在于，部分研究领域由于缺乏数据支撑，很难建立参数间响应的量化方程，研究只能停留于流图分析层次；环境治理领域一般只能用于模拟污染物排放量的变化趋势，较难准确估计研究区域环境质量和状态的变化。

---

[1]　Han J. , Hayashi Y. , "A System Dynamics Model of CO_2 Mitigation in China's Inter-city Passenger Transport," *Transportation Research Part D: Transport and Environment*, 2008, 13 (5): 298 – 305.

[2]　董士璇、刘玉明：《基于系统动力学的绿色建筑规模化推进策略研究》，《工程管理学报》2013 年第 6 期，第 16 ~ 20 页；杨杰、李洪砚、杨丽：《面向绿色建筑推广的政府经济激励机制研究》，《山东建筑大学学报》2013 年第 28 (4) 期，第 298 ~ 302 页；黄定轩、陈梦娇、黎昌贵：《绿色建筑项目供给侧主体行为演化博弈分析》，《桂林理工大学学报》2019年第 39 (2) 期，第 482 ~ 491 页。

[3]　刘蔚：《城市居民低碳出行的影响因素及引导策略研究》，北京理工大学博士学位论文，2014；肖阳、卢雨婷：《偏好分层视角下消费者创新性与新能源汽车采用行为的关系研究》，《科技管理研究》2016 年第 36 (24) 期，第 247 ~ 254 页。

第四节　系统动力学与其他方法在区域绿色发展中的集成应用

一　系统动力学与 PSR 等软系统分析技术的结合应用

系统动力学方法技术已基本成熟，其与各类评价方法的结合应用也报道甚多，本书不一一列举。相比于仿真处理过程，系统动力学技术在建立框架模型和设计流位、流率等参量时虽有过程范式，但主要取决于建模者对研究对象的主观认识和个人意愿，缺乏相对统一的概念模型分析手段，即使对同一研究对象和同一问题，也可能出现差异很大的模型构架，导致分析结果可能相距甚远。针对系统动力学建模过程形式化程度低的问题，贾仁安等建立了流率基本入树（RIT）法创建因果关联图[①]；在绿色发展研究方面，以 PSR（压力—状态—反应，可进一步扩展为 DPSIR 分析框架）为代表的软系统分析技术，在系统动力学前期的概念模型设计方面得到了较多应用[②]。此外，复杂适应系统理论的 SBC（结

[①]　贾仁安、徐南孙：《SD 流率基本入树建模法》，《系统工程理论与实践》1998 年第 18（6）期，第 18～23 页。

[②]　彭乾、邵超峰、鞠美庭：《基于 PSR 模型和系统动力学的城市环境绩效动态评估研究》，《地理与地理信息科学》2016 年第 32（3）期，第 121～126 页；Lu Y., Wang X. R., Xie Y. J., et al., "Integrating Future Land Use Scenarios to Evaluate the Spatio – Temporal Dynamics of Landscape Ecological Security," *Sustainability*, 2016, 8（12）：1242；Liao Z. X., Ren P. Y., （转下页注）

构—背景—变化）范式①、产业经济学的 SCP（结构—行为—绩效）范式②等框架分析技术也有部分研究涉及。

二 系统动力学与优化技术的结合应用

系统动力学在区域绿色发展领域主要应用于中长程变化趋势的模拟，决策变量也多受建模者的主观影响，对仿真结果的精度要求不高，一般历史误差在10% ~ 30% 均可接受，这虽然扩大和增强了方法的适用范围和操作性，但也导致政策仿真结果并非真实的最优解，这对结果的适用性，特别是解决近期问题带来了困扰。为解决系统动力学决策变量选择和预测方案优化问题，非线性优化和多目标规划（MOP）与之结合应用的集成方法应运而生。徐志嫱等应用非线性优化法确定决策变量最优解并带入系统动力学模型，讨论了西安市污水再生利用系统的优化问题③；张雪花等将 SD – MOP 整合模型应用于秦

（接上页注②）Jin M. Z., et al., "A System Dynamics Model to Analyse the Impact of Environment and Economy on Scenic's Sustainable Development Via a Discrete Graph Approach," *Journal of Difference Equations and Applications*, 2017, 23 (1 – 2): 275 – 290.

① 郝斌、任浩：《基于 SBC 范式的模块化组织主导规则设计问题剖析》，《外国经济与管理》2008 年第 30 (6) 期，第 28 ~ 35 页。

② 安莹：《三网融合背景下中国移动公司可持续发展研究》，哈尔滨理工大学硕士学位论文，2016。

③ 徐志嫱、魏红、黄廷林：《西安市污水再生利用系统的优化与发展趋势分析》，《西北农林科技大学学报》（自然科学版）2008 年第 36 (6) 期，第 212 ~ 218 页。

皇岛市水资源规划[①]；Chang 和 Ko 将多目标规划、模糊集理论和系统动力学相结合，实现最优土地利用规划[②]；Wu 和 Xu 采用系统动力学和模糊多目标规划集成方法，预测了中国世界遗产区域内的能源消耗和二氧化碳排放量[③]。

三 系统动力学与地理信息技术的结合应用

系统动力学的另一个问题是缺乏空间处理和表现能力，而区域绿色发展与区域资源环境禀赋联系紧密，使得这一需求又极为现实。针对这一问题，将系统动力学与地理信息系统（GIS）结合应用的研究逐渐增多。Ahmad 和 Simonovic 将系统动力学与 GIS 联用的方法称为空间系统动力学[④]，认为其在水资源管理领域应用前景广泛；Xu 和 Coors 按照 DPSIR – SD – GIS 技术流程，建立城市住宅发展可持续性评估方法[⑤]，但尚

① 张雪花、郭怀成、张宝安：《系统动力学——多目标规划整合模型在秦皇岛市水资源规划中的应用》，《水科学进展》2002 年第 13（3）期，第 351～357 页。

② Chang Y. C. , Ko T. T. , "An Interactive Dynamic Multi-objective Programming Model to Support Better Land Use Planning," *Land Use Policy*, 2014, 36: 13 – 22.

③ Wu Z. , Xu J. , "Predicting and Optimization of Energy Consumption Using System Dynamics-fuzzy Multiple Objective Programming in World Heritage Areas," *Energy*, 2013, 49: 19 – 31.

④ Ahmad S. , Simonovic S. P. , "Spatial System Dynamics: New Approach for Simulation of Water Resources Systems," *Journal of Computing in Civil Engineering*, 2004, 18（4）: 331 – 340.

⑤ Xu Z. , Coors V. , "Combining System Dynamics Model, GIS and 3D Visualization in Sustainability Assessment of Urban Residential Development," *Building and Environment*, 2012, 47: 272 – 287.

未采用国内案例实证；Guan 等采用 SD - GIS 联用技术，以重庆市为例分析了城市经济资源环境系统的动态演化和可持续发展[①]；张波等采用 SD - GIS 模型开发了水污染事故模拟系统，并应用于松花江水污染事故仿真[②]；王行风等基于 SD - CA（元胞自动机）- GIS 集成方法，讨论了山西省矿区人类活动环境积累效应[③]。

可见，在系统动力学自身技术基本完善的前提下，未来在区域绿色发展政策仿真方面的模型改进将主要依托多模型整合应用的手段，并主要面向模型概念设计过程、模型分析处理过程、模型结果展示能力的优化。

第五节　本章小结

系统动力学方法适用于多范围空间尺度、中长程时间尺度模拟，能使用流图可视化表达系统元素间复杂反馈关系且易于进行子系统扩展，使其与中国区域绿色发展"社会—经济—

① Guan D. J., Gao W. J., Su W. C., et al., "Modeling and Dynamic Assessment of Urban Economy-resource-environment System with a Coupled System Dynamics-geographic Information System Model," *Ecological Indicators*, 2011, 11 (5): 1333 - 1344.

② 张波、王桥、孙强等：《基于 SD - GIS 的突发水污染事故水质时空模拟》，《武汉大学学报》（信息科学版）2009 年第 34 （3）期，第 348 ~ 351 页。

③ 王行风、汪云甲、李永峰：《基于 SD - CA - GIS 的环境累积效应时空分析模型及应用》，《环境科学学报》2013 年第 33 （7）期，第 2078 ~ 2086 页。

资源—环境"系统具有非线性、不确定性、动态演化的特征，与判断政策干预下系统绿色发展趋势的定量化需求相吻合。因此，系统动力学方法被国内外学界广泛应用到不同层次的区域绿色发展政策仿真领域，既用于模拟区域社会经济环境巨系统的发展，又深入水土资源、能源、各类环境介质系统、绿色经济子板块等特定领域的研究。方法也从单一的非线性连续动力学方法发展到与其他评价技术、优化技术、地理信息技术等的集成应用，目前报道的各类成果已具备一定的研究广度和深度。

但在具体的区域绿色发展系统动力学政策仿真实现过程中，也依然存在一些待破解的障碍：一是系统动力学方法中各类参数，特别是决策变量设计的科学化有待讨论。其中，表函数的广泛使用，一方面使模型易于接纳其他方法的模拟参数和结果；另一方面也使模拟的主观性增强。二是在中国区域绿色发展仿真中，环境类历史数据的缺失对模型方程构建和有效性检验带来了较大困难，有待数据挖掘技术的完善和支持。三是在绿色发展模型构建中社会经济环境系统的关系问题。经济、人口参数常被认为是驱动力而被置于"投入"部分，环境系统常被认为是影响的结果而被置于"产出"部分，尽管环境变化对经济社会系统会造成反馈影响，但这种反馈影响由于定量化困难而往往在建模中被忽视；另一种常见的情况是，很多研究的情景分析中直接对资源和环境系统参数进行调整，却忽略了这些调整所必须付出的社会经济成本。这些问题都

有待相关领域研究者的进一步讨论和解决，而针对最后一点
问题，即环境系统对经济系统的反馈影响，笔者将在本书第
三章对湖南绿色发展建立的系统动力学模型构建中提出一种
可能的解决方案。

第三章

湖南绿色发展系统动力学情景仿真[*]

随着中国经济的持续高速增长，传统发展模式下以高投资和人口红利拉动增长导致资源、能源紧约束日益凸显，国内资源安全、环境安全形势严峻，经济运行缓中趋稳的新常态下转变经济增长方式，寻找一条"社会—经济—环境"相协调的内生式发展路径的任务愈发紧迫。在此背景下，绿色发展作为中国未来五大发展理念之一再次被摆到了至关重要的位置。湖南省位于长江经济带上连长三角"龙头"、下接成渝城市群"龙尾"的"龙身"位置。自2007年长株潭城市群获批为全国两型社会建设综合配套改革试验区后，建成"两型社会"从长株潭

---

* 本章主要以笔者发表于《系统工程》2017年第7期独著论文《基于系统动力学的区域绿色发展多情景仿真及实证研究》为基础扩展更新而得，其中建模数据由2000~2014年扩展至2000~2017年，模型检验数据由2015年更新至2018年，预测时间段由2016~2030年更新至2019~2035年，以对标2035年基本实现现代化目标。因此本章修改了各子系统具体方程和参数，分析结论亦有变动。

城市群的探索逐步成为湖南全省的共同目标。2012 年,《绿色湖南建设纲要》发布实施,成为湖南绿色发展的指导纲领。纲要提出全省在 2020 年要初步建成绿色发展体系。2014 年,长江经济带上升为国家战略,对沿江 11 省市明确提出了"共抓大保护,不搞大开发"的要求。以湖南省为案例,分析不同情景模式下经济社会发展态势,以及资源环境的变动趋势,既可为湖南优化绿色发展路径提供决策参考,也可为长江经济带建设生态文明示范带的政策设计和评价预测提供思路和启示。

第一节　基于 PSR 概念框架的仿真模型总体设计

区域绿色发展是涉及经济、社会、资源、环境、政策多层面因素的战略工程和复杂系统。本书参考 UNEP 推荐的 PSR(即压力、状态、反应,也可被细化为 DPSIR 框架,即驱动力、压力、状态、影响、反应,但与 PSR 框架思路本质趋同)概念框架①进行总体分析,划分模型子系统。

——驱动力及压力因素(DPSIR 框架中的 D 和 P 部分)。DPSIR 框架中驱动力通常指间接或潜在的驱动因素,而压力则指代直接的驱动因素。广义上讲,生产分配及消费方式、科技创新、人口变动、经济增长需求、社会政治框架都属于驱动力

---

① Carr E. R., Wingard P. M., Yorty S. C., et al., "Applying DPSIR to Sustainable Development," *International Journal of Sustainable Development and World Ecology*, 2007, 14(6):543-555.

范畴，而地质、气象灾害，以及人类活动导致的水土、能源等资源紧缺、污染物排放造成的环境容量不足则属于较直接的压力范畴。在本章的 PSR 框架中，认为影响区域资源环境系统的主要"驱动"因素是经济、人口的总量变化和结构调整，以及与之关联的城镇化、工业化进程。

——状态及影响因素（DPSIR 框架中的 S 和 I 部分）。DPSIR 框架中状态主要指自然或人为活动导致的环境变化，如大气污染、水污染、土地退化、气候的变化、生物多样性的损失及变化趋势等，属直接的环境改变；而影响则主要指生态服务或环境压力的改变而引发人类福利的变化，如物质需求、健康、安全等，属相对间接的影响。在本章的 PSR 框架中，区域绿色发展水平的衡量主要通过对经济质量、资源供需、生态功能、环境治理等"状态、影响"类关键指标的测度来反映，由于人类福利的改变相对难于测度，本章中的仿真模型主要以资源、环境类指标来表征压力部分。

——反应因素（DPSIR 框架中的 R 部分）。DPSIR 框架中反应（亦称"干预"）主要涉及驱动力、压力、状态、影响四部分中能被决策者改变的内生因素，这些因素可以被用于社会管理以改变人类和环境的相互作用，反应通常包括政策管理、经济、技术、社会文化、教育和物理干预手段等。在本章的 PSR 框架中的"反应"主要指决策制定者调整政策和管理方式，通过改变驱动力和压力因素来优化"经济—社会—环境"的交互作用，其同时也对应着对区域绿色发展实施情景分析和政策仿真的切入口。这些情景分析中提出的政策或管理方式调整方向通过比照现实政策并简化抽象而来。

依据 PSR 分析框架，研究中将区域绿色发展系统动力学仿真模型分为经济人口子系统、资源能源子系统和环境评估子系统三部分。其中，经济人口子系统主要处于"驱动力"或"压力"环节；资源能源子系统既属于资源要素约束的"压力"环节，其供应缺口相关指标又属于体现资源供需的"状态"和"影响"环节；环境评估子系统主要统计碳排放，以及大气、水、固废相关领域传统污染物排放情况，主要处于"状态"和"影响"环节；而情景分析则对应了假想的各类发展思路和政策集，即对应 PSR 概念框架中的"反应"环节，情景分析中对经济人口子系统施加不同影响，并造成子系统间的反馈响应，最终观测不同情景下区域绿色发展水平的变化特征和趋势，以得出政策建议。

上述 3 个子系统还可以进行进一步划分：经济人口子系统包括经济子系统和人口子系统。经济子系统涵盖 GDP、固定资产投资、技术进步增长率、三次产业结构及高新技术产业占比、城乡居民人均可支配收入等关键指标；人口子系统涵盖总人口、从业人口、人口自然增长率、城镇化率等关键指标。资源能源子系统包括水资源子系统、土地资源子系统和能源子系统。水资源子系统涵盖农业、工业（其中火电行业单列）、建筑业、服务业单位增加值用水量及耗水率，生态补水量，城乡居民用水强度，总供水量，总需水量，总耗水量，污水产生量等关键指标；土地资源子系统涵盖城区面积、建成区面积、土地开发强度、资本密度等关键指标；能源子系统涵盖农业、工业、建筑业、服务业能源强度、居民人均能耗、能源结构、一次能源自给率等关键指标。环境评估子系统包括碳排放子系统、大气环境子系统、水环境子系统和固废排放子系统。碳排放子系统涵盖煤、石油、天然气碳排放因子及排放量等关键指标；大气环境子系统涵盖工业、生活消耗煤、油实物量及其含硫、氮率，工业源 SO_2、NO_x 去除率，机动车保有量及排放因子，工业源、交通源及生活源 SO_2、NO_x 排放总量等关键指标；水环境子系统涉及城镇污水处理率，城镇居民人均 COD、氨氮排放量，单位工业及农业增加值 COD、氨氮排放量，工业源、农业源及生活源 COD、氨氮排放总量等关键指标；固废排放子系统涵盖城乡人均垃圾产生系数、市政垃圾清运率、生活垃圾清运前回收率、单位工业增加值一般固废产生量、一般工业固废处置率及综合利用率、生活垃圾及一般工业固废排放量（未处置量）等关键指标。上述各子系统间的相互作用关系见图 3-1，各子系统的数据采集、设计思路、关键方程见后文所述。

第二节　仿真模型子系统详细设计

本文以湖南省为实证研究区域。2018 年湖南省地区生产总值排名上升至全国第 8 位，但除水资源禀赋相对丰富外，经济新

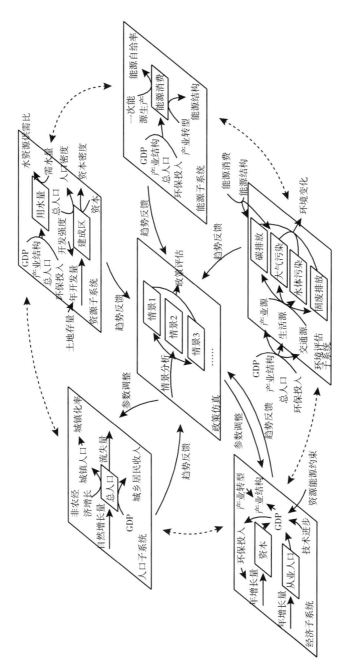

图 3 – 1 仿真模型框架及子系统关系示意

常态的动力转换、土地资源的日趋紧张、一次能源自给率的不断下降以及环保目标的进一步提升，都对湖南省保持经济增长"后发赶超"态势的要求提出了新的挑战。本书中建模数据来源于 2000 年以来《中国统计年鉴》《湖南统计年鉴》①，以及《湖南省水资源公报》《湖南省环境状况公报》等部门公布数据。模型采用 VensimPLE 软件构建，以 2000 年为基准年，依据 2000～2017 年 18 年间数据完成各项方程的拟合（部分数据仅稍晚年份才做统计的，拟合时间则相对变短），并采用 2018 年数据检验仿真模型的拟合优度。需要说明的是，模型中所有涉及价格的变量在进行方程拟合前，均需由当年价调整至 2000 年不变价。

一 经济人口子系统

（一）经济子系统

经济子系统在模型中用于模拟经济总量、三次产业结构、投资增量及结构、高新技术产业占比、城乡居民收入等指标变化，经济增长的需求是实现绿色发展最明显的压力来源。本书采用目前应用广泛的 Cobb – Douglas 生产函数预测研究区域经济总量的变化②，假定技术进步希克斯中性，并以固定指数比率增长，则地

---

① 由于历年统计年鉴数据会略有调整，本章近期数据以《湖南统计年鉴 2019》调整数据为准，历史数据按最新年调整数据确定。

② 朱永彬、王铮、庞丽等：《基于经济模拟的中国能源消费与碳排放高峰预测》，《地理学报》2009 年第 64（8）期，第 935～944 页。

区生产总值可表示为技术进步、资本和劳动力投入的函数：

$$GDP_t = e^{\alpha_0 + \lambda t} K_t^{\alpha} L_t^{\beta} \tag{3.1}$$

$$\ln GDP_t = \alpha_0 + \lambda t + \alpha \ln K_t + \beta \ln L_t \tag{3.2}$$

式（3.1）、式（3.2）中，GDP_t 为第 t 年研究区域地区生产总值，亿元；e^{α_0} 为初始技术水平，λ 为技术进步增长率，t 代表年份（回归分析中按照 t - 基年进行回归，本书案例中按 t - 2000 回归，下文其他以 t 为自变量的方程均按此处理）；K_t 为第 t 年固定资产投资（代表资本投入），亿元；L_t 为第 t 年从业人口（代表劳动力投入），万人；α、β 为产出弹性；式（3.2）为式（3.1）的对数形式（用于多元线性回归分析）。涉及上式的相关数据见表 3 - 1。

表 3 - 1　湖南省经济总量及资本、人力要素投入情况（2000～2017 年，当年价）

年份	GDP（亿元）	固定资产投资总额（亿元）	从业人口（万人）	年份	GDP（亿元）	固定资产投资总额（亿元）	从业人口（万人）
2000	3551.49	1066.27	3577.58	2009	13043.86	7695.27	3935.21
2001	3831.90	1210.63	3607.96	2010	15978.00	9821.06	3982.73
2002	4151.54	1355.87	3644.52	2011	19558.30	11431.48	4005.03
2003	4659.99	1557.00	3694.78	2012	22005.21	14576.61	4019.31
2004	5664.37	1981.29	3747.10	2013	24437.54	18381.44	4036.45
2005	6623.45	2563.96	3801.48	2014	26807.93	21950.77	4044.13
2006	7722.34	3242.39	3842.17	2015	28589.04	25954.27	3980.30
2007	9454.44	4294.36	3883.41	2016	30888.57	27688.45	3920.41
2008	11550.48	5649.69	3910.06	2017	33902.96	31328.08	3817.22

注：由于 2018 年数据用于模型检验，建模拟合阶段使用 2000～2017 年数据，本部分表格中仅呈现 2000～2017 年数据值，下同。

采用 SPSS 软件对 2000～2017 年共 18 组数据折算 2000 年不变价后，按式（3.2）回归，自由度为 14，回归方程调整 R^2 为 0.999，F 值为 5092.20，方程拟合优度较好。对 3 个自变量 t、α、β 进行显著性检验（t 检验），Sig 值分别为 0.002、0.003 和 0.000（由于为双边检验，显著性水平应为 Sig 值的两倍），均满足显著性水平低于 0.05 的要求（不显著异于 0 的概率），变量显著性较好（常数项显著与否可不考虑），拟合方程见式（3.3）。

$$GDP_t = e^{-0.838+0.046t} K_t^{0.335} L_t^{0.814} \tag{3.3}$$

当考虑到地区生产总值未来的增长受到资源供需条件的约束时，模型的情景分析中将经济总量方程变换为：

$$GDP_t = e^{\alpha_0+\lambda t} K_t^{\alpha} L_t^{\beta} \gamma_w \gamma_l \gamma_e \tag{3.4}$$

式（3.4）中，γ_w、γ_l、γ_e 分别为由表函数表示的经济增长水资源、土地资源和能源约束因子，其影响参数见下文。

此外需要注意的是，由于 VensimPLE 软件中没有 X 的 Y 次方的方程，需要用以下公式转换，如 $K^{\alpha} = e^{\alpha \ln K}$，$L^{\beta} = e^{\beta \ln L}$。

经济总量及其在三次产业中的分配，对城镇、乡村居民人均可支配收入产生影响：

$$IUR_t = f(NGGDP_t/UP_t)，IRR_t = f(GGDP_t/RP_t) \tag{3.5}$$

式（3.5）中，IUR_t 和 IRR_t 分别为第 t 年城镇居民和乡村居民人均可支配收入，元/人；$NGGDP_t$ 和 $GGDP_t$ 分别为第 t 年非农产业和农业增加值，亿元；UP_t 和 RP_t 分别为城镇和乡村人口，万人。IUR_t 和 IRR_t 可分别表示为 $NGGDP_t/UP_t$ 和 $GGDP_t/RP_t$ 的函数，同时式（3.5）可进一步测算城乡居民收入比等重要指标。湖南省 2000～2017 年相关数据见表 3－2。

表 3－2 湖南省经济总量及资本、人力要素投入情况（2000～2017 年，当年价）

年份	城镇人口（万人）	乡村人口（万人）	非农产业占比(%)	城镇居民可支配收入（元/人）	农村居民可支配收入（元/人）
2000	1952.21	4609.84	77.9	6219	2197
2001	2031.52	4564.33	78.5	6781	2299
2002	2121.12	4507.38	79.6	6959	2398
2003	2232.04	4430.76	81.0	7674	2533
2004	2377.68	4320.02	81.6	8617	2838
2005	2490.88	4241.22	83.4	9524	3118
2006	2619.93	4148.17	83.5	10505	3390
2007	2752.91	4052.79	83.1	12294	3904
2008	2885.25	3959.95	84.3	13821	4513
2009	2980.89	3919.31	85.8	15084	4910
2010	3069.77	4019.76	86.5	16566	5622
2011	3218.16	3917.44	87.2	18844	6567
2012	3349.41	3830.46	87.9	21319	7440
2013	3427.84	3719.44	89.4	23414	8372
2014	3549.29	3653.00	90.0	26570	10060
2015	3685.46	3556.56	90.4	28838	10993
2016	3860.67	3458.14	90.6	31284	11930
2017	3985.22	3311.04	91.2	33948	12936

注：由于 2015 年起城乡人口统计采用户籍人口数据，与 2000～2014 年相比数据跳跃较大，为保持数据连贯性，2015～2017 年数据按照历年全省国民经济和社会发展统计公报的城镇化率数据与统计年鉴总人口数据处理得到城乡人口数量。

采用表 3－2 数据，换算得到 $NGGDP_t/UP_t$ 和 $GGDP_t/RP_t$ 数值，元/人，并将其与 IUR_t 和 IRR_t 均折算为 2000 年不变价，得

到如下拟合方程：

$$IUR_t = 0.4061 \cdot \frac{NGGDP_t}{UP_t} + 188.78, R^2 = 0.959 \qquad (3.6)$$

$$IRR_t = 1.4168 \cdot \frac{GGDP_t}{RP_t} - 699.41, R^2 = 0.9032 \qquad (3.7)$$

由此可通过经济数据的变动，进一步预测城乡居民收入比等重要指标。

（二）人口子系统

人口子系统主要讨论总人口、从业人口，以及城镇、乡村人口（城镇化率）的变化。人口数量及结构变化，既对经济子系统造成影响，又引发资源的居民消费和污染物的生活源排放。非农经济规模变化是造成城乡人口结构调整的诱因，乡村人口的变动可用下式表示[①]：

$$RP_t = a_0 + a \cdot RP_{t-1} + b \cdot NGGDP_t \qquad (3.8)$$

式（3.8）中，a_0 和 a、b 分别为常数项和回归系数，式（3.8）表示第 t 年乡村人口受 $t-1$ 年乡村人口和第 t 年非农经济规模的影响，非农经济增加值每增加 1 亿元，农村流向城镇 b 万人。式（3.8）中 RP 值与上一期 RP 值存在联系，因此应将 RP 作为流位变量处理。采用表 3 - 1、表 3 - 2 数据，并折算为 2000 年不变价，式（3.8）拟合方程为：

---

① 《经济增长与环境》课题组：《经济与环境：预警机制与政策分析》，中国环境与发展国际合作委员会，2005。

$$RP_t = 721.477 + 0.833RP_{t-1} - 0.013NGGDP_t \qquad (3.9)$$

式（3.9）调整 R^2 为 0.980，F 值为 396.95，方程拟合优度较好。方程表示湖南非农经济增加值规模每增加 1 亿元（2000 年价格），农村流向城镇 1300 人（这个数字高于全国平均水平，表示湖南这一阶段处于加速城镇化时期）。在 VensimPLE 中对式（3.9）进行变形，那么将第 t 年对 $t-1$ 年的 RP 的新增量（人口增量流率量）表示为 721.477 - 0.167RP_{t-1} - 0.013$NGGDP_t$。

研究区域总人口的变化受人口自然增长率和人口流动的影响，这两个因素分别用于构成总人口流位量的流入流率和流出流率。由于湖南省属中部省份，对人口流动的考察用对照发达省份与湖南省之比作为自变量建立人口流失方程，而湖南省人口自然增长率可采用趋势外推得到（其是时间 t 的函数）：

$$NGPoprate_t = f(t), EMPoprate_t = f(ADGDP_t/GDP_t) \qquad (3.10)$$

式（3.10）中，$NGPoprate_t$ 和 $EMPoprate_t$ 分别为第 t 年人口的自然增长率和流失率，‰；$ADGDP_t$ 为所选择作对照的发达省份第 t 年的地区生产总值，亿元。

由于总人口为流位变量，$NGPoprate_t$ 要做成流率变量，所以 $NGPoprate_t$ 的取值与统计年鉴的数据相差一年，即统计年鉴中第 t 年人口自然增长率的数值为 $NGPoprate_{t-1}$ 的取值，按照统计年鉴 2010~2018 年数据拟合 2000~2017 年 $NGPoprate_t$ 的表达方程（从 2010 年开始人口数据按人口普查数据调整），见下式：

$$NGPoprate_t = -0.1013t + 7.6807, R^2 = 0.3163 \qquad (3.11)$$

在具体建模中，由于 $NGPoprate_t$ 的历年实际数值波动不稳定，缺乏相对平滑的趋势，2000 ~ 2017 年人口增长率历史值采用表函数表示，2018 年之后的预测值采用式（3.11）拟合值。

本章尝试选择广东省为发达省份进行对照，描述发达地区对湖南省人口流失的影响，但得到的拟合方程 R^2 远小于 0.1（即相关系数 R 远小于 0.3），认为无相关性，说明人口流失的随机性较强，不宜使用历史数据拟合表示，故最终放弃了这一思路。

综上，得到的模型中经济人口子系统见图 3 - 2。

二 资源能源子系统

（一）水资源子系统

水资源子系统主要讨论研究区域供用水、耗水总量以及其在产业和居民生活中的比例结构，水资源供需平衡状态对经济增长起到支撑和约束作用，同时也对污水排放总量造成影响。模型中将区域用水量分解为产业部门用水量、城乡居民用水量和生态环境补水量，其中工业用水量中火电行业与其他行业差异极大（湖南省达到工业用水量的 25% ~ 37%），有必要单独计算：

$$
\begin{aligned}
WaterD_t = {} & GWP_t \cdot GGDP_t + IWP_t \cdot IGDP_t + TPWP_t \cdot TPE_t + CWP_t \cdot CGDP_t \\
& + SWP_t \cdot SGDP_t + UWP_t \cdot 365 \cdot UP_t + RWP_t \cdot 365 \cdot RP_t + EW_t
\end{aligned}
$$

$$(3.12)$$

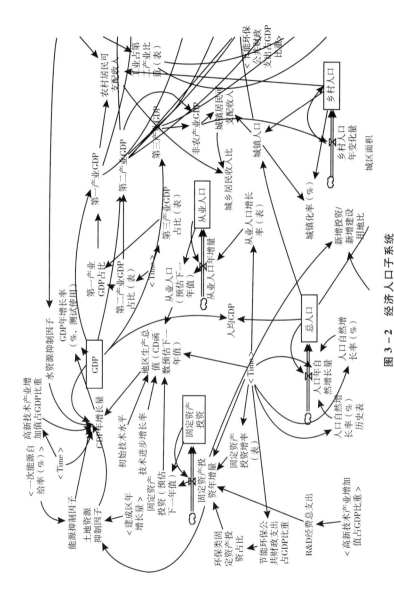

图 3 - 2　经济人口子系统

注：①图 3 - 2 至图 3 - 8 从一张 SD 模型整体流图中截出，因此边界部分会有一些涉及其他子系统的指标或箭头遗留。②指标名称后（表），表示该指标为表函数。下同。

式（3.12）中，$WaterD_t$为第 t 年研究区域总用水量，亿立方米；GWP_t、IWP_t、CWP_t、SWP_t分别为第 t 年农业、工业（扣除火电）、建筑业、服务业单位增加值用水量，米^3/万元；$GGDP_t$、$IGDP_t$、$CGDP_t$、$SGDP_t$分别为第 t 年农业、工业、建筑业、服务业增加值，亿元；$TPWP_t$为第 t 年火电单位投入能耗用水量，米^3/吨标煤；TPE_t为第 t 年火电投入能源量，万吨标煤；UWP_t和RWP_t分别为第 t 年城镇和乡村居民人均日用水量，米^3/（人·日）；UP_t和RP_t上文已述；EW_t为第 t 年生态补水量，亿立方米。模型中，同一性质间单位数值换算（10 的 n 次幂）在公式中未表示，下文同。

类似地，耗水量计算公式如式（3.13）所示，耗水率决定了最终需要治理和排入环境中的污水产生率：

$$WaterC_t = GW_t \cdot GWCR + ITW_t \cdot ITWCR + CW_t \cdot CWCR + SW_t \cdot SWCR \\ + UW_t \cdot UWCR + RW_t \cdot RWCR + EW_t \cdot EWCR \quad (3.13)$$

式（3.13）中，$WaterC_t$是第 t 年研究区域总耗水量，亿立方米；GW_t、ITW_t、CW_t、SW_t、UW_t、RW_t、EW_t分别为第 t 年农业、工业（含火电）、建筑业、服务业、城镇生活、乡村生活、生态补水用水量，亿立方米；$GWCR$、$ITWCR$、$CWCR$、$SWCR$、$UWCR$、$RWCR$、$EWCR$分别为农业、工业（含火电）、建筑业、服务业、城镇生活、乡村生活、生态补水常年平均耗水率，%（由于耗水率属于难以预测的波动值，但数值相对较为稳定，本部分采用各耗水部门的多年耗水率均值来设计此参数）；用水量和耗水量的差值即待处理的污水量。

水资源供给对经济增长的限制指标主要通过水资源开发利用率和供需比来表示：

$$\gamma_w = f(WaterS_t / WaterD_t) \tag{3.14}$$

式（3.14）中，$WaterS_t$ 为第 t 年研究区域总供水量，亿立方米。式（3.14）表示经济增长水资源约束因子是水资源供需比的函数（湖南省为丰水区，水资源开发利用率常年处于合理范围内，仅湘潭、长沙两市水资源开发利用率超过或接近 40% 的合理限度，开发利用潜力空间较大）。

湖南省常年水资源总量为 1600 余亿立方米，2000～2017 年湖南省供水、用水、耗水规模和结构见表 3－3，由于用水量统计以供定需，2005 年以后用水总量数据和供水总量数据一致，不单列用水总量数据。

采用表 3－3 数据，认为湖南全省供水量随水利基础设施建设的完善和需求量的提升，呈波动性上升趋势，供水量拟合方程为：

$$WaterS_t = 0.8824t + 317.69, R^2 = 0.6039 \tag{3.15}$$

同时，搜集、测算了 2000～2017 年历史上城镇、乡村居民日生活用水量、各产业部门万元增加值用水量数据（2000 年不变价），以供进一步的情景分析参数设置参考。

综上，得到的模型中水资源子系统见图 3－3。

（二）土地资源子系统

土地资源子系统主要讨论经济增长下建设用地面积的扩张

表 3 - 3　湖南省水资源供给、需求、消耗情况（2000～2017 年）

单位：亿立方米，%

年份	供水量	耗水量	用水量							
			农业	工业	工业中火电消费	城镇居民生活用水	农村居民生活用水	城镇公共用水	城镇公共用水中服务业用水	生态环境补水
2000	319.60	151.50	223.00	54.60	—	13.10	25.40	—	—	—
2001	320.67	159.56	224.40	54.70	—	14.90	24.50	—	—	—
2002	307.90	120.90	205.90	59.40	—	16.30	25.40	—	—	—
2003	318.80	165.70	215.10	64.80	16.80	11.96	17.94	—	3.29	1.62
2004	323.70	142.30	202.30	76.40	18.30	13.84	17.72	—	3.84	2.91
2005	328.40	143.80	201.30	80.50	19.50	14.22	17.58	—	4.51	3.13
2006	327.70	135.60	198.40	81.97	19.74	14.81	17.09	—	4.99	3.18
2007	324.30	143.40	193.90	82.55	20.10	15.72	16.42	—	5.12	3.21
2008	323.60	135.60	198.99	82.04	22.50	16.40	16.26	6.59	5.42	3.35
2009	322.30	143.40	195.13	83.52	22.50	17.01	16.15	7.06	5.70	3.46
2010	325.20	139.60	191.40	89.75	22.57	17.35	14.91	8.48	6.67	3.20
2011	326.50	136.80	189.20	95.59	28.07	16.80	13.21	9.11	7.18	2.55
2012	328.80	137.30	187.90	98.10	29.90	17.34	13.35	9.57	7.47	2.48
2013	332.48	136.70	193.93	94.05	35.13	18.43	10.76	12.44	10.33	2.87
2014	332.41	139.60	200.19	87.75	30.46	18.91	11.04	11.84	9.67	2.68
2015	330.41	134.40	195.26	90.21	32.76	19.70	11.14	11.40	9.39	2.70
2016	330.36	132.92	195.11	88.98	33.95	20.27	11.09	12.12	9.93	2.80
2017	326.95	130.98	193.71	85.96	33.70	20.77	10.94	12.78	10.17	2.79
各部门常年耗水率			53.41	15.96		18.63	73.38	30.44		86.20

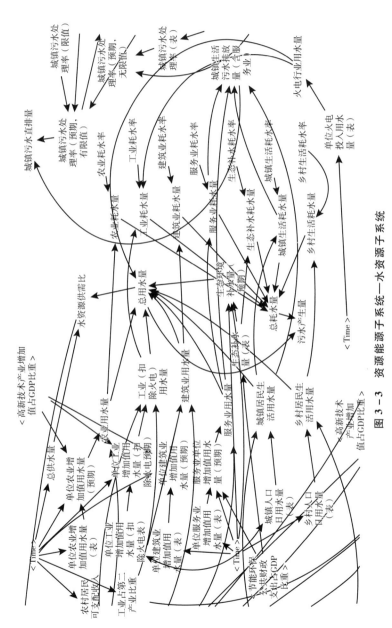

图 3 - 3　资源能源子系统—水资源子系统

注：①图 3 - 2 至图 3 - 8 从一张 SD 模型整体流图中截出，因此边界部分会有一些涉及其他子系统的指标或简头遗留。②指标名称后（表），表示该指标为表函数。下同。

（受数据限制，模型中采用建成区面积）以及资本密度、人口密度对经济增长的反馈作用。由于建设用地存量的锐减，土地供应逐渐成为制约区域经济增长的主要瓶颈。模型中将建成区面积设计为流位量，其流率量方程为：

$$ADA_t = (CA \cdot CAAR - DA_{t-1}) \cdot ADR_t \qquad (3.16)$$

式（3.16）中，ADA_t 表示第 t 年新增建成区面积，平方公里；CA 为城区预期面积，平方公里；$CAAR$ 为建成区与城区面积比例预期限值（通过对比全国其他省会城市得到，经查阅，大多处于 0.15 ~ 0.45），% ；DA_{t-1} 为第 $t-1$ 年建成区面积，平方公里；ADR_t 为第 t 年剩余用地的开发利用率，% 。

由于湖南省城区人口密度偏低，人口密度对经济增长的限制作用远低于资本密度的影响，模型用式（3.17）表示土地资源供应对经济增长的约束：

$$\gamma_t = f(\Delta K_t / ADA_t) \qquad (3.17)$$

式（3.17）中，ΔK_t 为第 t 年固定资产投资较 $t-1$ 年增多的量，亿元；式（3.17）将经济增长土地资源约束因子表示为新增固定资产投资量与新增建成区面积比值的函数。

由于统计口径的变动，这里仅给出 2006 ~ 2017 年湖南省城市规模相关数据，近年来湖南城区规模由 3500 平方公里左右增长至接近 4600 平方公里，建成区则由刚突破 1000 平方公里增至 1700 余平方公里，增速更快，具体数据见表 3 - 4。

表 3 - 4　湖南省城市规模（土地方面）情况

单位：平方公里

年份	城区面积	建成区面积	年份	城区面积	建成区面积
2006	3493	1037	2012	4623	1465
2007	2975	1112	2013	4312	1505
2008	3370	1195	2014	4286	1540
2009	3630	1239	2015	4582	1573
2010	4122	1321	2016	4373	1626
2011	4602	1408	2017	4592	1709

综上，得到的模型中土地资源子系统见图 3 - 4。

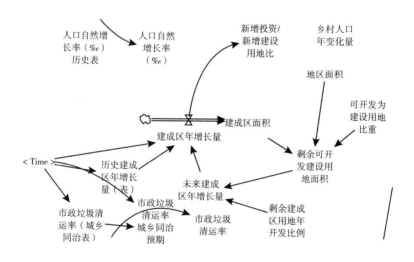

图 3 - 4　资源能源子系统—土地资源子系统

（三）能源子系统

能源消费结构可分为行业结构和品种结构两类，能源结构的变化与产业结构的升级密切相关，而能源消费又直接引发了碳排放和主要的大气污染物排放。模型中能源消费由农业、工业、建筑业、服务业和生活消费部分构成，研究区域的能源消费总量方程：

$$EnergyD_t = GEP_t \cdot GGDP_t + IEP_t \cdot IGDP_t + CEP_t \cdot CGDP_t \\ + SEP_t \cdot SGDP_t + PEP_t \cdot Pop_t \tag{3.18}$$

式（3.18）中，$EnergyD_t$ 表示第 t 年研究区域能源消费总量，万吨标煤；GEP_t、IEP_t、CEP_t、SEP_t 分别为第 t 年农业、工业、建筑业、服务业单位增加值能耗，吨标煤/万元；$GGDP_t$、$IGDP_t$、$CGDP_t$、$SGDP_t$ 分别为第 t 年农业、工业、建筑业、服务业增加值，亿元；PEP_t 为第 t 年城乡居民人均年能耗，吨标煤/（人·年）；Pop_t 为第 t 年总人口，万人。模型中能源品种结构分为煤品能源、油品能源、天然气、水电核电风电和其他能源，公式从略。

能源供需结构对区域经济增长的影响表示为：

$$PESR_t = EnergyP_t/EnergyD_t, \gamma_e = f(PESR_t) \tag{3.19}$$

式（3.19）中，$PESR_t$ 为第 t 年一次能源自给率，%；$EnergyP_t$ 为第 t 年一次能源生产量，万吨标煤；式（3.19）表示经济增长能源约束因子是一次能源自给率的函数。

湖南省能源资源禀赋并不突出，缺电少煤、无油无气，新能源方面太阳能、风能发电禀赋一般，地热能属中低温传导型难以用于发电，仅秸秆、牲畜粪便等生物质能相对丰富，另有一定的页岩气储量。近年来，湖南省能源消费总量为 1.4 亿 ~ 1.6 亿吨标煤，能源消费部门以工业消费为主（2015 年以前工业能源消费占比一直超过 60%，处于 60% ~ 70%，2015 年后比例有所下降，但也一直在 55% 以上），能源消费品种以煤为主（大部分年份都在 60% 以上）的形式没有发生根本性变化，2005 年以来一次能源自给率从接近 60% 一路下滑至 30% 以下，可见能源供应是制约湖南发展的瓶颈问题。2005 ~ 2017年湖南省能源供需情况见表 3 - 5。

此外，煤品能源消费量与能源加工转换中火电行业所投入能源量有较强相关关系，同时火电又是水资源消耗的重要部门：

$$TPE_t = f(CoalEC_t) \tag{3.20}$$

式（3.20）中，$CoalEC_t$ 为第 t 年煤品能源消费量，万吨标煤。通过式（3.20），可将能源子系统与水资源子系统直接连接，采用表 3 - 4 数据，可对上式拟合方程如下：

$$TPE_t = 0.1851 CoalEC_t + 731.72, R^2 = 0.8235 \tag{3.21}$$

采用式（3.21）可通过历年煤品能源消费数据估算火电投入表标煤量，并进一步估算火电行业耗水量。

综上，得到的模型中能源子系统见图 3 - 5，由于能源子系统与碳排放子系统联系紧密，图 3 - 5 中将两者共同呈现。

三　环境 7 评估子系统

（一）碳排放子系统

由于生产过程碳排放情况复杂，本书仅测算化石能源消

表 3 - 5 湖南省能源供需总量及分部门消费情况

单位：万吨标煤，%

年份	能源消费总量	一次能源生产总量	农业消费量	工业消费量	建筑业消费量	服务业消费量	生活消费量	工业中火电消费量	一次能源自给率
2005	9709.27	5758.59	545.51	6674.42	146.91	1290.15	1052.28	—	59.31
2006	10580.90	5879.27	556.47	7300.67	161.66	1450.84	1111.43	—	55.56
2007	11628.99	6180.38	575	8080.84	184.39	1574.61	1214.1	2012.13	53.15
2008	12355.31	5594.87	626.67	8641.82	169.02	1606.61	1311.2	—	45.28
2009	13331.04	6351.05	678.11	9273.07	184.76	1728.59	1466.52	2154.3	47.64
2010	14852.24	8005.86	844.65	10021.08	263.62	1921.54	1801.34	2528.58	53.90
2011	16160.86	8973.85	863.41	10661.88	337.04	2200.91	2097.61	3124.77	55.53
2012	16744.08	10017.64	932.52	10605.97	372.17	2444.03	2389.4	2690.39	59.83
2013	14918.51	7587.52	686.52	9319.03	294.22	2637.78	1980.96	2963.24	50.86
2014	15316.84	6348.84	683.02	9329.02	328.75	2899.22	2076.82	2399.43	41.45
2015	15468.61	4938.36	699.55	9057.74	360.64	3154.78	2195.87	2238.08	31.93
2016	15804.44	4458.56	715.94	8994.92	377.91	3403.08	2312.61	2278.14	28.21
2017	16171.30	3561.93	734.57	9069.57	380.04	3569.72	2417.41	2396.23	22.03

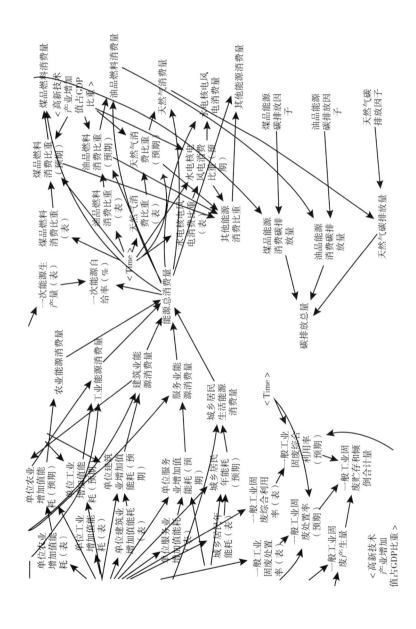

图 3－5　资源能源子系统—能源子系统以及环境评估子系统—碳排放子系统

费碳排放量及排放结构的变化。模型中按照 IPCC 清单指南[①]和第 5 次评估报告的全球温变潜能（GTP）[②]，对煤品能源、油品能源和天然气燃用过程中产生的 CO_2、CH_4 和 N_2O 统一换算为 CO_2 当量（CO_2e）测度[③]。

$$CE_t = \sum_i \sum_j EC_{i,j,t} \cdot EF_{i,j} \qquad (3.22)$$

式（3.22）中，CE_t 为第 t 年研究区域（能耗）碳排放总量，CO_2e；$EC_{i,j,t}$ 为第 t 年第 i 个部门第 j 种能源消费量，万吨标煤，部门包括农业、工业、建筑业、服务业部门和居民消费，能源包括煤品燃料、油品燃料和天然气；$EF_{i,j}$ 为第 i 部门第 j 种能源碳排放因子，吨 CO_2e/吨标煤燃料。经笔者测算，煤品、油品、天然气的排放因子分别为 2.809 吨 CO_2e/吨标煤燃料、2.155 吨 CO_2e/吨标煤燃料、1.646 吨 CO_2e/吨标煤燃料，由于考虑了能源消费的 CH_4 和 N_2O 排放，此排放系数略高于国家发改委气候变化司发布的数据[④]。

模型中通过经济系统预测各部门增加值，配合各部门能源强度估计能源消费总量，再结合化石能源消费结构，预测各年度能耗碳排放总量。湖南省能源数据已在前文中

---

① IPCC, 2006 IPCC Guidelines for National Greenhouse Gas Inventories, Hayama, IGES for the IPCC, 2006.

② IPCC 第三次及之前的评估报告中采用类似指标全球增温潜势（GWP）。

③ 杨顺顺：《中国工业部门碳排放转移评价及预测研究》，《中国工业经济》2015 年第 6 期，第 55~67 页。

④ 刘晓、熊文、朱永彬等：《经济平稳增长下的湖南省能源消费量及碳排放量预测》，《热带地理》2011 年第 31（3）期，第 310~315 页。

展现，本部分给出 2005～2017 年能源消费结构数据，见表 3 - 6。

表 3 - 6 湖南省能源分品种消费结构

单位：%

年份	煤品燃料消费比重	油品燃料消费比重	天然气消费比重	水电、核电、风电消费比重
2005	68.51	12.87	0.66	14.87
2006	66.37	12.45	0.63	15.86
2007	67.59	12.64	0.87	14.84
2008	66.04	10.91	0.89	17.76
2009	65.82	11.23	1.02	16.42
2010	62.88	11.11	1.06	15.18
2011	65.19	11.01	1.26	14.47
2012	60.81	11.22	1.49	17.88
2013	60.71	14.44	1.77	13.66
2014	58.08	14.56	2.12	15.44
2015	59.92	16.07	2.28	12.53
2016	58.76	16.69	2.38	13.19
2017	62.59	16.26	2.22	12.21

注：除上述能源品种外，剩余比例为其他能源品种消费。

可见，近年来湖南省煤品能源消费量呈逐步下降趋势，油类和天然气消费比例有所上升，水电、核电、风电则处于占比 15% 左右的波动状态。由于同等发热值下，油气类能源碳排放因子较小，除能源效率的提升外，化石能源消费结构的变化也促进了全省的低碳化发展。

碳排放子系统见图 3 - 5。

（二）大气环境子系统

大气污染物统计中主要有 SO_2、NO_x（2011 年以后，之前

为 NO_2）和烟（粉）尘 3 类，其中烟（粉）尘分为工业烟尘、工业粉尘、生活烟尘、机动车烟尘和集中治理设施烟尘 5 种，由于"十二五"之前工业烟尘、粉尘分开统计，与"十二五"之后综合统计的数据差异极大，且烟（粉）尘不属于总控型污染物（同时难以估算产生量），本部分大气环境子系统主要测算 SO_2、NO_X 这两类受总量控制的大气污染物排放量及排放结构的变化。其中，SO_2 的排放源包括工业排放、城镇生活排放（农村生活无统计数据）、集中式治理设施排放，前两者具备 2000 年以来连续数据；NO_X 的排放源包括工业源排放、城镇生活源、机动车源和集中式治理设施排放，由于集中式治理设施源排放难以估计，且占比极小（如 2014 年 SO_2 和 NO_X 集中式治理设施排放仅分别占 0.005% 和 0.011%），在研究中被忽略。受统计数据所限，SO_2 的排放源包括工业源和生活源，NO_X 的排放源包括工业源、生活源和机动车源。SO_2 和 NO_X 排放量估算均采用物料衡算法[①]，不同之处在于空气中的氮也会参与 NO_X 的形成。

$$SE_t = 2 \sum_i \sum_j EC_{i,j,t} \cdot TSC_{i,j,t} \cdot SCR_{i,j} \tag{3.23}$$

$$NE_t = 1.63 \sum_i \sum_j EC_{i,j,t} \cdot (TNC_{i,j,t} \cdot NCR_{i,j} + 0.000938) + MV_t \cdot VEF_t \tag{3.24}$$

---

① 方品贤、江欣、奚元福：《环境统计手册》，四川科学技术出版社，1985，第 99 ~ 100 页。

$$MV_t = f(GDP_t/Pop_t) \tag{3.25}$$

式（3.23）、式（3.24）中，SE_t 和 NE_t 分别为第 t 年研究区域 SO_2 和 NO_x 的总排放量，万吨；$EC_{i,j,t}$ 意义见碳排放方程；$TSC_{i,j,t}$ 和 $TNC_{i,j,t}$ 分别为第 t 年第 i 部门消费的第 j 种能源的含硫率和含氮率（部门分为工业、生活和机动车，能源为化石能源分类），$SCR_{i,j}$ 和 $NCR_{i,j}$ 分别为第 i 部门第 j 种能源燃用时转化为 SO_2 和 NO_x 的转化率；2 和 1.63 均为增重系数；MV_t 为第 t 年机动车保有量，万辆；VEF_t 为第 t 年机动车的 NO_x 平均排放因子，吨/辆。式（3.25）表示机动车保有量是人均地区生产总值的函数。

由于缺乏实际的含硫率和含氮率数据，对于含硫率，根据《工业企业节能减排主要指标解释》中"不具备条件取得燃煤含硫率数据的，暂按 1.2% 含硫率计算"，而工业用油按 0.8% 含硫率取值，对于生活用油参考《生活源产排污系数及使用说明》中"生活每吨油排放 16kg SO_2"，反映生活用油含硫率也按照 0.8% 取值。同时，工业用能燃烧过程 SO_2 转化率取 0.8，农村单位人口排放按城市的 80% 计算。对于含氮率，中国煤的含氮率 0.52% ~ 1.41%[1]，而《环境统计手册》中提出煤的含氮率可取 0.85%，转化率取 70%，油的含氮量在 0.05% ~ 0.5%，我国原油含氮量一般在 0.1% ~ 0.5%，本书模型中按 0.3% 计算，转化率按 40% 计算（重油）。对于生活

---

① 吴代赦、郑宝山、唐修义等：《中国煤中氮的含量及其分布》，《地球与环境》2006 年第 34（1）期，第 1~6 页。

用煤，模型中含氮量取低值 0.5％，转化率取 25％（参考煤粉炉），生活用油取含氮量轻油 80％ 和重油 20％ 比例加权，同样农村单位人口排放按城市的 80％ 计算（但为了与统计数据比对进行模型检验，本章模型中未计算农村生活源排放）。

为测算机动车源 NO_x 排放，需要拟合机动车的保有数量增长情况，机动车保有量一般认为和体现富裕程度的人均 GDP 有较强相关关系。对式（3.25）进行方程拟合（人均 GDP 取 2000 年不变价），结果如下：

$$MV_t = 255.36 \cdot \frac{GDP_t}{Pop_t} - 134.99, R^2 = 0.9747 \qquad (3.26)$$

由于 2011 年前缺乏 NO_x 排放数据，对湖南省 2011～2017 年大气污染物排放情况，数据整理见表 3-7，工业源 SO_2 和 NO_x 的排放量在 2016 年及之后出现了较剧烈的下降。

表 3-7　湖南省主要大气污染物排放量

单位：万吨

年份	SO_2 排放量	工业 SO_2 排放量	城镇生活 SO_2 排放量	NO_x 排放量	工业 NO_x 排放量	城镇生活 NO_x 排放量	机动车 NO_x 排放量
2011	68.55	63.62	4.93	66.64	48.77	0.76	17.10
2012	64.50	59.33	5.16	60.72	42.48	0.79	17.45
2013	64.13	58.87	5.26	58.82	39.78	0.80	18.23
2014	62.37	55.95	6.42	55.28	35.94	0.91	18.42
2015	59.55	51.59	7.95	49.69	31.37	1.38	16.93
2016	34.68	28.57	6.11	42.06	24.18	1.09	16.78
2017	21.46	15.02	6.44	36.47	18.42	1.04	16.97

注：污染物分类之和与总量的差值为集中式治理设施排放量。

综上，得到的模型中大气环境子系统见图 3-6。

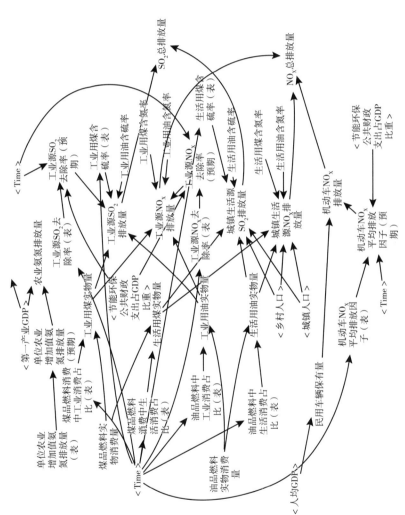

图 3-6 环境评估子系统—大气环境子系统

（三）水环境子系统

水环境子系统主要估算市政污水产生量和 COD、氨氮这两类受总量控制的水污染物的排放量及排放结构的变化。其中，COD 和氨氮的排放源包括工业源、生活源（城镇）和农业源。

$$WWD_t = SW_t \cdot (1 - SWCR) + UW_t(1 - UWCR) \tag{3.27}$$

$$WPD_{m,t} = GPP_{m,t} \cdot GGDP_t + IPP_{m,t} \cdot IGDP_t + PPP_{m,t} \cdot Pop_t \tag{3.28}$$

$$PPP_{m,t} = f(SDR) \tag{3.29}$$

式（3.27）表示市政污水产生量由城镇生活污水和服务业污水量构成，WWD_t 为第 t 年市政污水总量，亿立方米，式（3.27）中其他参数意义见水资源子系统。式（3.28）中，$WPD_{m,t}$ 表示第 t 年第 m 种水污染物（包括 COD 和氨氮两类）总排放量，万吨；$GPP_{m,t}$、$IPP_{m,t}$ 分别为第 t 年第 m 种水污染物农业、工业单位增加值排放量，吨/万元；$PPP_{m,t}$ 为第 t 年第 m 种水污染物城乡居民人均排放量，kg/（人·年）（受数据限制，本书案例中大气和水污染物生活源排放仅测算了城镇居民部分）。式（3.29）中，SDR 为污水处理率，%，即在模型中水污染物人均排放量被设计为污水处理率的函数。

与大气污染数据类似，由于 2011 年前部分水污染物排放量数据缺失（缺农业源排放数据），表 3-8 中给出了 2011~2017 年湖南省主要水污染物排放数据，考虑到统计口径的变化，2016 年及之后农业源和工业源 COD、氨氮排放量数据与之前数据差距较大。

表3-8　湖南省主要大气污染物排放量

年份	2011	2012	2013	2014	2015	2016	2017
城镇污水处理率(%)	82.80	85.80	88.36	90.10	92.70	94.30	95.50
废水排放总量(亿吨)	27.90	30.40	30.72	31.00	31.41	29.88	30.06
工业废水排放量(亿吨)	9.74	9.70	9.23	8.23	7.69	4.87	3.48
城镇生活污水排放量(亿吨)	18.12	20.67	21.45	22.72	23.68	24.94	26.54
化学需氧量(COD)排放量(万吨)	130.52	126.33	124.90	122.90	120.77	60.26	57.58
工业废水中COD排放量(万吨)	17.09	14.96	14.07	13.37	12.40	4.30	2.86
农业COD排放量(万吨)	58.57	56.73	55.70	55.00	54.39	1.80	0.78
城镇生活污水中COD排放量(万吨)	53.19	53.04	53.89	53.29	53.15	53.54	53.76
氨氮排放量(万吨)	16.50	16.13	15.77	15.44	15.11	8.11	8.30
工业废水中氨氮排放量(万吨)	2.79	2.58	2.30	2.08	1.84	0.81	0.26
农业氨氮排放量(万吨)	6.44	6.26	6.13	6.00	5.91	0.07	0.03
城镇生活污水中氨氮排放量(万吨)	7.12	7.14	7.22	7.24	7.28	7.17	8.00

注：污染物分类之和与总量的差值为集中式治理设施排放量。

采用城镇生活污染物排放量、城镇人口、城镇污水处理率数据，分别拟合 COD 和氨氮（$NH_3 - N$）的式（3.29），得到方程式（3.30）和式（3.31），如下：

$$PPP_{COD,t} = -17.285 \cdot SDR_t^2 + 4.3821SDR_t + 25.144, R^2 = 0.9924 \quad (3.30)$$

$$PPP_{NH_3-N,t} = -2.9489 \cdot SDR_t^2 + 3.1535SDR_t + 1.6012, R^2 = 0.9439$$

$$(3.31)$$

综上，得到的模型中水环境子系统见图3-7。

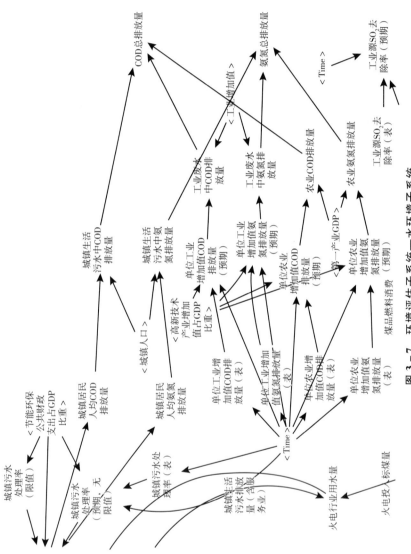

图 3 - 7 环境评估子系统—水环境子系统

（四）固废排放子系统

模型中主要测算了一般工业固体废物和城乡生活垃圾的产生和处置情况。

$$ISW_t = ISWP_t \cdot IGDP_t \cdot (1 - \eta_{cu,t}) \cdot (1 - \eta_{dr,t}) \tag{3.32}$$

$$DGUD_t = (USWP_t \cdot 365 \cdot UP_t + RSWP_t \cdot 365 \cdot RP_t) \cdot (1 - \eta_{gr,t})(1 - \eta_{rr,t}) \tag{3.33}$$

式（3.32）、式（3.33）中，ISW_t 为第 t 年一般工业固体废物贮存及弃置量，万吨；$ISWP_t$ 为第 t 年单位工业增加值一般固体废物产生量，吨/万元；$\eta_{cu,t}$ 为第 t 年一般工业固体废物综合利用率，%；$\eta_{dr,t}$ 为第 t 年一般工业固体废物处置率，%；$DGUD_t$ 为第 t 年城乡生活垃圾未清运量，万吨；$USWP_t$ 和 $RSWP_t$ 分别为城镇和乡村居民人均生活垃圾产生量，kg/（人·日）；$\eta_{gr,t}$ 为第 t 年城乡生活垃圾清运率，%；$\eta_{rr,t}$ 为第 t 年生活垃圾清运前的回收率，%。

按照《第一次全国污染源普查城镇生活污染源产排污系数手册》中对城乡居民生活垃圾产生量的估计，其将全国划分为一区至五区 5 个大区域，本章模型中对湖南采用三区 1 类排放系数，即城市居民采用 0.71kg/（人·日），农村居民按此取 70% 计算。

湖南近年来一般工业固体废物综合利用率不断提升，已经突破 80%，综合利用和处置之和占比达到产生量的 85% 以上（2018 年此指标突破 90%）；同时，城镇市政垃圾清运量稳步提升，近年来无害化处理率已接近100%（2018年此指标达到100%），作为较早开展城乡环境同治的省份，湖南省一直大力推广"户分类、村收集、镇转运、县（市）处理"的模式实现城乡环卫一体化，但此模式在实际运行中也存在资金缺口大、处理能力限制等客观问题，未来湖南生活垃圾处理压力主要将集中于乡村垃圾的妥善处置。2000～2017年湖南省一般工业固体废物和生活垃圾排放、处理情况见表3-9。

表3-9　湖南省固体废弃物排放情况

年份	一般工业固体废物产生量（万吨）	一般工业固体废物综合利用率(%)	一般工业固体废物处置率(%)	一般工业固体废物贮存量（万吨）	市政垃圾清运量(万吨)	市政垃圾无害化处理率(%)
2000	2355.00	46.96	5.83	534.23	358.46	50.47
2001	2463.00	59.58	8.99	697.47	1048.30	83.80
2002	2434.00	63.51	9.87	550.24	459.00	54.90
2003	2754.00	63.04	8.98	717.61	444.00	24.17
2004	3268.81	66.45	9.47	718.96	489.00	32.52
2005	3366.44	69.99	12.33	530.56	486.00	39.69
2006	3687.68	72.27	8.22	672.85	510.00	46.30
2007	4559.73	74.30	9.20	830.00	511.17	52.80
2008	4216.22	78.80	7.40	611.00	542.79	59.50
2009	5092.79	76.70	7.40	822.20	511.94	66.60
2010	5773.75	81.00	7.80	769.00	505.22	79.00
2011	8486.70	66.30	26.10	695.60	459.02	86.40
2012	8115.92	62.60	26.42	955.19	541.22	95.70
2013	7805.68	64.19	25.17	888.24	616.83	96.00
2014	6933.77	63.06	27.06	707.30	600.79	98.60
2015	7126.01	65.37	28.26	467.68	638.15	99.80
2016	5319.81	73.53	10.21	907.42	680.83	99.90
2017	4354.08	81.96	5.10	585.95	764.88	99.80

综上，得到的模型中固废排放子系统见图3-8。

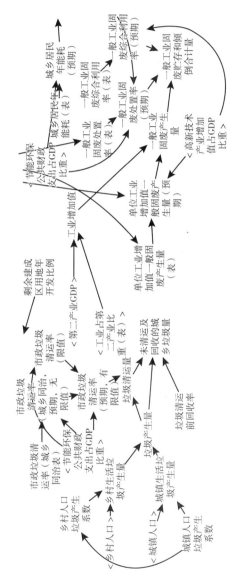

图 3 - 8　环境评估子系统—固废排放子系统

此外，为区别于部分研究中，在情景分析时直接对资源能源和环境系统参数进行调整，而忽略进行这种调整的"经济社会成本"的做法，本章尝试强化资源能源和环境系统对经济系统的反馈作用：①通过各类经济增长资源能源约束因子，讨论资源供需结构失衡对经济增长的抑制作用，各类约束因子采用类比法和专家咨询法确定。②模型中环保类和非环保类的固定资产投资效果系数不同（案例中经测算，前者低于后者），对经济增长的影响不同。③采用节能环保公共财政支出占地区生产总值比重代表政府的环保投入、高新技术产业增加值占地区生产总值比重代表经济转型的力度。模型中认为政府环保投入的增加，会主要提高污染物的治理能力，引起大气污染物去除率、污水处理率、固废处置率、垃圾清运率等的提升，以及服务业部门、城乡生活能耗、水耗的降低；同时其也会带动固定资产投资中环保类投资比例的提高，削弱固定资产投资对经济增长的拉动效应。经济转型力度的提高，会加快产业结构、能源结构的调整，提高农业、工业、建筑业等产业部门的资源能源利用效率，降低这些产业部门的单位增加值污染排放量；同时其对经济系统的影响更为复杂，一方面这种提高会导致区域 R&D 经费支出的提升从而可能影响固定资产投资的增加；另一方面高新技术产业增长率要明显快于地区生产总值平均增速，对经济增长有提升作用。需要说明的是，对于因统计口径变化而出现数据跳跃情况的指标，模型中采用了分段拟合的方式。

第三节　仿真模型有效性检验

本研究使用 VensimPLE6.3 软件完成系统动力学模型的构建，模型由 200 余组方程组成。模型中以 2000 年为基期，依据 2000～2017 年 18 年间数据完成各项方程的拟合，并对各子系统关键参数测试了模型 2000～2017 年仿真数据平均误差和 2018 年预测数据误差，以验证模型的有效性，结果见表 3-10。

表 3-10　系统动力学仿真模型有效性分析结果

单位：%

隶属子系统	指标名称	2000～2017 年历史数据仿真平均（绝对值）误差	2018 年数据仿真误差	其他说明
经济人口子系统	地区生产总值	1.3521	-1.7159	
	总人口	0.7783	-0.6418	
	城镇化率	2.3743	-1.9604	由于常住、户籍人口等数据统计问题，2015 年后采用历年统计公报数据进行验证测算
	城镇居民人均可支配收入	8.0393	-8.5511	近年来城乡居民人均可支配收入变动较快，采用历史数据拟合差距较大，需用近期数据重新拟合修改
	农村居民人均可支配收入	12.6779	-14.5749	
资源能源子系统	总用水量	1.4398	-2.6562	2018 年能源消费数据在《湖南统计年鉴（2019）》中尚未更新。一次能源自给率检验 2005～2017 年历史数据平均值。此外，土地资源为紧约束，建成区面积历史数据采用表函数表示，无须检验
	水资源供需比	1.6203	1.6810	
	能源消费总量	1.1607	—	
	一次能源自给率	1.4698	—	

续表

隶属子系统	指标名称	2000~2017年历史数据仿真平均（绝对值）误差	2018年数据仿真误差	其他说明
环境评估子系统	SO₂总排放量	9.6676	7.5449	2010年前误差较大
	NOₓ总排放量	2.6452	−6.2314	因统计数据原因，仅计算2011~2017年平均误差
	COD总排放量	2.7891	2.8404	因统计数据原因，仅计算2011~2017年平均误差
	氨氮总排放量	3.1074	−7.0353	因统计数据原因，仅计算2011~2017年平均误差
	一般工业固废产生量	1.3703	−1.7158	

由表3-10可知，本书设计的仿真模型对湖南省历史和现状的呈现效果较好，对历史数据的仿真结果大部分指标误差在15%以内，对2015年现状数据的预测误差在10%以内（系统动力学模型主要作趋势预测，误差在30%以内即可接受）。经济人口子系统和资源能源子系统的预测效果要优于环境评估子系统，这主要和环境类历史数据缺失，以及2016年以来统计口径发生较大变化造成数据跳跃有关。

由于近年来城乡居民人均可支配收入数据趋势变化较快，为进一步提高模型拟合优度，对城镇居民人均可支配收入、农村居民人均可支配收入两项指标采用近5年数据拟合，并用分段函数在模型中进行表示，则预测未来两项指标的方程由式（3.6）和式（3.7）变化为：

$$IUR_t = 0.7486 \cdot \frac{NGGDP_t}{UP_t} - 15265, \text{R}^2 = 0.9912 \tag{3.34}$$

$$IRR_t = 1.7158 \cdot \frac{GGDP_t}{RP_t} - 1559, R^2 = 0.9954 \qquad (3.35)$$

采用上述经检验和调整后的模型进行进一步的情景分析。

第四节 多情景设计和结果分析[①]

情景分析通过不同的情景故事描述研究对象未来的发展方向，其与定量模型结合已成为重要的决策分析工具，类似于系统动力学的自上而下的模型技术[②]和整合"经济—资源—环境"系统的分析视角[③]，在区域可持续发展情景分析中得到越来越广泛的应用。

一 情景设计简述

本部分将湖南省未来发展情景设计为粗放—调整情景、经

[①] 与笔者 2017 年发表的独著论文《基于系统动力学的区域绿色发展多情景仿真及实证研究》相比，当时使用的最新数据是 2000～2015 年，而本书整理时大数据已更新至 2000～2018 年，从 2016 年开始《湖南统计年鉴》对主要的大气和水体污染物排放量统计量出现了较大变动（前文模型设计中已经提及），因此本书各情景模拟结果趋势在社会、经济、资源方面与 2017 年文章差异不大，但在大气、水体污染物排放方面则有较明显差异。

[②] Allen C., Metternicht G., Wiedmann T., "National Pathways to the Sustainable Development Goals (SDGs): A Comparative Review of Scenario Modelling Tools," *Environmental Science & Policy*, 2016, 66: 199 – 207.

[③] Cazcarro I., Duarte R., Sánchez-Chóliz J., et al., "Environmental Footprints and Scenario Analysis for Assessing the Impacts of the Agri-food Industry on a Regional Economy: A Case Study in Spain," *Journal of Industrial Ecology*, 2015, 19 (4): 618 – 627.

济转型优先情景和污染治理优先情景 3 类。

（1）粗放—调整情景（惯性发展情景）：以高投入换取高增长，维持固定资产投资的高位运行，同时也缓慢推动经济优化和环境保护工作，三次产业结构缓慢调整，高新技术产业占比逐步提高，环境治理支出力度缓慢提升。

（2）经济转型优先情景（经济乐观情景）：全力加快产业结构调整和高新技术产业的发展，通过追求经济质量的提升，加快能源结构的调整，降低化石能源使用比例；通过产业转型降低产业发展对资源能源的需求量，降低农业、工业、建筑业能源消费强度和水资源消费强度；减少单位产值的污染物产生量，降低农业、工业源大气、水体污染物排放强度，降低一般工业固体废物产生强度，提升一般工业固体废物综合利用率；适度降低固定资产投资增长率，同时也适度加大环境治理支出力度。从环境保护角度，这是一个相对偏向源头预防的策略。

（3）污染治理优先情景（环保乐观情景）：全力提升政府对环境治理的支出力度，通过节能环保等支出的增加，提高大气、水体污染物的处理率和处理水平，提升城乡生活垃圾清运率，提高机动车排放标准，降低服务业和城乡居民能源消费强度，提高生态环境补水需求；较大幅度降低固定资产投资速率，逐步优化产业结构。从环境保护角度，这是一个相对偏向末端治理的策略。

三类情景参数设置见表 3 - 11（部分年鉴中未更新数据的指标采用 2017 年数据）。

表 3 - 11　湖南未来发展情景分析参数设置情况

单位：%

指标	现状值（2018 年）	粗放—调整情景		经济转型优先情景		污染治理优先情景	
		2020 年	2035 年	2020 年	2035 年	2020 年	2035 年
非农经济占比	91.5	92	93	93	98	92.5	95.5
固定资产投资增速	13.15（2017）	20	14	18	12	14	8
节能环保公共财政支出占地区生产总值比重	5.24	5.3	6.0	5.4	7.0	5.5	8.5
高新技术产业增加值占地区生产总值比重	23.25	24	35	30	65	26	45
能源品种结构调整		弱		强		中	
单位产值或人口资源能源消费量		高		产业部门低 生活部门中		产业部门中 生活部门低	
单位产值或人口污染物排放量		高		产业部门低 生活部门中		产业部门中 生活部门低	
各部门污染治理率		低		中		高	

二　情景仿真结果分析

采用本研究构建的系统动力学模型对 3 类情景的 2019～2035 年发展趋势进行仿真，各情景数据起点统一为 2018 年。

（一）经济人口子系统主要指标预测情况

经济人口子系统主要指标在 3 类情景中仿真结果见图 3 - 9、图 3 - 10，另与前文统一，凡涉及价格因素的指标，均采用 2000 年不变价（本部分仿真结果图由 VensimPLE 软件直接导出）。

由图 3 - 9 和图 3 - 10 可知，经济转型优先情景对全省经济增长和加速城镇化的支撑能力最强，至 2035 年，经济转型

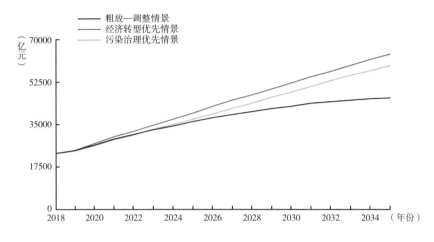

图 3 - 9　不同情景中湖南 GDP 预测结果

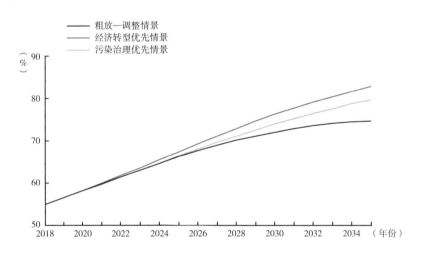

图 3 - 10　不同情景中湖南城镇化率预测结果

优先情景中湖南的地区生产总值将超过 6.3 万亿元（2000 年不变价），较污染治理优先情景和粗放—调整情景分别高出 7.68% 和 39.91%，经济转型优先情景中湖南的城镇化率将超过 82%，较污染治理优先情景和粗放—调整情景分别高出

3.19 个和 8.15 个百分点（由于城乡人口流动方程按照 2000 ~ 2017 年数据拟合，历史上城乡人口流动频繁，而未来每单位非农经济增加值造成的人口流动正处于不断衰减阶段，本书对城镇化率的拟合可能略有偏高）。

经济增长方面，污染治理优先情景仅次于经济转型优先情景的表现，但在 2023 年之前，粗放—调整情景的经济总量要高于污染治理优先情景，这说明高投资驱动经济增长的模式在近年内仍会产生效果，但在远景受限于资源约束压力的增大，转型过缓的增长模式将难以为继，若按近年来发展趋势外推，2020 年 3 类情景的地区生产总值年增速仍能保持在 8% 以上（这里未考虑新冠肺炎疫情冲击影响），但至 2030 年，粗放—调整情景的这一指标将下降至 2% 左右，而经济转型优先情景和污染治理优先情景仍可维持在 3% ~4% 水平。

人口增长方面，由于人口增长主要与人口自然增长率相关，没有就各情景设置不同参数，预计至 2035 年全省总人口将达到 7900 余万人，较 2018 年增长 8.27%，人口自然增长在未来预计将不断回落，但城镇化率将稳步提升。2035 年，全省从业人口预计超过 3250 万人，预计较 2018 年下降 12.96%，这说明未来全省老龄化现象将逐步严重，劳动力红利将随之消退，进一步保障劳动力就业和延长退休年龄可能是未来维持劳动力投入的主要政策方向。

（二）资源能源子系统主要指标预测情况

模型中主要对 3 类情景下水资源和能源消费情况进行了仿真和比较，而土地资源由于可建设用地受政府相关政策规划强约束，在各情景中不进行参数分类设置，仅对整体变动进行描述。资源能源子系统在各类情景下的仿真结果见表 3 - 12 和图 3 - 10（部分年鉴中未更新数据的指标采用2017 年数据）。

表 3 - 12　湖南资源能源子系统多情景仿真结果

指标	现状值（2018 年）	粗放—调整情景		经济转型优先情景		污染治理优先情景	
		2025 年	2035 年	2025 年	2035 年	2025 年	2035 年
总用水量（亿立方米）	337.01	452.039	465.584	330.432	238.762	387.703	377.830
水资源供需比	1.000	0.752	0.749	≥1	≥1	0.876	0.923
能源消费总量（亿吨标煤）	1.62（2017 年）	2.407	2.649	2.115	2.376	2.160	2.423
一次能源自给率（%）	22.03（2017 年）	23.277	20.675	26.486	23.047	25.933	22.600

由表 3 - 12 可知，未来湖南能源供需矛盾较水资源更为突出（各类情景中土地供应指标假设均一致）。

水资源供需方面，经济转型优先情景在各年份水资源供应都可保障需求，污染治理优先情景由于对各产业用水效率提升程度和速度低于经济转型优先情景，若供水能源按照近年趋势外推，则未来基本可保证85%以上的用水需求（最低年份出现在 2029 年，用水供需比为 86.63%），而粗放—调整情景则在 2025 年后会出现 25% ～30% 的水资源供应缺口（最差年份出现在 2031 年，用水供需比为 71.99%）。从仿真结果出发，若未来能通过产业转型严格控制各产业用水强度，加快节水器具的开发和普及，则湖南水资源供应的风险较低。

能源供需方面，湖南缺电少煤、无油无气，随着原煤产量下滑、水电开发潜力压缩和能源消费量的提升，一次能源自给率从 2005 年的 59.32% 逐渐下降至 2017 年的 22.03%，一次能源生产总量由 2012 年的 10017.64 万吨标煤下降至 2017 年的 3561.93 万吨标煤。3 类情景中，即使能源供应相对较优的经济转型优先情景也难以扭转一次能源自给率下降的态势，至 2035 年其一次能源自给率约为 23%，而其他情景该指标则更低，接近 20%。受资源禀赋限制，湖南在传统化石能源以及太阳能、风能等新能源开发方面没有资源优势，因此未来保障能源供应，一方面要加大外调能源保障力度；另一方面要积极开发生物质能、页岩气等有一定比较优势的新能源品种，多渠道保障能源供应安全。

土地供需方面，当前土地指标不足是限制省内各项重点项目落地的首要制约因素，根据全省城区面积、建成区面积现状，结合合理的开发比例，模型中预计 2035 年全省建成区面积可超过 2000 平方公里，较 2017 年（2018 年数据缺失）提升 17.78%（见图 3-11）。从提高土地节约集约利用水平、保障粮食安全等角度出发，未来湖南城镇建成区面积不宜过快扩

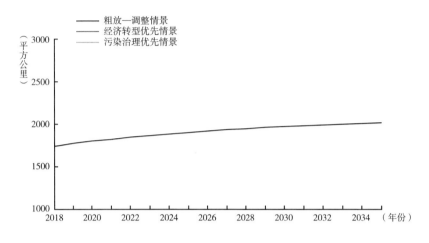

图 3-11　湖南建成区面积预测结果（各情景一致）

张，应严格管控城市边界，并进一步通过设置项目单位土地产出门槛、清理未利用建设用地、盘活存量建设用地、加大城市立体开发和地下空间开发力度等方式，全面提高单位土地产出强度，提高土地资源的利用水平和利用效率。

（三）环境评估子系统主要指标预测情况

模型中对各情景的碳排放、大气污染物排放、水污染物排放和固体废物产生及排放情况进行了预测，如前文所述，由于 2016 年以来大气和水污染物统计口径发生较大变化，本部分预测结果也较笔者 2017 报道成果有较大区别，同时由于 2016 年后数据序列较短，排放规律还未完全呈现，可能模型中各类污染物排放的预测值与实际值相比，也将存在更大的不确定性。

图 3-12 至图 3-15 给出了各情景下湖南碳排放结构（能耗碳排放）和排放总量的预测结果。

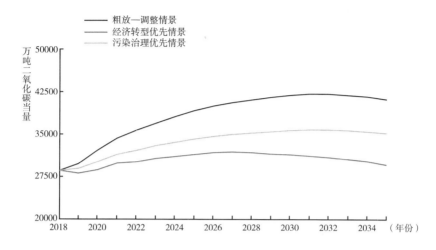

图 3 - 12 不同情景中湖南煤品能源消费碳排放量预测结果

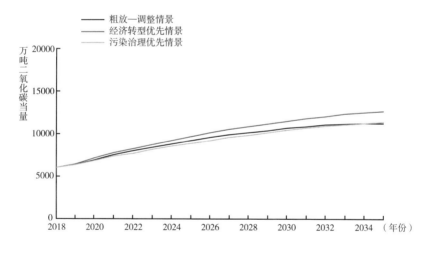

图 3 - 13 不同情景中湖南油品能源消费碳排放量预测结果

图 3 - 12 至图 3 - 15 中显示，碳排放总量方面，各情景排放峰值在 2032 年左右达到，其中粗放—调整情景碳排放总量最高，峰值为 5.46 亿吨 CO_2e；其次是污染治理优先情景，峰值为 4.85 亿吨 CO_2e；经济转型优先情景碳排放峰值最低，约

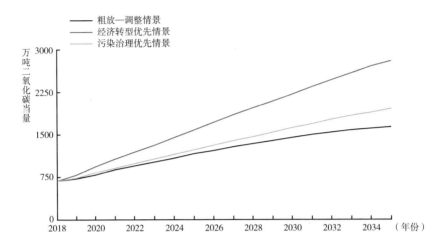

图 3－14 不同情景中湖南天然气消费碳排放量预测结果

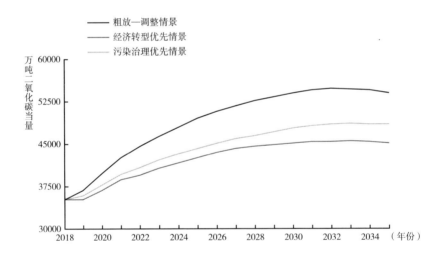

图 3－15 不同情景中湖南（能耗）碳排放总量预测结果

为 4.54 亿吨 CO_2e，较粗放—调整情景少 16.85%。3 类情景中 2030 年前碳排放仍呈趋缓增长态势，按照国家要求 2030 年左右达峰（碳排放拐点）的目标，仅通过提高产业能源利用效率的方式可能拐点会有所滞后，近年来湖南煤、油类能源占比依然较高，特别是煤品能源消费比例在"十三五"期间依然保持在 60% 左右，未来要加快湖南碳拐点的到来，必须加大清洁低碳能源的消费比例，在提升天然气使用比重，更好利用水电，合理利用太阳能、风电，积极开发生物质燃料等方面持续发力。碳排放结构方面，煤品能源燃用造成的碳排放量占到碳排放总量的极大比例，粗放—调整、经济转型优先和污染治理优先情景中，来自煤品能源消费的碳排放分别占到碳排放总量的 78.51%、72.19% 和 76.30%（2019～2035 年均值）。相比之下，油品能源消费碳排放占比次之，在粗放—调整、经济转型优先和污染治理优先情景中分别约占碳排放总量的 19.02%、23.62% 和 20.68%（2019～2035 年均值）；而天然气消费碳排放占比最少，但随着近年来煤改气、油改气工程的建设，预计未来其排放总量将有较快增长，特别是在经济转型优先情景中，由于经济结构变化推动能源消费结构的快速变化，2025～2035 年，天然气消费碳排放年均增长速度保持在 4%～9% 区间上行。

大气污染物排放方面，模型对 3 类情景下 SO_2 和 NO_x 两类总量控制污染物的各来源排放量进行了预测，结果见图 3-16 至图 3-22。

由图 3-16 至图 3-22 可知，大气污染物排放整体水平上，经济转型优先情景和污染治理优先情景在 2020 年后 SO_2 和 NO_x 排放总量基本体现出持续下降的态势。至 2035 年，经济转型优先情景的 SO_2 和 NO_x 排放总量分别较 2018 年下降了

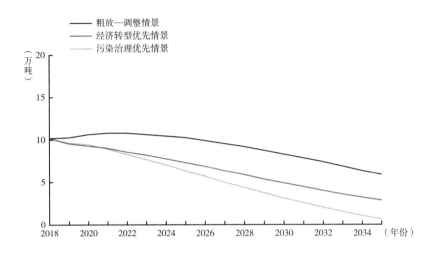

图 3-16　不同情景中湖南工业源 SO_2 排放量预测结果

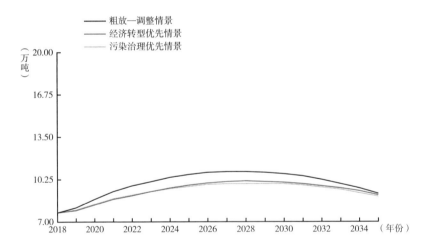

图 3-17　不同情景中湖南城镇生活源 SO_2 排放量预测结果

28.82% 和 24.95%，而污染治理优先情景的 SO_2 和 NO_x 排放总量分别较 2018 年下降了 42.64% 和 68.13%，即通过调整产业结构降低大气污染物产生量或加大大气污染物尾端处理力度，

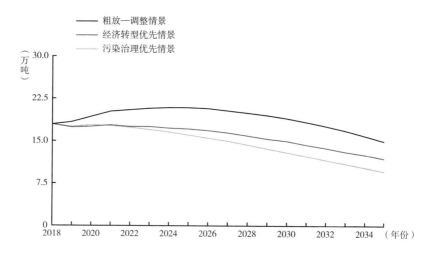

图 3 – 18　不同情景中湖南 SO_2 排放量预测结果

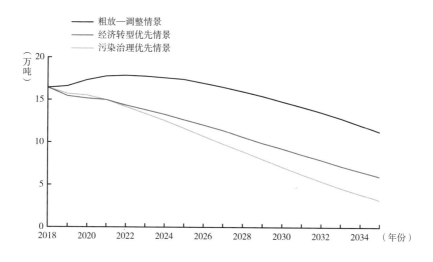

图 3 – 19　不同情景中湖南工业源 NO_x 排放量预测结果

都可以较为有效地控制大气污染。由于当前大气污染物尾端去除率尚有较大空间可挖，污染治理优先情景在控制大气污染物排放方面表现更为优异。相比之下，粗放—调整情景中 SO_2 和

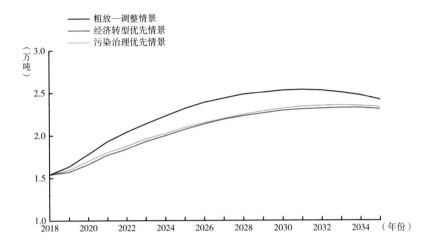

图 3 – 20　不同情景中湖南城镇生活源 NO$_x$ 排放量预测结果

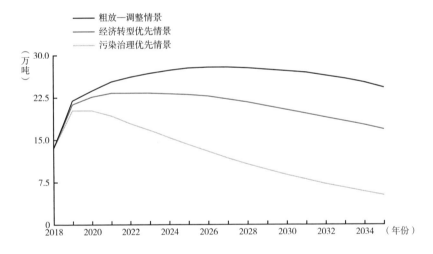

图 3 – 21　不同情景中湖南机动车源 NO$_x$ 排放量预测结果

NO$_x$ 排放总量分别较 2018 年下降了 9.85% 和上涨了 11.43%，且整体呈现先增长后下降的排放趋势，即在既有经济发展模式下，若不加大产业转型和污染治理力度，大气污染物排放在近

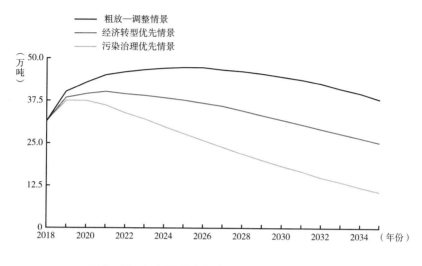

图 3 - 22 不同情景中湖南 NO_x 排放量预测结果

期仍会出现较明显的提升，近期完成总量削减目标将较为艰巨，2025 年后随经济结构的优化和污染治理技术的改进，大气环境治理才会出现逐渐好转的态势。

大气污染物排放源结构方面，SO_2 排放上，3 类情景的工业源 SO_2 排放量基本呈现逐步下降态势，2019~2035 年，粗放—调整情景、经济转型优先情景、污染治理优先情景的工业源 SO_2 排放量占总排放量的平均比例分别为 47.09%、38.80% 和 32.44%，相对 2018 年（基准点）的 61.55%，工业源 SO_2 排放占比不断下降；3 类情景的城镇生活源 SO_2 排放量都经历了先较快增长再下降的过程，这主要是由于城乡居民生活水平的提高可能造成单位人口能源消费量的提升，同时由于城镇生活源排放相对分散，难以使用工业点源治理的手段进行应对，必须调整生活源能源消费结构，并不断降低生活用煤的含硫量。整体上看，SO_2 排放量控制主要得益于工业源排放的下降，而生活源控制将是未来的主要关注领域。

NO_x 排放方面，3 类情景的工业源和生活源排放的趋势特征与 SO_2 排放相对类似。2019～2035 年，粗放—调整情景、经济转型优先情景、污染治理优先情景的工业源 NO_x 排放量占总排放量的平均比例分别为 35.36%、31.74% 和 39.08%，相对 2018 年（基准点）的 49.35%，工业源 NO_x 排放占比同样在不断下降；3 类情景中城镇生活源 NO_x 排放量也同样经历了先提升再相对平缓下降的过程，2019～2035 年，粗放—调整情景、经济转型优先情景、污染治理优先情景的城镇生活源 NO_x 排放量占总排放量的平均比例分别为 5.21%、6.31% 和 10.62%，相对 2018 年（基准点）的 3.09%，生活源 NO_x 排放量占比提升较快。而机动车源 NO_x 排放量在 3 类情景中有较明显区别，粗放—调整情景时 2035 年机动车源 NO_x 排放量分别是经济转型优先情景和污染治理优先情景的 1.44 倍和 4.68 倍，在工业源得到有效控制后，机动车源成为主要的 NO_x 排放来源。由于人民生活水平的提高，可以预见人均机动车拥有量在未来会有较大提升空间，推行更高的机动车排放标准是控制机动车源 NO_x 排放的最重要途径。

水污染物排放方面，模型对 3 类情景下 COD 和氨氮（$NH_3 - N$）两类总量控制污染物的各来源排放量进行了预测，结果见图 3－23 至图 3－30。

由图 3－23 至图 3－30 可知，水污染物排放整体水平上

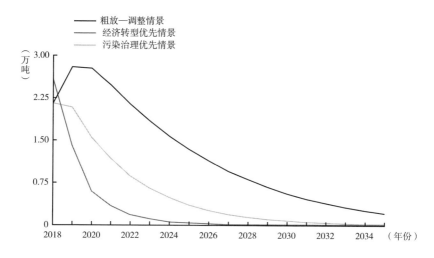

图 3 − 23 不同情景中湖南工业源 COD 排放量预测结果

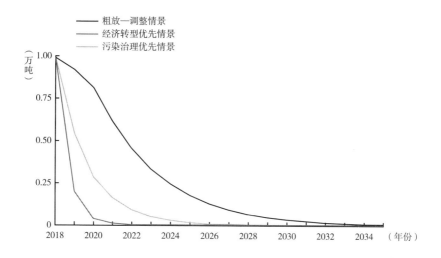

图 3 − 24 不同情景中湖南农业源 COD 排放量预测结果

可以分为两个明显不同的阶段：第一阶段为 2030 年前，COD
和氨氮排放量整体上以污染治理优先情景控制最佳，其次是
经济转型优先情景，而粗放—调整情景排放量最大，但相较
于大气污染物排放，3 类情景的水污染物排放量差距相对较

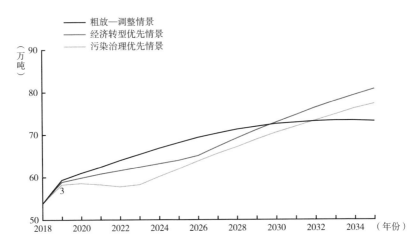

图 3 - 25　不同情景中湖南城镇生活源 COD 排放量预测结果

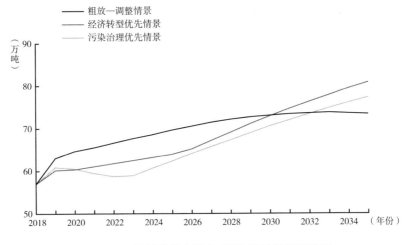

图 3 - 26　不同情景中湖南 COD 排放量预测结果

小。2019 ~ 2030 年，粗放—调整情景、经济转型优先情景、污染治理优先情景的 COD 年均排放量预测值分别为 68.72 万吨、64.79 万吨和 63.08 万吨，氨氮年均排放量分别为 9.71 万吨、9.37 万吨和 9.19 万吨。第二阶段为 2030 ~ 2035 年，与常规思路不同，粗放—调整情景的 COD 和氨氮排放量进入

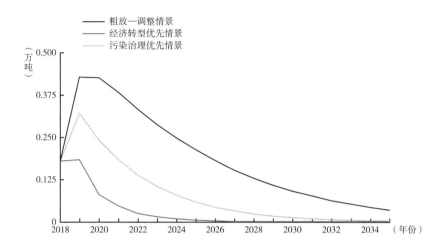

图 3 - 27　不同情景中湖南工业源氨氮排放量预测结果

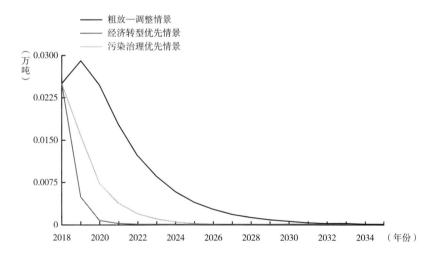

图 3 - 28　不同情景中湖南农业源氨氮排放量预测结果

平稳期，而经济转型优先情景和污染治理优先情景的 COD 和氨氮排放量仍处于上升态势，导致这一阶段粗放—调整情景的水污染物排放量反而在 3 类情景中最低。分析其原因，主要是由于粗放—调整情景在远景受到资源、环境约束限制日

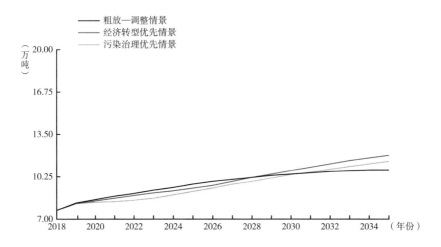

图 3-29 不同情景中湖南城镇生活源氨氮排放量预测结果

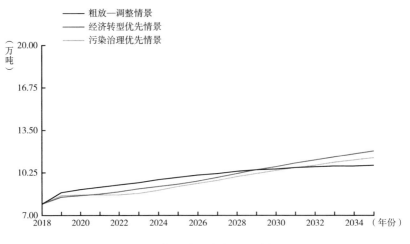

图 3-30 不同情景中湖南氨氮排放量预测结果

益提升，经济增速出现较大幅度下滑，陷入"衰退"迹象，产业源快速下降的同时居民人均排放量基本不变，从而出现粗放—调整情景中水污染物排放量平稳现象。而经济转型优先情景和污染治理优先情景中假设居民生活水平的提升会使人均排放量提升，这一时期经济转型优先情景和污染治理优先情景产业源控制已经相对严格，产业源水污染物能进一步削减的空间已极为有限，随城镇化率的升高和生活中人均排放量的提升，这两类情景中反而出现水污染物排放量继续增长的现象，这意味着远景水污染物的控制重心从产业源开始转向生活源。

需要说明的是，这一结论与 2016 年后相关数据统计口径的变化极为相关，由于农业源 COD 和氨氮排放量数据的大幅下降，农业面源污染对水体污染的贡献率已经下降至 2% 以下（COD 在 2% 以下，氨氮在 0.5% 以下），这与相关研究成果中对农业面源污染的估算结果有较大差距，相关数据有待进一步跟踪。

水污染物排放源结构方面，由于工业源和农业源数据在 2016 年后大幅下调，目前生活源业已成为最主要的水污染物贡献源，其次是工业源，而农业源污染物排放量的统计数据最小。COD 和氨氮排放量有着相对类似的走向，至 2035 年，COD 和氨氮排放的工业源、农业源数据已较小，水污染治理主要应解决生活源污染问题，考虑到 2018 年城镇污染集中处理率已经达到 96%，进一步加大城镇污染治理投入的边际收益下降，未来治理生活源污染的主要手段应是提高污水处理厂的出水标准，以及促进城乡污水治理基础设施建设一体化，提高农村生活污水的处理水平。同时，农业面源污染由于不适于采用大型工程手段治理，在不考虑统计数据波动的情况下，也应引起注意。

固体废弃物排放方面，模型对 3 类情景下一般工业固体废物和城乡生活垃圾两类常规污染物的产生、处置量进行了预测，结果见图 3 – 31、图 3 – 32。

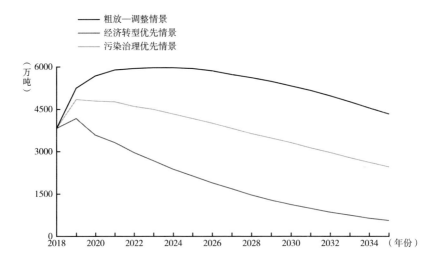

图 3 – 31　不同情景中湖南一般工业固体废物产生量预测结果

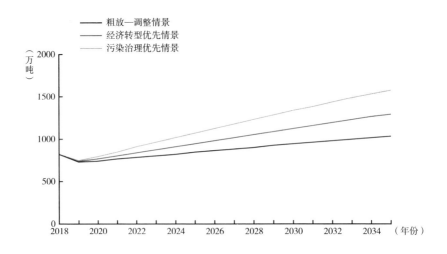

图 3 – 32　不同情景中湖南城乡生活垃圾清运量预测结果

　　由图 3 - 31、图 3 - 32 可知，固体废弃物产生方面，工业固体废物和城乡生活垃圾的减排思路有较大差异。强化固体废物综合利用的经济转型优先情景要优于提高固体废物处置率的污染治理优先情景，至 2035 年，经济转型优先情景的一般工业固体废物产生量分别相当于污染治理优先情景的 22.16% 和粗放—调整情景的 12.50%，即从产业源头提高高新技术产业比例，通过产业技术提升而从源头减少工业固体废物产生量的效果更为明显，考虑到近年来一般工业固体废物综合利用率大幅提升，通过综合利用和无害化处置后，可认为一般工业固体废物在经济转型优先情景中基本实现了全面处置。而城乡生活垃圾清运中，提高政府环保支出的污染治理优先情景的效果最佳，由于人均生活垃圾产生量的波动提升，政府必须提高公共服务投入以加大生活垃圾的清运处置力度，至 2035 年，污染治理优先情景中城乡生活垃圾清运量分别高出经济转型优先情景的 21.96% 和粗放—调整情景的 53.46%，考虑到目前湖南城镇生活垃圾无害化处置率已经接近 100%，未来解决生活垃圾的重点环节主要是农村生活垃圾处理领域，要妥善处理农村生活垃圾，需要借鉴污染治理优先情景中加大环保公共财政投入的思路。此外需要补充的是，虽然粗放—调整情景中产业转型和环保投入提升速度相对偏缓，但各类污染物排放曲线在远景时间段内均出现水平化或排放量有所下降的局面，笔者认为这种现象是由经济增速大幅下降而造成的"经济衰退—污染物减排"现象。

第五节　结论与政策建议

本章提出了利用系统动力学实现区域绿色发展中长期评价预测的整体建模思路，并将其应用于湖南省的实证研究，得到如下结论与建议。

（1）对比 3 类情景仿真结果，粗放—调整情景虽然在近期仍能保持经济较高速增长，但远景由于受资源约束，经济增速将明显放缓，且在大部分时间段和大部分污染类型中，其污染物排放明显高于其他两类情景。经济转型优先情景能基本保障经济—环境的双赢，对水污染物的控制效力接近于污染治理优先情景。污染治理优先情景中经济增长在近期因投资的下降而受到明显抑制，远期其经济增长速度和城镇化进程介于其他两类情景之间，此情景对污染物排放的控制能力较强，但也存在污染治理投入产出比逐步降低的问题。目前，3 类情景中，大气污染物控制领域，污染治理优先情景总量控制较好，粗放—调整情景则可能无法达到总量控制要求，经济转型优先情景对 SO_2 的控制效率比 NO_x 要更优；但水污染物在各类情景中均主要受生活源影响而呈现上升走势。未来湖南省优选的发展模式，可能是整体以经济转型优先为主，在这部分关键污染物控制上采取污染治理为主的策略。

（2）能源供应瓶颈将可能是湖南省未来资源约束的首要问题，各类情景至 2035 年，一次能源自给率都将下降至 25%

以下。在化石能源禀赋不足、煤开采量不断下滑、水电等常规一次能源供应空间增长乏力的条件下，湖南势必要加快新能源的开发应用。湖南省太阳能资源条件较差（年日照时数 1400～2000h）且属弱风区和地热中低温传导区（只能直接利用，而不能用于发电），未来新能源开发的突破口更集中于生物质能（作为水稻和生猪养殖大省，湖南省的秸秆、牲畜粪便等生物质资源相对丰富）、核能（铀矿品位较高且具备开采、冶炼能力）、页岩气等资源相对丰富的方向。

（3）碳排放控制是我国履行国际责任的重要领域，我国政府计划在 2030 年碳排放达峰。情景分析结果显示，湖南省将在 2032～2033 年碳排放达到峰值，其中经济转型优先情景的碳排放峰值最低，约为 4.5 亿吨 CO_2e，相当于 2018 年的 1.28 倍。未来要实现碳排放如期达峰目标必须加快能源品种结构的调整，提高清洁低碳能源消费比重，同时加快产业技术升级，提高能源利用效率，降低经济发展对能源投入的依赖性。

（4）常规污染物排放方面，大气污染物的工业源贡献率将逐步下降，完成大气污染物总量削减目标依然主要依靠污染末端治理能力的提高，工业源和生活源的 SO_2，以及机动车源的 NO_x 排放控制值得加强关注，在经济转型优先情景中 NO_x 的机动车源贡献率在远景 2035 年将达到 66.98%（在 3 类情景中比例最高）。由于工业源、农业源水体污染物数据在 2016 年后大幅调减，预计生活源排放削减将是未来水污染物控制的主要方向，而缺乏源头治理措施的生活源水污染治理亟须深度处理技术的推广应用，但需要指出的是，农业面源污染也应是今后水环境治理待解决的关键领域，但其污染物排放数据仍待更为精确的跟踪监测。源头治理是未来工业固体废物控制的主导方向，工业固体废物的削减更多取决于产业技术升级后综合利用能力的提高，政府环保支出对工业固体废物处置率提高的影响相对有限，通过产业转型升级降低工业固体废物的源头产生量是更为合宜的手段。城乡生活垃圾治理仍有赖于进一步加大环保公共财政支出，在城乡生活垃圾处理较好的污染治理优先情景中，2032 年后城乡生活垃圾未清运率将低于 10%，随着城镇生活垃圾无害化处理的全覆盖，城乡生活垃圾控制的难点在于如何有效采集、收运和处理乡村地区生活垃圾，这需要在财力薄弱的乡村地区进一步推广城乡环境同治等政策手段。

第四章

绿色技术推广国内外经验
借鉴及模式分类[*]

面对日益严峻的全球气候变化形势和日趋紧迫的资源约束，全球对清洁循环低碳技术的研发、推广与应用投入了前所未有的高度关注。为促进绿色技术发展，各界政府高度重视，采取多种法律、经济和行政等多种手段给予扶持和推广，这些国家和地区相关领域技术才得以迅猛发展，占据领先位置。从技术选择层面，本书筛选了 10 项技术作为绿色技术推广的重点领域。其中，涉及清洁发展领域 5 项，即污水处理技术、土壤修复技术、大气污染防治技术、生态养殖技术、海绵城市建设技术；循环发展领域 2 项，即资源循环利用技术、垃圾资源化处理技术；低碳发展领域 3 项，即节能与新能源发电技术、绿色交通技术、绿色建筑技术。本章在绿色

---

　* 本章内容根据笔者 2015 年执行主持的研究报告《湖南清洁低碳技术推广重点和机制研究》，经过修改整理，并补充湖南绿色技术推广平台调研资料而得。

技术推广国内外宏观经验梳理的基础上，进一步就这 10 项具体技术在全国各省推广的支持政策，从推广主体出发的模式分类，以及 10 项具体技术推广与各类推广模式的匹配进行理论分析。

第一节　绿色技术推广的国内外经验和模式分类

一　国际绿色技术推广模式及经验借鉴

国外绿色技术的发展是具有阶段性的，20 世纪初西方发达国家在率先完成工业化后，面临严重的环境污染问题，为解决问题，先后采取了经济、行政、法律、技术等各种治理手段，在 20 世纪 80 年代及以前以污染治理的清洁技术为主；随着产业革命及全球经济的发展，过去过于依赖资源、能源大规模投入来拉动经济增长的模式开始难以持续，同时资源能源的高强度使用也使资源环境压力与日俱增，发达国家日益重视循环技术和低碳技术的发展和应用。21 世纪以后，随着国际气候承诺的不断完善，碳排放额度开始作为一种资源被各国重视，不少发达国家开始探索把低碳经济作为经济发展的助推剂和新的突破口，绿色技术的市场化、产业化步伐与成绩居世界前列。我国现在处于清洁技术与循环低碳技术并存发展的阶段，发达国家的成功范例，对我国绿色技术的推广具有十分重要的借鉴意义。

（一）美国绿色技术推广的经验简介

美国绿色技术的推广经验主要有：①完善的环境保护、节能与促进绿色技术发展的法律法规体系；②通过经济刺激来支持绿色技术发展；③通过政府和市场的双重力量共同促进绿色技术的广泛应用；④通过政府采购和政府节能示范推动绿色技术消费。

在清洁技术的推广方面，美国的大气污染治理技术是比较成功的，主要通过立法规定污染治理的基本框架，并据此制定对策。早在 1970 年，美国联邦政府就颁布了大气净化法，1977 年颁布的大气净化法修正案针对环境控制进一步提出了更加严格的要求。此外，美国清洁煤技术的推广也有明确和有效力的环境标准，并辅以高额税收优惠政策。美国在推广土壤治理修复技术时，专门成立超级基金，明确污染治理责任和超级基金的用途，美国将污染土地称为棕地，首先选出治理地块名单，然后进行污染程度分析，再制订针对性的修复方案并进行治理。

低碳技术的推广也得益于美国政府各项政策的推动。2006年，美国政府签署发布了《气候变化技术项目战略计划》，大力支持包括节能、减排、二氧化碳的捕获、封存等低碳技术在内的各种前沿科技和应用技术的研发和推广，由联邦政府拨经费，成立国家级有关低碳经济研究机构，为从事低碳技术的相关机构和企业提供技术指导、研发资金等方面的支持，从国家层面统一组织协调低碳技术产业化和应用推进工作。美国国会专门针对节能技术的推广应用进行立法，推广服务工作由政府领导，各级相关部门或机构合作推进。这些部门或机构有专职独立的，也有附属兼营的。

在绿色建筑技术的推广方面，美国制定建筑节能标准，分为强制性最低能效标准和自愿性能效标准、联邦能效标准和各州能效标准；颁布绿色建筑评估标准，为绿色建筑技术应用提供可度量、具体化的市场解决方案。实施住宅节能技术示范项目，如"节能样板房""零能耗住宅""太阳能住宅"，推荐使用符合"能源之星"节能标准的建筑材料。对节能住宅、节能型设备、节能型家电等各类按情况给予不同程度的税收优惠；实施返还现金、低利息等措施，如开展"能源之星"贷款服务，通过该项认证的建筑，若居民购买则可向银行申请抵押贷款。

（二）日本绿色技术推广的经验

第二次世界大战后日本经济迅速发展，环境污染问题不断恶化，曾一度被公认为"公害先进国家"。之后，日本政府开始重视清洁技术的发展和应用，采用综合手段对水、气、土等的污染进行治理，日本一些比较成功的经验值得我们借鉴。

日本主要通过立法的方式促进绿色技术特别是循环技术的应用和推广，如《循环型社会形成推进基本法》《促进资源有效利用法》等都发挥了重要作用，同时还编制了低碳社会行动计划，通过强有力的法律手段，全面推动各项低碳技术政策的实施。日本建立了多层次的低碳技术监督管理体系，第一层是国家层面的低碳技术领导小组，负责宏观战略制定；第二层是部门层级，包括经济产业省及地方经济产业局，负责相关详细法规制定，以及节能、新能源开发工作指导和落实；第三层为相关的技术专业机构，如日本节能中心等，负责具体项目的组织实施管理和技术推广实施。在颁布一系列法案的同时，日本政府和相关地方团体通过各种媒体渠道，如电视、印刷品、网络、论坛等形式向消费者普及低碳知识，全方位进行低碳宣传教育。

（三）英国绿色技术推广的经验

在清洁技术推广方面，英国和日本有相通之处，早在1895年英国就制定了《公共健康法》，1974年制定了《污染控制法》，目前英国在清洁生产和环境保护方面的法律体系已较为完善。在政府管理方面，贸工部和环境部主要涉及绿色技术推广领域，贸工部负责企业资源利用水平提高和新能源推广，而环保部从事相关的行政执法。同时，第三方机构，如咨询公司、专业治理公司则为相关企业提供咨询、中介和委托治理服务。

在低碳技术推广方面，英国制定了《减碳技术战略》《用于化石燃料的碳减排技术发展战略》等政策法规，并成立了能源技术领域的研究中心、研究所，促进低碳技术创新与应用推广。当前，英国在低碳技术领域，着重发展碳捕获与封存、提高能效和生物质共燃三大技术。从总体上看，这三大技术已经得到了很好的推广和应用，其中碳基金的"政府投资、企业运作"成为英国推广低碳技术的有效模式。

（四）德国绿色技术推广的经验

德国的绿色技术推广取得良好的效果，得益于其推广方式与发展策略。德国注重绿色技术发展的战略规划，完善低碳发展的相关法律法规，实现政府、市场、社会和公民"四位一体"的合作推广。一方面，德国在政府层面相当重视绿色技术推广的战略指引和法律法规制定，强调政府的责任实现，以增强绿色技术推广的权威性；另一方面，德国也积极运用市场和社会的力量，通过市场运作来提高能源利用绩效。

德国在可再生能源利用技术方面的管理方式就较为典型：①政府进行项目资助，如"生物能源2021——关于生物质能的利用研究"等。②制定相关法律，如《再生能源使用资助指令》《再生能源法》等。③实施税收优惠政策，如对再生能源发电新设备进行投资补偿，根据不同的发电设备给予3.7～21.5欧分不同额度的补偿标准；对新能源技术创新进行补贴，如对能源植物和木材发电、供热联合设备、混合能源、沼气设备应用进行补贴；差异性免税政策，如对汽油、柴油等传统动力燃料征收较高的矿物油税，从而促使人们更多地利用生物动力燃料。

（五）发达国家绿色技术推广模式小结

发达国家推广应用绿色技术的实践经过演变，形成了比较全面和成熟的经验模式，非常值得借鉴，如美国以立法和高额税收优惠政策推广清洁煤技术，通过合同能源管理推广建筑低碳能效技术，成立超级基金推广土壤治理修复技术等；日本以强效法规和科技支撑推广琵琶湖污水处理与修复技术，成立从上而下的三级中心推广农业低碳技术等；英国设立由政府投资、按企业运作的"碳基金"推广低碳技术，以"巨额补贴＋行车停车特权"模式推广清洁能源汽车，以"节能支付＋清洁能源回报"模式推广绿色建筑技术，划拨专门的智能电网示范基金推广智能电网技术等；德国以"项目资助＋税收优惠及补贴"形式推广可再生能源技术等。

政府在绿色技术推广中的作用非常重要，主要表现在以下几个方面：①制定政策及法律规范，包括低碳技术发展的战略规划及发展计划、强制性减排政策、财政补贴政策、土地及税收优惠政策、激励政策等。②提供资金及技术支持，包括低碳技术创新研发的资金投入、技术创新及推广活动的资金支持、融资担保、教育培训、人才培养、专业技术中心及技术服务平台的建设等。③建设行业制度和标准，包括低碳技术专利申请制度建设、知识产权保护、成果转化制度建设、低碳技术标准建设、低碳产品的认证、行业准入门槛及标准的设立等。④帮助培育和开发市场，包括政府采购指南及政策的制定、实施低碳技术推广的示范及重点项目、采用展会及媒体等多途径宣传等。

二　国内绿色技术推广模式及经验借鉴

（一）广东规模推广与集成示范模式

广东省政府为促进绿色技术的推广，采取一系列政策措施：一是通过设立专项资金支持重大技术创新。如通过重大科技专项扶持清洁煤和天然气高效利用、新能源汽车等技术的开发和产业化应用。二是采取强制与激励相结合的政策。先后出台了《科技促进建筑节能减排实施方案》《广东国家低碳省试点工作要点》《广东省 2014—2015 年节能减排低碳发展行动方案》《广东省重点节能低碳技术推广实施方案》等一系列政策文件，广泛采取税费优惠、电价优惠等措施来降低绿色技术应用的成本。三是强化市场开拓。如建立健全了碳基金、可再生能源电力配额等机制，通过财政经费的杠杆作用来吸引市场和社会投资。四是建立低碳公共技术服务机构。成立了广东省低碳产业技术协会。协会具有承担政府职能转移和购买服务资质，为全省从事低碳技术、低碳产业、低碳发展的企事业单位、组织及个人提供技术培训、项目管理、咨询服务、低碳产品体系及低碳技术标准评审等。

广东省绿色技术的推广也形成了自己的特色方式，规模推广与集成示范共同发展。一方面，针对低碳发展的重点领域，建立了节能低碳环保技术、设备（产品）推广目录遴选、评定及推广机制，每年发布一批推广目录，向社会推广 20 ~ 30 项重点节能低碳环保技术、设备（产品），在全省范围内形成了规模推广适用技术的良好态势。截至目前，已正式发布了多批《广东省节能技术、设备（产品）推荐目录》，2020 年初编制形成了该目录 2019 年本，涵盖了节能技术、设备（产品）共 110 项。另一方面，重点组织实施低碳技术创新与示范专项计划，攻克一批低碳关键技术，通过建设低碳技术集成与示范项目，形成"以点带面"的良好效应。在低碳技术创新与示范方面，立项了广州中新知识城等一批绿色低碳城区、广州大学绿色低碳校园等一批绿色低碳小区、广州房建大厦等一批绿色节能建筑楼宇，形成了一大批可供参考、可供学习、可供示范的案例，取得了较好效果。

（二）安徽"顶层规划＋示范园区"推广模式

安徽省促进低碳技术推广的主要措施有：一是制定低碳技术发展战略规划。2010 年安徽省出台了全国首个《低碳技术发展规划纲要》，明确低碳技术发展方向和重点，以形成节能减排、清洁能源、自然碳汇等关键低碳技术研发、推广和应用体系，并确定建立合芜蚌滁四大低碳技术基地。二是对低碳技术产品开展低碳认证，将低碳技术与商业运作相结合，推动低碳技术和产品的应用。三是建立低碳技术示范载体。以工业园区和区域性农业基地为载体，建设集研发、转化、培训、展示、生产、销售等功能于一体的低碳技术示范园区。

三　国际名企绿色技术推广模式及经验借鉴

低碳技术能直接用于能源、交通、家居等各大行业，有较大的需求群体和经济效益，外部性较小；同时，在这些行业已经出现了相对成熟的低碳产品和技术，市场已经打开，风险较小。为获取巨大的经济效益和社会效益，拥有先进低碳技术且资金雄厚的企业会主动结合市场需求进行竞争性技术和产品的开发和推广，西门子、通用电气等国际名企就是典型的例子。

（一）西门子"成套方案＋金融支持"推广模式

作为世界最大的高效能源和低碳技术供应商之一，西门子在海上风机建设、联合循环发电涡轮机、输电解决方案、基础设施解决方案、工业自动化、驱动和软件解决方案，以及医疗成像设备和实验室诊断等领域占据领先地位。西门子在先进低碳技术方面的"成套方案＋金融支持"推广模式，在政府、社会和产业界产生了重要影响。

西门子为需要进行能源管理的客户提供"智能化硬件＋软件"的成套解决方案，协助客户识别节能空间、评估节能潜力，并帮助客户实现节能需求。西门子在打造低碳产品、技术以及解决方案的同时，还为客户提供绿色金融服务，通过融资服务为客户提供灵活的资金方案，让客户能够以最低投入快速部署、应用低碳产品及技术，并且可以根据节省的能源费用来支付设备或技术购买费用，实现资金的合理利用。

（二）通用电气共结战略合作伙伴推广模式

通用电气公司的产品和服务多元化，在航天、能源、石油与天然气、水加工等方面的低碳产品与技术世界领先。近年来，通用电气着力于支持可再生能源和相关技术发展，并以不断完善清洁能源技术为方向，持续大量投资于研究开发、示范推广关键的清洁能源产品和技术，且通常采用与需求客户共结战略合作伙伴的形式推广新的低碳技术或产品。

通用电气最大限度地关注着"客户需求"，与客户结为战略合作伙伴，凭借各自在专业领域的独特优势，共同致力于低碳技术或产品的整体解决方案，帮助客户显著提升营运效益和降低生产成本，同时获得自己的市场竞争力和销量。有时，还采取共建基地的做法，通过双方共同研究制订基地实施方案、签署整体战略合作协议，共同建设清洁能源示范基地，共同制订低碳技术方案。

四　全省骨干企业绿色技术推广模式、业绩和主要诉求

通过对全省绿色技术推广 24 家骨干企业的调查，历史上比较成功的绿色技术推广模式有：加大技术创新资金和人才投入；建立核心专利技术及标准；加大公共设施应用绿色技术及产品的力度；合同环境服务模式；示范项目及重点项目推广；第三方委托治理环境服务模式；电视、报纸、网络等媒体宣传推广；展会、行业会议宣传推广；重点用户企业推广；PPP 环境服务模式；第三份建设运营方式；等等。

近年来，湖南在绿色技术推广方面也涌现了一批较有经验的行业协会、产业联盟等推广平台，其主要业绩见专栏 4-1。

专栏 4-1　湖南绿色技术推广评价建设业绩简介

湖南环保产业协会：成立于 1991 年 12 月，积极发挥其桥梁、纽带作用，促进环保产业发展。在绿色技术推广方面，协会的主要做法包括：组织参展交流，增强会员影响力；举办全

省环保实用技术培训班；配合国家协会开展产业协会行业信用评价等各项工作；在环保部门取消"环境保护污染治理设施运营资质"的行政审批后，开展运营能力评价的延续性工作；开展环境治理资格行业认定工作，对全省环保产业"走出去"起到较大的推动作用；完善行业自律公约规范环保市场，谋划出台《湖南省环保产业协会自律行为规范》；打造环境服务业公共信息平台及产业杂志；配合做好全省环保产业统计工作；共同做好湖南省消耗臭氧层物质能力建设相关项目。

长沙市现代低碳节能技术推广中心：成立于2012年12月，依托中南大学等高等院校和金融机构为各类用能单位、节能技术服务公司，提供节能政策咨询、节能评估、项目对接、技术推广、人才培训、项目融资等全方位顾问式配套服务。在绿色技术推广方面，中心的主要做法包括：配合长沙市能源局协办湖南省节能博览会，通过湖南电视台、政法频道、红网等媒体进行宣传与推广；做好节能服务机构业务培训调研筹备工作；通过通程能源管理平台开展节能知识普及与培训活动；在中心网站建设节能与科技资讯、节能与科技成果、节能与科技服务等一系列主要栏目，为行业和用户提供相关建筑节能与建设科技领域的最新行业动态信息，为企业或个人搭建项目咨询申报与服务平台；联合长沙市能源局、长沙市机关事务管理局等为湖南商学院、湘潭大学、湖南省第二人民医院、儿童医院等公共机构提供节能技术专业知识培训。

湘江节能环保协作平台：是由超过200家节能环保企业自

愿发起、企业负责日常运行管理的公益性企业型组织，子平台预计覆盖生态养殖、中央空调节能、生物质能源、固废利用、水污染治理、大气治理、环评能评、净水、节水、水泵节能、咨询服务、投融资服务、法律服务、志愿者等。在绿色技术推广方面，平台的主要做法包括：举办绿色湘军崛起大会；开展节能环保资源对接，通过私密对接会、集体对接会、行业研讨会、考察交流、上门交流等形式进行资源对接，为企业、社会组织、环保志愿者、专家学者公益性对接了项目、技术、人才、资金、政策、信息、科研等资源，协调和解同行恶性竞争；举办湘江清洁低碳沙龙，吸引省外节能环保企业参与；开展公益性政务服务及活动，如推动中国生态养殖大会在湘潭召开。

湖南省交通运输节能减排技术研究推广中心：成立于2014年，隶属于湖南交通水利建设集团湖南省交通科学研究院，开展与交通运输相关的低碳、节能、绿色技术的研究和推广工作。在绿色技术推广方面，中心的主要做法包括：参与节能减排咨询，如开展湖南省交通运输绿色发展规划的编制、绿色交通发展框架及指标体系研究、应对气候变化全球合作背景下中国交通运输行业气候友好技术需求分析及清单研究、岳阳港创建绿色循环低碳港口研究；开展交通运输环境监测和评价，如在南岳东沿线、安邵高速、溆怀高速、怀通高速、炎汝高速、汝郴高速、张桑高速、贵州望安高速等进行了施工环境监测；未来准备进一步开展交通运输环境和能耗监测、交通运输低碳节能绿色技术推广工作。

重金属污染防治产业技术创新战略联盟：于2012年在中

南大学倡议下，得到北京大学、清华大学、北京矿冶研究总院、中国有色金属总公司、中华环保全国联合会等 34 家国内知名高校、研究所、事业单位、企业及环保公司的积极响应而成立。在绿色技术推广方面，联盟的主要做法包括：在"863"计划、国家科技支撑项目、国家水专项、国家自然科学基金等系列重大项目的支持下，在国际前沿的基础理论及工程技术产业化实施领域，突破了一大批关键技术；编制《砷污染防治技术政策》等国家地方或行业标准、规范、调研报告等 100 余项；开展其他行业、地方、企业的咨询千余次，培训企业技术骨干千余人。未来拟强化以水、土、大气以及清洁生产为核心的全过程的技术研究，并突出节能技术研发。

湖南省富硒生物产业协会：成立于 2014 年 12 月，是由从事富硒生物产业科研、生产、加工、销售的企事业单位组成的全省性、行业性、非营利的社会组织。在绿色技术推广方面，协会的主要做法包括：围绕"资源节约"，开展节约用电、用水、用能、用材方面的宣传和实践；围绕"环境友好"，推动生产有益人体健康的富硒产品；带动行业推进富硒循环农业新模式和产业园建设。

长沙市再生资源回收利用协会：成立于 2006 年 9 月，由长沙市供销社龙头企业牵头，联合长、望、浏、宁四县（市）物资及供销系统再生资源企业及五区规模较大民营企业发起。在绿色技术推广方面，协会承接政府职能，开展商务备案登记、制定产业规划、项目验收、承接退税职能、协助湖南省质量技术监督局制定省级再生资源行业标准、基金审核等工作；同时，积极开展协会服务工作，如全市再生资源行业企业和网点进行全面普查和联系，建立电子地图，参与财政部、国家发改委、商务部关于再生资源政策相关草案修订，编辑协会《长沙再生资源信息》内刊，完善省市再生资源回收体系信息平台、微信平台，通过与国务院发展研究中心资源与环境政策研究所、中国再生资源回收利用协会、湖南省循环经济研究会及部分高校合作建立再生资源专家组，对全省再生资源从业人员进行再生资源职业技能培训，建立行业内部自律及信用体制，积极发展会员，指导、帮助每一家会员企业加强经营管理及财务规范，开展"再生资源行业互助基金"建设工作，与各种媒体保持长期密切合作，为行业企业搭建媒体高端交流平台，以及积极开展环保公益事业等。

调研问卷中，这些企业、联盟等对未来绿色技术的推广方式提出了建议，包括：加大对绿色技术的政策研究及支持力度；试点示范及重大项目推广；示范企业评选及重点推广；培训讲座；利用广播电视、报纸、互联网等媒体，开展形式多样的绿色技术推广宣传活动；同一项目或者产业涉及低碳技术进行整合推广应用；合同环境服务；第三份建设运营方式；PPP环境服务模式；等等。

在绿色技术推广方面，国内外经验较多，本章使用表4-1对其进行提要梳理。

表 4 - 1 国内外绿色技术推广政策经验提要

国家（地区）	涉及技术领域	拟解决的问题	主要的政策举措（创新的政策）、推广举措
美国	土壤治理修复技术	棕色地块（因为现实或潜在的污染，从而影响到它们的扩展和重新利用的地产）	①规定"棕色地块"，发布《环境应对、赔偿和责任综合法》，并建立名为"超级基金"（Superfound）的信托基金 ②明确污染治理基金的用途 ③制定土壤污染防治技术规范、指南、指导，规范土壤环境调查等
美国	绿色建设技术	减少温室气体排放、大气污染、建筑能耗	①制定建筑节能标准，分为强制性最低能效标准和自愿性能效标准，联邦能效标准和各州能效标准 ②颁布绿色建筑评估标准，为绿色建筑技术应用提供可度量、具体化的市场化解决方案 ③实施住宅节能技术示范项目，如"节能样板房""零能耗住宅""太阳能住宅"，推荐使用符合"能源之星"节能标准的建筑材料 ④经济激励措施，新建节能建筑实施减税政策，如对节能住宅、节能型设备、节能型家电等节能产品实施税收减免；提供"能源之星"认证建筑的抵押贷款服务
日本	大气污染治理技术	大气污染	①出台大气污染治理的法律，如《大气污染防治法》等 ②设立多个环境保护部门，协助治理技术推进工作，如地方环境主管部门、审议部门和环境科学研究机构 ③环境税收保护政策，如汽车税、挥发油税、轻油收购税等

续表

国家（地区）	涉及技术领域	拟解决的问题	主要的政策举措（创新的政策）、推广举措
英国	绿色建设技术	家庭能源消耗所造成的温室气体排放量	①资金资助和补贴，开展住房节能改造，社区节能工程，家庭节能改造 ②"清洁能源回报"政策，对使用清洁能源的主体给予奖励 ③高效节能设备补贴，对弱势群体购买节能、新供热设备进行补贴
英国	智能电网技术	能效低	①设立低碳网络基金，支持相关技术试点，项目试验（如智能电网项目）②成立能源技术研究所，集合 BP、壳牌、罗罗、E.ON、法国电力集团等众多国际知名企业、科研机构进行技术商业化示范 ③成立智能电网示范基金，推广能源存储、分布式发电等技术
德国	新能源	解决发展与资源不足的矛盾	①颁布促进新能源利用的法规 ②运用财政补贴、投资补偿、政策支持等政策措施促进新能源应用 ③对传统化石能源等征收生态税，对太阳能、风能、地热、生物质能等新能源免征生态税

第二节 绿色技术推广政策经验梳理、
模式分类与匹配分析

一 绿色技术各领域历史典型政策梳理

前文对国内外绿色技术典型的推广手段，以及湖南相关推广主体及其主要诉求进行了回顾，属于相对宏观的分析。本节按照本书提出的绿色技术推广十大领域，制作了表4－2，对各地执行了一定时期（5年以上）且取得了较明显成效的政策进行了梳理。

二 绿色技术推广模式分类

结合发达国家、我国发达省份和中部省份、国际知名企业和湖南省骨干企业的推广经验，基于推广主体的不同，本章将绿色技术推广模式按照单一主体和多主体共担归纳为13类，如表4－3所示。

表 4-2　各地绿色技术十大领域典型政策收集摘录

清洁低碳技术十大领域		面向的技术领域（十大技术领域中某点的较大子类，如新能源可分为光伏、风能、地热、生物质等）	拟解决的问题/政策目标	主要的政策（创新的政策）、推广举措	未来该领域项目设计方向探讨
1. 污水处理技术	城镇生活污水				
	《湖北省人民政府关于进一步加强城镇生活污水处理工作的意见》（2014年）	城镇污水处理厂的建设和运营	统筹治理城镇生活污水，保护和改善水环境	加强设施建设运营及运营监管，严格建设标准，合理确定工艺；鼓励社会资本参与投资建设运营，探索"特许经营＋融资租赁"污水管网建设运营市场化新模式；加大政策扶持力度，实行省级财政"以奖代补"；加强省级统筹协调和组织领导，落实工作责任，部门协调和检查考核制	城镇污水处理厂提标；城镇污水处理厂污泥处理和资源利用；小城镇和农村生活污水处理（分散式处理设施推广）
	城镇生活污水污泥				
	《海南省人民政府办公厅关于进一步推进我省城镇污水处理厂污泥处置工作的意见》（2015年）	城镇污水处理厂污泥处理技术推广	改善生态环境，促进节能减排，加快推进城镇污水处理厂污泥处理和资源化利用	保障污泥处置处理经费，将其成本纳入污水处理成本中；税收可用地方面落实污泥扶持政策，支持地方政府落实先采购污泥资源化产品，交通、林业、园林等部门优先采购使用再生制肥产品	
	村镇污水垃圾收集处理				
	《山东省人民政府办公厅关于加强农村污水垃圾处理设施建设的意见》（2014年）	村镇污水、垃圾处理	改善农村人居环境	县（市、区）组织村镇污水处理规划编制；合理确定处理设施的工艺布局；推行污水垃圾处理项目代建制；新建管道严格执行雨污分流制	

续表

清洁低碳技术十大领域		面向的技术领域（十大技术领域中某点的较大子类，如新能源可分为光伏、风能、地热、生物质等）	拟解决的问题/政策目标	主要的政策/推广举措（创新的政策、推广举措）	未来该领域项目设计方向探讨
2. 土壤修复技术	土壤修复《国务院办公厅关于印发近期土壤环境保护和综合治理工作安排的通知》(2013年)	土壤修复技术推广	切实保护土壤环境，防治和减少土壤污染	加强组织领导；健全投入机制；完善法规政策（以奖促保）；强化科技支撑（完善标准体系、技术规范）；引导公众参与；严格目标考核	农田/工矿区/旧工业园区土壤修复示范项目；重金属污染渣土稳定和修复技术突破
	重金属治理《《湘江流域重金属污染治理实施方案》工作方案（2012—2015年）》(2012年)	重金属治理技术推广	湘江流域内危害群众健康的重金属污染问题	资金保障（积极向上申请，整合各部门相关资金支持，融资平台，发挥企业作用，信贷支持，排污权交易和生态补偿）；加强项目管理；加强组织领导和责任分工；强化督查和考核工作	
3. 大气污染防治技术	大气污染防治技术《福建省人民政府关于印发大气污染防治行动计划实施细则的通知》(2014年)	脱硫、脱硝、高效除尘、挥发性有机物控制等技术推广	巩固和提升环境空气质量	完善机动车排放标准；完善油品标准，开展行业清洁生产评价；提高排污费征收标准，制定发挥性有机物排污费征收；强化节能环保指标约束，分解目标任务并进行考核	高效电机推广；工业锅炉改造；机动车尾气监测治理；油气站挥发性有机物回收净化

续表

清洁低碳技术十大领域	面向的技术领域（十大技术领域中其点的较大子类，如新能源可分为光伏、风能、地热、生物质等）	拟解决的问题/政策目标	主要的政策、推广举措（创新的政策）	未来该领域项目设计方向探讨
3. 大气污染防治技术 锅炉烟气余热利用 《兰州市人民政府关于推广应用燃气热水锅炉烟气余热深度利用技术的扶持意见》(2014年)	燃气热水锅炉烟气余热深度利用技术推广	回收燃气热水锅炉烟气热能，提高供热效率，降低天然气消耗量	相关部门积极争取国家部委资金、项目；加大补助力度，对开展燃气热水锅炉余热利用的单位实施补贴、返还一定比例排污权交易金额用于技术投入；多途径融资	高效电机推广；工业锅炉改造；机动车尾气监测治理；油气站择发性有机物回收净化
4. 生态养殖技术 农村沼气 农业部《2015年农村沼气工程转型升级工作方案》(2015年)	沼气先进工艺技术与强化管理结合	适应农村居住方式和用能方式的变化，推动农村沼气向规模化发展与综合利用方向转型升级	开展规模化生物天然气试点工程，探索以专业化企业为主体的生物天然气产业化发展模式，进行终端产品补贴政策，清理和整顿燃气特许经营权市场。实施中央投资补助，对地方政府相关政府支持的中央优先支持。开展项目后评价。加强事中、事后监管，总结试点经验，起草《关于加快农村沼气转型升级的指导意见》	农村大中型沼气工程；畜禽粪便制有机肥；规模化生物天然气；立体循环农业示范

续表

清洁低碳技术十大领域		涉及的	面向的技术领域（十大技术领域中某点的较大子类，如新能源可分光伏、风能、地热、生物质等）	拟解决的问题/政策目标	主要的政策举措（创新的政策、推广举措）	未来该领域项目设计方向探讨
4. 生态养殖技术	涉及规模化畜禽养殖污染减排	《广东农村环境保护行动计划（2014—2017年）》（2014年）	大中型沼气、污水净化、高床发酵生态养殖技术和农业清洁生产技术推广	畜禽养殖粪污处理问题/养殖规模与土地面积不匹配问题	加强畜禽养殖业监管，新改扩建规模养殖场要严格执行环评和主要污染物总量前置制度。推进重点减排工程，对消纳土地充足的，推广种养结合，还田利用技术；对消纳土地不足的，推广固液分离、有机肥和水处理技术。推进畜禽专业户污染治理，建设畜禽共管污染防治设施。推动农业清洁生产，发展循环经济	农村大中型沼气工程；畜禽粪便制有机肥；规模化生物天然气；立体循环农业示范
5. 海绵城市建设技术	海绵城市建设推进	《国务院办公厅关于推进海绵城市建设的指导意见》（2015年）	海绵城市建设推进	有序推进海绵城市建设试点，在有效防治城市内涝、保障城市生态安全等方面取得了积极成效	加强规划引领，要将雨水年径流总量控制率作为其刚性控制指标；统筹有序建设（新老城区建设，海绵型建筑设施和相关基础设施建设、公园绿地建设和自然生态修复）；完善支持政策	城市蓝线保护及湿地建设工程；城市雨洪资源利用；城市雨水净化及排水工程

续表

清洁低碳技术十大领域		面向的技术领域（十大技术领域中某点的较大子类，如新能源可分光伏、风能、地热、生物质等）	拟解决的问题/政策目标	主要的政策举措（创新的政策）推广举措	未来该领域项目设计方向探讨
5. 海绵城市建设技术	海绵城市 《中共南宁市委 南宁市人民政府关于全面推进海绵城市建设的决定》（2015年）	海绵城市建设推进	提高城市防洪排涝减灾能力，削减城市径流污染负荷，缓解城市水资源压力，保护和改善城市生态环境	加大财政投入力度，设立专项配套资金；投融资助政策，加快探索PPP模式；绩效考评与奖补政策；加强组织领导；明确成员单位责任分工；注重人才培养；营造良好氛围	城市蓝线保护及湿地建设工程；城市雨洪资源利用；城市雨水净化及排水工程
6. 资源循环利用技术	城市矿产、再制造产业、废弃物资源化利用以及废旧商品回收 六部门《重要资源循环利用工程（技术）产业化实施方案》（2014年）	资源循环利用技术	推动城市垃圾减量化，降低环境风险，发展循环型城市	支持循环技术产业化利用；完善相关法律法规、标准体系；更新和支持技术工艺、设备名录；支持资源循环利用服务业公司为企业提供"一站式"服务	城市矿产综合利用；再制造企业培育；循环化工业园区/社区创建

续表

清洁低碳技术十大领域			面向的技术领域（十大技术领域中某点的较大子类，如新能源可分光伏、风能、地热、生物质等）	拟解决的问题/政策目标	主要的政策举措（创新的政策）、推广举措	未来该领域项目设计方向探讨
7. 垃圾资源化处理技术	生活垃圾	七部委《关于促进生产过程协同资源化处理城市及产业废弃物工作的意见》（2014年）	城市垃圾、工业固体废弃物资源化处理技术推广	利用工业窑炉等，实现变废为宝	完善工业窑炉处理固废的相关标准；开展水泥、电力和钢铁企业协同资源化处理废弃物的技术攻关；规范行业准入；提高安全防范等级	
		六部委《关于开展水泥窑协同处置生活垃圾试点工作的通知》（2015年）	生活垃圾资源化处理技术推广	节省新建固体废物集中处理设施的建设投资，还可以缓解社会固体废物处理压力和新建集中处理设施选址占地等问题	优化水泥窑协同处置技术，加快研发核心装备和配套装备；健全能耗污染物排放处理标准、完善结算机制、垃圾处理费用补贴与结算；强化垃圾处理试点项目评估	城乡生活垃圾资源化利用；城市资源化利用；餐厨垃圾资源化利用
	餐厨垃圾	三部门《关于同意北京市朝阳区等北京市33个城市（区）餐厨废弃物资源化利用和无害化处理试点城市（区）并确定为试点城市（区）的通知》（2011年）	餐厨垃圾收运利用体系建设	推动餐厨废弃物资源化利用和无害化处理，发展循环经济，打断地沟油、直接饲养畜禽等非法利益链	建立完善的回收、运输、利用体系；加强监管，严厉打击非法回收行为，引导公众广泛参与；安排循环经济发展专项资金给予支持	

续表

清洁低碳技术十大领域		面向的技术领域（十大技术领域中某点的较大子类，如新能源可分光伏、风能、地热、生物质等）	拟解决的问题/政策目标	主要的政策举措（创新的政策）、推广举措	未来该领域项目设计方向方向探讨
7. 垃圾资源化处理技术	餐厨垃圾	《苏州市餐厨垃圾管理办法》（2010年）	餐厨垃圾收运利用体系建设	加强餐厨垃圾综合利用，推动减量化	发挥行业协会自律作用；餐厨垃圾收集、运输、处置单位通过招投标产生；聘请市民进行办法监督	城乡生活垃圾处理和资源化利用；城乡餐厨垃圾资源化利用
		《广东省人民政府办公厅关于进一步加强餐厨废弃物管理的意见》（2012年）	餐厨垃圾收运利用体系建设	治理"地沟油"回流餐桌问题，健全制度，消除食品安全隐患	建立城市餐厨废弃物收运和处置体系；完善餐厨废弃物处置设施；建立健全监管制度，实行餐厨废弃物产生、收运和处置全程审核监控	
8. 节能与新能源技术	节能	《广东省推广使用LED照明产品实施方案》（2012年）	LED灯推广	促进节能减排，拉动LED照明及相关产业发展	合同能源管理运作模式，LED标杆体系，地方财政支持及合计算政策，公共照明领域配套审核推入	LED路灯改造；光伏屋顶推广；农村生物质发电；电梯节能改造；光伏发电；电开发与资产收益扶持扶贫项目整合
		《上海市加快高效电机推广促进高效电机再制造实施细则》（2012年）	高效电机推广	促进高效电机和再制造产品推广	通过以旧换新推进存量电机升级；强化"引通结合"，地方配套以旧换新和再制造补贴的同时加强执法；建立推广、推广系统节能服务平台	

续表

清洁低碳技术十大领域		面向的技术领域（十大技术领域中某点的较大子类，如新能源可分光伏、风能、地热、生物质等）	拟解决的问题/政策目标	主要的政策举措（创新的政策）、推广举措	未来该领域项目设计方向探讨
8. 节能与新能源技术	新能源	《合肥市关于加快光伏应用推广应用促进光伏产业发展的意见》（2013年） 光伏发电推广	分布式发电投资融资难、发电价格高	度电补贴和一次性补贴结合	项目设计方向探讨
		《安徽省人民政府办公厅关于实施光伏扶贫的指导意见》（2015年） 光伏发电推广	贫困户扶贫和光伏建设结合	建立村级光伏站、资困户用光伏站；在分配光伏发电建设规模评分标准中设置企业捐赠分值	LED路灯改造；光伏屋顶推广；电梯节能改造；农林生物质发电；光伏发电开发与资产收益扶持扶贫项目整合
		《关于加快风电发展的若干意见》（2013年） 风电推广	改善能源结构，促进绿色产业发展	将风电项目与培育贫困地区财源结合；带动风机装备产业发展；将风电与旅游业相结合	
9. 绿色交通技术	路面材料节材	《交通运输部关于推进公路路面材料循环利用工作的指导意见》（2012年） 路面材料循环利用技术推广	提升公路路面材料循环利用水平，促进公路交通事业可持续发展	加强组织领导、公路管理机构和经营管理单位要推广一批技术；交通运输管理部门出台技术补助扶持政策；完善地方技术标准规程、示范工程建设；注重科研成果推广，示范工程建设，国内外交流	新能源汽车推广；绿色公路示范工程

续表

清洁低碳技术十大领域		面向的技术领域（十大技术领域中某点的较大子类，如新能源可分光伏、风能、地热、生物质等）	拟解决的问题/政策目标	主要的政策举措（创新的政策），推广举措	未来该领域项目设计方向探讨
9. 绿色交通技术	新能源汽车	《国务院办公厅关于加快新能源汽车推广应用的指导意见》（2014年）、财政部等四部委《关于2016—2020年新能源汽车推广应用财政支持政策的通知》（2015年）　新能源车推广	加快新能源汽车推广应用，有效缓解能源和环境压力，促进汽车产业转型升级	加快充电设施建设；引导企业创新商业模式（整车租赁、电池租赁和回收、分时租赁、车辆共享）；推动公共领域率先推广应用；完善政策体系；破除地方保护；加强地方品监管；加强组织领导	
		《江苏省政府关于进一步支持新能源汽车推广应用的若干意见》（2014年）　新能源车推广	加快新能源汽车推广应用进度	加大重点领域推广应用力度（政府机关和公共机构、公共服务）；完善财政支持政策（年度补贴标准、扩大范围、延长期限、奖励研发）；加快充电设施建设；加强新能源汽车运营监管	新能源汽车推广；绿色公路示范工程
		《合肥市人民政府关于进一步推进新能源汽车试点工作的若干意见》（2012年）、《合肥市人民政府关于进一步促进新能源汽车推广应用的若干意见》（2014年）　新能源车推广	开展新能源汽车试点示范；加强新能源汽车推广；加大补助力度，拓宽新能源汽车交通便利条件	积极帮助企业申报各项目；在公共领域的推广；获得电池投资建设补（换）电设施；设立电池回购专项资金；对新能源汽车租赁服务企业（500辆以上）营业税和所得税市留成部分两免三减半；提高补贴（纯电动车最高享受车价六成补助）	

续表

清洁低碳技术十大领域		面向的技术领域（十大技术领域中某点的较大子类，如新能源可分光伏、风能、地热、生物质等）	拟解决的问题／政策目标	主要的政策举措（创新的政策）推广举措	未来该领域项目设计方向方向探讨
10. 绿色建筑技术	国家发改委、住建部《绿色建筑行动方案》（2013年）	绿色建筑推广	提高建筑的安全性、舒适性和健康性；培育能环保、新能源等战略性新兴产业	实行责任制和问责制，加强政策激励，完善标准体系，严格建设过程监管，强化能力建设，加强监督检查，开展宣传教育	既有建筑绿色改造工程；新建绿色建筑示范工程
	《浙江省人民政府关于积极推进绿色建筑发展的若干意见》（2011年）	绿色建筑推广	降低社会总能耗，推进住宅产业化，加快建筑业和产地产业转型升级	建立省发展绿色建筑领导小组；增加建筑节能专项资金；制定绿色建筑产品推广目录；节能建筑享受新型墙体材料专项基金退付支持；制定相关地方性法规和规章；建设高素质工程勘察设计队伍；加强宣传引导	
	《湖南省人民政府关于推进住宅产业化的指导意见》（2014年）、《湖南省推进住宅产业化实施细则》（2014年）	工厂化产业化住宅推广	加快产业化住宅建设，解决目前支持政策模糊的问题	对住宅产业化项目奖励政策（容积率奖励、项目资本金监管额度减半，享受高新技术企业财税优惠等），对生产施工企业财税优惠，消费者享受首套房购买政策奖等，特殊的招标政策等	

表 4 - 3 基于推广主体的绿色技术推广分类

推广主体	以单一主体为主的推广模式	多主体共担的推广模式				
		10. 合同管理	10. 合同管理	11. 第三方管理	12. 战略联盟	13. 三位一体联动
政府	1. 制定发展战略规划					
	2. 强制性政策文件					
	3. 行业门槛及标准设定					
	4. 补贴金融支持					√
	5. 出资采购	√				
	6. 示范项目建设及评选					√
	7. 宣传培训教育					√
企业（包括绿色技术的需求企业、提供企业）	8. 体系化解决方案	√	√		√ + √	√
	4. 补贴金融支持					
	5. 出资采购		√	√		
	7. 宣传培训教育					√
其他主体（科研院所、行业协会、银行、中介服务机构等）	9. 服务平台					√
	3. 行业门槛及标准设定					
	7. 宣传培训教育					√
	8. 体系化解决方案			√		

表 4 - 3 中 13 类推广模式简要说明如下：

（1）制定发展战略规划（政府）：主要包括制定绿色技术发展的思路、方向、重点及预期目标。

（2）强制性政策文件（政府）：主要包括强制性碳排控制目标、强制性能耗标准、强制性清洁生产审核、强制性绿色产品或技术采购义务、高碳落后产能和企业进行强制性淘汰机制等。

（3）行业门槛及标准设定（政府）：主要包括绿色技术行业准入条件和验收标准、绿色（产品）技术认证及市场标准等。

（4）补贴金融支持（政府、企业）：主要包括政府的土地补贴、基础设施建设补贴、税收减免及政府和企业的融资支持等。

（5）出资采购（政府、企业）：主要包括政府和企业的资金投入、资金支持等多种形式的采购及采购目录发布。

（6）示范项目建设及评选（政府）：主要包括示范项目、示范企业、示范园区、示范城市等的建设及评选。

（7）宣传培训教育（政府、企业）：主要包括政府、企业和其他主体进行电视、网络、报纸、展会、行业会议等多媒体宣传推广与面向绿色技术企业及客户的教育培训等。

（8）体系化解决方案（企业、其他主体）：主要包括绿色技术支撑、产品检测、低碳评估、目标及实施策略、低碳效益分析预测、综合保障、人才队伍建设等。

（9）服务平台（其他主体）：主要包括研发及成果转化、技术培训、项目管理、咨询服务、产品认证、技术标准评审等。

（10）合同管理（政府、企业）：主要包括 PPP 模式、合同环境管理和合同能源管理。

（11）第三方管理（企业、其他主体）：主要指独立于绿色技术的供需双方第三方中介机构，向其提供绿色技术及产品的信息服务平台，拓展相关技术推广网络，其桥梁作用大、服务附加值高，专业性、示范性强。

（12）战略联盟（企业）：主要指同一项目上涉及不同行业的低碳技术企业联盟进行整合推广。

（13）三位一体联动（政府、企业、其他主体）：主要指由政府统一实施示范项目的低碳技术或者产品招标，其他主体负责监督及提供技术服务等，企业组织实施的一种方式，在此过程中政府可进行有针对性的补贴及金融支持。

三　各类推广模式与十大技术领域匹配分析

按照上述对国内外绿色技术推广的模式分析，以及湖南省绿色技术推广骨干企业的调研，对本章提出的十大绿色技术领域在下一阶段的推广模式进行了初步的梳理荐选，如表4–4所示。其中1～13号推广模式见表4–3分类分析和相关说明。

表4-4 绿色技术十大领域推广模式荐选

技术名称		推广模式荐选													备注
		1	2	3	4	5	6	7	8	9	10	11	12	13	
污水处理	农户生活污水处理		√		√			√			√				对乡镇及农村的污水处理标准要求过高,使污水处理设备的成本过高及运营管理难度过大,现行对于污水处理的财政补贴连续性不够,部分农户环境意识淡薄
	城镇生活污水处理		√		√						√	√			现行对于污水处理的财政补贴连续性不够;政府与企业合作成立PPP公司,可利用政府与行业领军企业的优势资源
	污泥处理			√				√			√				现在污水处理"重水轻泥",80%的污泥没有得到有效处理,有提高质量标准的需要
	工业废水处理		√		√			√			√	√			现污水处理设备的正常运营监管不到位,制定标准,严格执法
土壤修复	工业场地土壤修复		√		√										已出台地方性重金属污染场地土壤修复标准,但仍需进一步明确国家标准;缺乏商业开发价值的工业场地修复无法保证资金来源

续表

技术名称		推广模式荐选													备注
		1	2	3	4	5	6	7	8	9	10	11	12	13	
土壤修复	农田修复		√		√										缺乏引导资金,污染土地在开发利用过程无法律的监管和保证
	采矿区修复		√		√	√									目前税费率高,缺乏引导资金,导致新技术推广困难
大气污染防治	汽车尾气治理		√	√				√							国六(A,B)标准在湖南还未全面启动(2023年7月1日B标准启动),推进进度明显落后于发达省份,严格淘汰黄标车,支持使用新能源汽车
	工业烟气处理及除尘		√		√		√								工业、能源企业不少生产工艺及设备相对落后,改造投入大,需要强制性政策与财税补贴同时进行
	沼气化处理				√	√		√			√				明确支持的具体政策不多,推广依据不足
生态养殖	有机肥生产技术				√							√			明确支持的具体政策不多,且政策执行过程中各相关职能部门的协调性有待加强

续表

技术名称		推广模式荐选													备注
		1	2	3	4	5	6	7	8	9	10	11	12	13	
海绵城市建设	雨水入渗径流、收集、净化以及排水等					√	√								海绵城市建设需要的低碳技术投资为每平方公里1亿~1.5亿元，金额巨大，可由政府出资，进行试点城区或城市推广
资源循环利用	稀贵金属提取				√	√	√								稀贵金属高效提取技术产业化带来的经济社会效益显著，但其技术研发投入高，实验环境要求高，需要大量资金和人才投入
	废旧资源综合利用										√				政府授权废旧资源处理利用商作为投资运营的主体，既可以保证项目的实施质量，又可以最大限度保证项目的效果
垃圾资源化处理	城镇餐厨垃圾收运处理							√			√				政府授权废旧资源处理利用商作为投资运营的主体，既可以保证项目的实施质量，又可以最大限度保证项目的效果
	生活垃圾处理										√		√		机械化分选等全套技术的开发和匹配，研发投入大、单靠企业的力量难以取得重大突破，需要将整个产业链上各个节点的各类型技术力量整合运用

续表

技术名称		推广模式荐选													备注
		1	2	3	4	5	6	7	8	9	10	11	12	13	
	工业锅炉节能改造		√		√		√								改造投入大，需要强制性政策与财税补贴同时进行
	市政路灯节能改造					√					√				公共产品，可由政府出资采购，也可采取PPP模式或者合同能源管理模式
	电梯节能改造		√									√			缺乏强制性节能标准，竞价竞标和恶性竞争时有发生，劣币驱除良币的现象严重，需要建设一个行业的信息服务平台
节能与新能源发电	光伏发电				√	√	√	√				√			技术瓶颈有待突破，需加大研发投入，光伏发电建设成本大，回收周期长；信息渠道不畅，导致市场竞争激烈，竞价竞标和恶性竞争时有发生，劣币驱除良币的现象严重，需要建设一个行业的信息服务平台
	生物质发电				√	√							√		要解决秸秆焚烧带来的季节性大气污染问题，同时使发电可以惠及农民。建议在税收等政策上进一步加大扶持力度，安排资金支持技术研发及设备制造。全套技术

续表

类别	技术名称	1	2	3	4	5	6	7	8	9	10	11	12	13	备注
节能与新能源发电	生物质发电				√	√									的开发和匹配研发投入大，单靠企业的力量难以取得重大突破，需要将整个产业链上各个节点的各类型技术力量整合运用
	风力发电			√	√								√		技术瓶颈有待突破，需加大研发投入
绿色交通	公路生态护坡				√	√									公路护坡属公共产品，为体现公共服务性质，可由政府出资采购
	新能源汽车				√	√		√							成本受关键技术制约，配套设施落后
绿色建筑	公共建筑绿色改造		√	√	√	√							√		绿委会建议制定完善绿色建筑标准并在政府性公共建筑中强制推行；建筑绿色改造涉及的低碳技术非常广泛，既可以联合相关低碳技术进行整合推广应用，也可以采取三位一体联动推广
	居住建筑绿色改造				√			√						√	对绿色节能家电及家居等产品财政补贴连续性不够

第五章

绿色发展关键技术推广重点及政策探讨

——以湖南为例[*]

按照绿色发展、循环发展、低碳发展的方向，依托湖南现有的生产力布局、产业优势、技术资源，在明确技术推广必要性、市场潜力和投资规模的基础上，湖南应合理确定推广目标、具体技术、推广模式，力争下阶段 10 项具体绿色技术推广在技术研发、市场培育、模式建设等方面取得重大突破。

---

* 本章内容根据笔者 2015 年执行主持的研究报告《湖南清洁低碳技术推广重点和机制研究》经过修改整理，并跟进了报告进入决策后出台的相关政策文件，完善了相关政策举措建议而得。

第一节　清洁发展领域技术推广的重点领域、典型案例与推广机制

一　污水处理技术

湖南省域内水资源量较为丰富，水环境质量总体为优良，少数地区地表水受工业、生活废水排放及畜禽养殖影响，污染较严重。污水的任意排放或处理不彻底的排放，给水资源带来的污染问题严重影响生态环境的可持续发展，污水处理显得尤为重要。目前，湘江治理的任务由"堵"转治，资水、沅水、澧水的治理任务开始全面展开；市政污水处理率虽然逐步提高，但处理后污泥的治理依然十分艰巨，目前有80%的污泥尚未得到有效处理；农村很多集镇污水处理厂受限于运行费用尚未正常运转，分散型污水处理设施仍待大力投入。

（一）市场潜力

据测算，"十三五"期间水环境保护产品和设备增长速度预计达到15%～20%，水环境服务业增幅预计达到30%～40%。目前，湖南省总用水量330多亿立方米，耗水量约140亿立方米，年工业和城镇生活废水排放量约31亿立方米，市政污水处理率超过90%，按照污水处理率稳定提升5%～6%测算，将新增城镇污水收集和处理量2.5亿立方米，新增污泥47.7万吨。

（二）投资估算

考虑到完成国家"水十条"目标需投入资金 4 万亿～5 万亿元，其中各级地方政府投入约 1.5 万亿元，未来若按市政污水处理率提高 5%～6%，实现基本全覆盖测算，按平均吨水造价估算，污水处理厂及截污管网新建一次性投资（不含土地、拆迁等费用）约需 40 亿元，新增运行费用约每年 2.8 亿元。若污泥处理率由 20% 提高至 60%，则按堆肥、填埋和焚烧发电三种方式平均成本计算，新增污泥处理费用（不含基建、设备）约每年 8.7 亿元；若在全省推广分散型农户生活污水处理设施，建设 100 万套处理设施（每县 8000 套），总投资可达 30 亿元。

（三）技术重点①

建议重点推广微滤、纳滤、超滤和反渗透等膜技术，磁性团聚等磁分离技术，电化学（催化）氧化技术，铁碳微电解处理技术，新型催化活性微电解技术，等离子体水处理技术，臭氧氧化及湿式（催化）氧化技术、重金属废水生物制剂法深度处理技术、污酸废水资源化处理新技术、旋流剪切气泡曝气器技术、双级高效过滤技术、多维电絮凝重金属废水深度处理技术、好氧折流—生物附着 MBR 中水回用技术、重金属污染地下水渗透反应墙修复技术、城市污泥高效低耗深度脱水成套技术。

---

① 部分报告中提出的推广技术重点已吸纳至 2017 年发布的《长株潭两型试验区清洁低碳技术推广实施方案（2017～2020 年）》中，下文其他技术类似。

（四）推广目标

未来全省市政污水处理基本全覆盖，新增城镇生活污水收集处理量 2.5 亿立方米；推广城市污泥深度脱水技术，污水处理厂污泥处理率达到 60%；推广分散型农户生活污水处理设施 100 万套，新增减少农村污水排放量 1000 万吨。

专栏 5-1　污水处理技术推广典型案例
江苏太湖流域水环境综合治理

为应对 2007 年爆发的太湖水危机，保障人民群众饮水安全，改善太湖水环境质量，发展改革委会同有关部门和地方先后推出并落实了《太湖流域水环境综合治理总体方案》《太湖流域水环境综合治理总体方案》，经过各方共同努力，太湖治理初见成效。太湖污水治理过程中，在组织管理、治理模式、体制机制创新等方面积累了初步经验。

（1）省部际联席会议制度与"河长制"创新组织管理。由国务院有关部门和两省一市组成的太湖流域水环境综合治理省部际联席会议制度（以下简称"省部际联席会议"），协调解决太湖治理工作中出现的重大问题，积极推动部门、地方之间的沟通与协作，保证《总体方案》各项任务和措施的落实。两省一市各自成立由省长或主管副省（市）长挂帅的太湖水污染防治委员会（领导小组），负责太湖治理的组织协调、检查指导和督促落实。江苏省成立太湖治理办公室，负责分解治理任务，指导协调、联络宣传和检查考核相关工作，并在各市各级党政一把手中推行四级"河长制"，即市委市政府主要领导、相关部门主要领导、镇领导和村干部构成的四级"河长"。

（2）制定和执行严格的环境标准。两省一市制定、执行禁止和限制在太湖流域发展的产业、产品目录，运用经济、法律和行政手段，开展重点行业污染专项整治，加快落后产能淘汰。实行行业准入门槛，限制对不符合条件的工艺、装备、产品进入，对新建项目严格实施环境保护审批。对流域内重点企业实行强制性清洁生产审核，并向社会公布审核情况。对流域内纺织染整、化工、造纸、钢铁、电镀、食品（啤酒、味精）等重点行业，实施清洁生产水平提升工程。

（3）实施示范项目，制定技术规范。推广饮用水安全保障、城市与农业面源污染控制与防治、生态恢复、高效抑制藻类等技术，完善推广技术规范、验收规范等相关指导性文件，组织制定相应技术规范。推荐示范项目建设，投资1164.13亿元安排饮用水安全保障、工业点源污染治理、城乡污水和垃圾处理、面源污染治理、生态修复、引排工程、河网综合整治、节水减排、资源利用、监测预警及科技攻关等11个大类542个项目。对项目实施事前、事中和事后的全过程监管，对污染治理设施或公益性生态湿地工程的运行，实行公开招标，由环保服务型企业负责具体管护工作，有关部门监督实施，地方安排相应资金给予支持。

（五）推广举措

1. 加强财政支持，完善融资服务

目前国家对于污水处理的财政补贴连续性不够，对污水处理设备的正常运营监管不到位，不利于设备推广使用。继续实施补贴政策，地方政府要积极筹集资金，保障运营经费，按照实施达标处理水量进行适当补助。全省污水处理企业大都面临资金需求量大但融资方式较单一的问题，建议完善直接融资服务体系，加速风险投资体系建设，制定更多税收优惠及支持政策。

2. 确保政府优先采购，加快信息服务平台建设

全省污水处理领域存在信息渠道不畅通、劣币驱逐良币的现象时有发生。政府应该制定严格的技术和标准要求，及时更新和升级《湖南省两型产品政府采购目录》，对于列入《湖南省两型产品政府采购目录》的产品，在政府采购活动中，从预算安排、计划审批到组织评审均给予优惠，确保优先采购。尽快建立完善的社会化的企业信息服务系统，提供更多企业的需求信息，使相关技术推广至更多企业和行业。

3. 重大科技成果转化＋战略合作伙伴式推广

依托中南大学在重金属废水处理等关键技术上的重大科技成果，在省内开展示范应用工程，并通过观摩交流会、发文、媒体宣传等方式，加大对这些示范工程、骨干企业和优秀技术产品的宣传力度，引导更多的单位和家庭使用这些技术和产品。深化技术成果收益权、处置权改革，在重大工程项目资金安排时做好技术转移转化支出预算，按照项目绩效给予技术提供单位技术转化收入，并对科研负责人、骨干技术人员等重要贡献人员给予奖励。积极开展国际技术合作，与世界顶级的技术联手建立战略合作伙伴关系。对于湘江流域重金属污染治理、洞庭湖生态保护等资源环境领域的重大难题开展系列国际科技合作。引进技术，依托园区，瞄准技术创新链、产业链的薄弱环节，增强公共平台和聚集功能，吸引相关企业和科研院所进驻。

4. 乡镇及农村降标准 + PPP 推广模式

目前国家对乡镇及农村的污水处理标准要求过高，使污水处理设备的成本及运营管理难度过大，不便于大范围推广。应根据实际情况合理制定乡镇及农村的污水处理出水标准，使乡镇及农村能使用更经济、更实惠的污水处理设备。政府与企业合作成立 PPP 公司，利用政府与行业领军企业的优势资源，加大对乡镇、农村在污水处理方面的投入，并在集中度高的城镇尽快完善相应的污水收集管网。

二　土壤修复技术

湖南省土壤环境污染形势较为严峻，以无机污染为主，尤其是镉、砷、镍、钒等的重金属污染程度较重，全省超过 20% 的耕地、农田和工矿区受到不同程度的重金属污染。目前，湖南省土壤修复已经开展试点，积累了一定经验，只要在经济性、有效性方面取得突破，就有望在全国抢得先机。开展土壤修复技术试点，将有助于控制受污染土壤的环境风险，改善土壤修复技术，恢复土壤生态功能，切实解决影响群众健康的土壤环境问题。

（一）市场规模

受历史遗留问题影响，2014 年普查时全省土壤污染物总超标率超过 40％，但其中主要为轻微污染和轻度污染，中度污染和重度污染的比例合计约为 5％。2016 年国家"土十条"印发后，相关领域人士估计土壤修复市场规模超过万亿元，估计带动投资达到 6 万亿元。若全省开展农田、采矿区、工业园区场地土壤修复，市场潜力巨大。

（二）投资估算

目前，全省农田、采矿区、工业园区场地土壤修复平均成本为 3.5 万 ~ 8 万元/亩，在"十三五"期间预计实施土壤治理修复示范项目中，基本农田修复示范面积 13.5 平方公里，投资约 4.9 亿元；采矿区修复示范面积 48 平方公里，投资约 22.8 亿元；工业（园）区场地修复示范面积 89 平方公里，投资约 15.2 亿元。相关数据可供下一阶段参考。

（三）技术重点

建议重点推广重金属污染渣土稳定化/固定化—化学淋洗（SSCW）修复技术、化学氧化/还原技术、固化/稳定化技术、土壤洗脱技术、热脱附技术、土壤植物修复技术、土壤阻隔填埋技术、泥浆项生物反应器及生物堆制法等生物修复技术、铬渣堆场重污染土壤微生物修复技术、地下水抽出处理技术、地下水修复可渗透反应堆技术、地下水监控自然衰减技术、多相抽提技术、生物通风技术、土壤蒸汽浸提修复、玻璃化、热处理、电动力修复、化学脱卤、溶剂提取技术。

（四）推广目标

下一阶段，培育土壤污染治理与修复专业企业 4～8 个，研究和储备 6～10 种土壤污染治理与修复关键技术，优先实施纳入国家的土壤修复与综合治理示范试点项目 20～40 个，全省土壤环境质量明显改善，群众关注的热点土壤问题基本解决。

专栏 5－2　土壤修复技术推广典型案例
永清环保土壤修复推进模式

永清环保是环保部确定的第一批土壤重金属修复技术重点推广示范单位。2013 年，永清环保的主营业务结构开始发生变化，从脱硫脱硝业务转向土壤修复的市场开发与运营。永清环保成功地将国内土壤修复从实验室技术转向了实际的市场应用领域，但推进初期也遇到了业务营业收入较低、资金缺乏的问题。大部分被污染土壤属于"历史遗留"问题较多的地块，污染责任不明确或者开发方可能难以追责，很多情况下只能由政府出资治理，但地方政府有限的财力与巨大的修复需求之间矛盾重重，使得土壤修复企业顾虑重重。在此政策环境下，永清环保拓展思路积极创新商业和技术开发模式，并推广复制到其他区域，目前公司在湖南省土壤修复领域处于领先地位。

（1）"土壤修复＋土地流转"的岳塘模式。2014 年初，永清集团与湘潭市岳塘区政府合作组建公司进行竹埠港重金属污染土壤修复，推行"土壤修复＋土地流转"的商业模式。该模式是一种创新 PPP 模式拓展土壤修复市场的推广模式，通过企业和政府共同投资设立 PPP 项目公司，国家层面的政府资金作为后续保障，实施污染场地前期咨询调查、中期修复、后期转商业用地出售（土地置换）。这种新型的环保治理模式，采用滚动开发，单期投入较易于承受，用地价值提升后，后续项目持续推进，永清环保从土地开发的回报中获得治理收益。目前，该模式除在湘江流域治理中推广外，进一步推广至北京、长三角等地项目。

（2）通过完善产业链构建"大土壤"格局。2015 年 8 月，永清环保完成了对美国 IST 公司的收购。美国 IST 在土壤及地下水修复方面具有较好的技术积累，目前适应性技术是土壤修复行业面临的重大难题，中国本土企业中具备项目实施能力的不多，很多企业只能做到转移污染而非清除污染，这次收购属于永清环保"大土壤"战略格局的实际行动，提高了企业的技术能力，强化了对土壤修复产业链的控制，完善了产业链盈利模式，有利于企业整套技术的推广应用。

（3）"环境全科医生"的"新余模式"。2012 年，永清环保成为江西新余的综合环境服务商，该合同环境服务模式试点也获得了环保部的批准。在永清环保与新余市政府签订的《合同环境服务框架协议》中，可以看到永清环保需要提供从顶层的规划制定和咨询，直至具体的大气、水体、固废、噪声污染治理和生态修复，以及环保服务平台等中介服务的全方位服务。通过"环境全科医生"模式，永清环保可以充分发挥企业的技术、管理、人才、经验以及产业链优势，综合优化解决区域多类环境问题，同步完成多类清洁技术的推广。

（五）推广举措

1. 落实完善土壤保护和修复的省级标准体系

目前历史上使用的土壤修复标准严重滞后实际需求，缺乏修复限值标准，污染土地在开发利用过程中缺乏强有力的法律监管和保证，导致门槛偏低。湖南省根据土壤污染情况、技术装备现状和环境要求，制定了全国首个地方性标准——湖南省地方标准《重金属污染场地土壤修复标准》（DB43/T 1125—2016），首次对土壤治理分层控制目标提出了参考限制，未来还要根据实际情况完善相应的治理与修复技术规范及考核标准。

2. "重大科技专项＋重点区域试点示范"加快技术突破和推广

针对已有的修复方法中，物理修复成本高、治标不治本，化学修复容易产生二次污染，生物修复周期长的缺陷，实施土壤修复技术提升工程。整合全省科研力量，争取与国际和国内其他单位合作交流，建立一批土壤污染防治国家与省级重点实验室或土壤修复工程技术中心，实施一批重大科技专项，重点攻克一批土壤污染防治技术难点。在湘江流域的株洲市城区、衡阳水松工业区、郴州三十六湾地区、资江流域的锡矿山地区、沅江流域的怀化辰溪—沅陵钒厂集聚区、澧水流域的常德石门雄黄矿区和湘西的"锰三角"等区域加快实施一批重点示范项目，强化土壤修复技术推广。

3. 强化财政支持和拓宽融资模式

对土地修复后具有较高商住价值的工业场地土壤修复项目，参考永清环保的"土壤修复＋土地流转"PPP模式，企业和政府共同投资设立PPP项目公司，通过分批修复，分批实现效益，实现土壤滚动修复。对修复后难以实现较高商业价值的农田修复项目，积极争取财政投入，设立引导资金，建立转向污染物活性控制为主的修复标准，采用更具经济适用性技术，并改变种植产品结构，即使农产品限值符合要求，而不是对土壤重金属含量提出过于严苛的要求，同时探索"公司＋农户"商业模式，在不改变用地性质的前提下，出台给予企业相对长期土地经营权的用地政策，提高企业投入治理资金的积极性。矿区土壤修复中严格恢复治理责任机制，引导社会资金注入，规定土壤修复投资人对工程剥离的矿产资源拥有处分权，免缴相关费用，并规定投资人可优先获得整治后土地使用权或从新增土地政府收入中分成，同时对具有一定旅游开发价值的土地可以考虑涉及遗址公园、地质公园等方式获得收益。

4. 强化组织领导和监督考核

成立省土壤环境保护领导小组，办公室设生态环保厅，负责协调全省土壤环境保护方案实施工作。地方政府对本行政区域内土壤修复工作负总责，实行领导分工制和单位承办制。督促土壤修复任务较重的地方政府尽快编制土壤环境保护和综合治理工作方案，明确土壤修复目标、任务和具体措施。实施年度评估机制、中期评估和终极评估结合的长效评估机制，实行土壤修复目标管理。

三　大气污染防治技术

近年来，大气灰霾污染现象引起媒体舆论和公众的广泛关注，城市大气环境质量改善压力增大。湖南省生态环境状况公报显示，2018 年，湖南全省 14 个城市环境空气质量平均优良天数占比为 83.7%，但长株潭地区表现欠佳，在空气质量优良天数比例方面，长沙、株洲、湘潭分别排全省市州的倒数第 3 位、倒数第 5 位和倒数第 2 位。随着大气新标准的实施，$PM_{2.5}$、O_3、CO 等因子纳入评价，各市州城市环境空气质量达标压力也逐渐增加。大气污染源治理的要求将随之全面提升。未来的大气污染治理潜力主要体现在火电厂提标改造、脱销、除尘、汽车尾气治理等方面，同时碳排放、臭氧、挥发性气体治理的新技术也将得到更大的关注。

（一）市场潜力

2013 年出台的"气十条"拉动投资需求近 1.7 万亿元，

拉动 GDP 增长 2.1 亿元。2018 年全省 SO_2 年排放量 16.58 万吨，NO_x 年排放量约为 33.40 万吨，烟（粉）尘排放量约为 18.98 万吨，仍有较大的减排空间。

（二）投资估算

下一阶段，若预期 SO_2 累计减排 5 万吨、NO_x 累计减排 5.5 万吨、烟（粉）尘累计减排 3.5 万吨，则安排治理项目达到相应新增减排能力，SO_2 减排需安装设施 137 万千瓦，投资约 15.9 亿元，NO_x 减排需投资约 8.1 亿元，烟（粉）尘减排需投资约 13.5 亿元。挥发性有机污染物，目前仅中石化就存在 300 多座加油站、10 座油库治理空间，按"冷凝 + 吸附"技术总投资 1.6 亿元以上。

（三）技术重点

建议重点推广燃煤锅炉烟气脱硫技术、烟气脱硫除尘及多污染物协同净化技术、锅炉脱硝技术、锅炉静电除尘技术、锅炉 $PM_{2.5}$ 预荷电增效捕集技术、锅炉二氧化碳捕集技术、冶炼烟气 SO_2 与重金属协同控制技术、挥发性有机气体回收吸附净化技术、高效挥发性有机气体催化燃烧技术、低浓度多组分工业废气生物净化技术、有机废气治理技术、机动车尾气净化技术、柴油车尾气颗粒物过滤消除技术、室内空气净化技术、室内空气有害气体微生物净化技术、常温催化氧化净化甲醛、一氧化碳和臭氧技术、综合抑尘技术、大气挥发性有机物、细粒子和超细粒子在线监测技术、污染源排放遥测技术、重点污染物面源排放挥发性有机物及温室气体自动监测技术、区域大气污染源识别与动态源清单技术、大气 $PM_{2.5}$ 水溶性污染组分及其气态前体物在线监测技术、水煤浆代油洁净燃烧技术。

（四）推广目标

下一阶段，全省 SO_2、NO_x 和烟（粉）尘排放量较 2018 年分别累计削减 25%～30%、15%～20% 和 15%～20%；臭氧、挥发性气体等得到有效控制。

专栏 5-3 大气污染防治技术推广典型案例

河北推广燃煤工业锅炉先进适用技术

作为用煤大省，为有效应对燃煤污染问题，2015 年 5 月，河北省工信厅、省发改委、省环保厅、省质监局启动实施推进燃煤工业锅炉改造行动计划。该计划重点推广高效煤粉锅炉，同时推进燃气、生物质、甲醇锅炉映红，开展脱硫脱硝和烟尘治理。作为较早在全国范围内制定并实施《燃煤锅炉治理实施方案》和《推进燃煤工业锅炉改造行动计划》的省份，河北的推广经验主要如下。

（1）各部门责任分工清晰。省发改委主要负责高效锅炉推广、既有锅炉节能改造和燃料替代任务，并牵头组建各部门参加的联席会议。省环保厅主要负责抓好燃煤锅炉淘汰任务，建立相关调度、通报制度。省住建厅主要负责城市供热采暖锅炉的治理，推广集中供热相关技术。省工信厅主要负责工业燃煤锅炉的治理，在重点行业实施高效技术示范。省农业厅主要负责农村生活采暖锅炉治理，改造传统炉灶，推广清洁高效燃煤炉具。省质监局主要负责相关标准制定以及检测工作，通过标准体系倒逼老旧锅炉退出。省统计局进行相关煤耗评估和全省煤耗总量测算工作。

（2）重点任务明确。通过拆除取缔、置换调整、更新替代和提质增效手段全面改造燃煤锅炉。针对城市集中供热区，对小型分散燃煤锅炉进行限期拆除；针对暂时不能实施集中供热的区域，需要采用分散燃煤锅炉的，积极优化用能结构；针对远郊区和工业集中区、开发区，采用"以大代小"用高效节能环保锅炉替代既有锅炉；针对农村地区的分散小型燃煤锅炉，推广优质煤、洁净煤，开展节能技术改造。

（3）制订差别化技术推广方案。梳理 7 类涉锅炉节能和减低大气污染物排放的技术，根据不同企业的具体情况，可以选取更为合宜的改造路径。比如，对大气污染较重地区，优先采用清洁能源替代；对用热需求量大的地区，优先推广高效锅炉；对产业集聚区，优先推进集中供热；对农村地区，优先利用作物秸秆等生物质资源替换现有燃料；对沿海地区，优先推广 LNG、CNG 技术；对太阳能丰富地区，推广太阳能光热利用技术。

（五）推广举措

1. 支持工业锅炉进行技术改造，设立专项引导资金

由于工业锅炉存量较大，技术改造资金需求大，一方面可以积极申请国家节能技术改造相关政策资金支持；另一方面可以设立专门的省级专项引导资金，促使企业更有动力开展现有工业蒸汽锅炉技术改造工作。根据现实情况制定相关标准，对新建、扩建、续建项目的燃煤锅炉，若无法达到能源利用效率标准，则不给予相关奖补政策支持。

2. 实施环境管制，提高环境标准

广泛开展涉大气污染主要行业的标准研制工作，利用环保、能耗等准入标准，倒逼行业提升技术水平。实施严格大气污染物排放标准特别限值，推行排污权交易制度和许可证制度。依据大气污染物总量控制和强度削减要求，对电力、钢铁、有色、石化等主要耗能行业确定其能耗总量，以及 SO_2、NO_x、工业粉尘等主要大气污染物削减路线图。

3. 创新金融机制，盘活资源

推动第三方治理专业机构和社会资本参与大气污染治理市场，激活 SO_2、NO_x 总量控制污染物排污权交易市场，根据市场情况和处理成本，采用拍卖机制分配相关配额，将环境容量资源转变为可市场交易的资源环境权益。

4. 骨干企业评选＋示范项目推广

进行骨干企业评选，并对骨干企业进行一定的经济和政策支持。实施示范项目，在示范项目经过验收后，可由政府组织环保系统、污染企业及行业相关部门和企业等考察宣传。积极为骨干企业和示范项目提供宣传平台，支持企业参加各种展会、杂志宣传等，提升骨干企业的声誉和技术影响力。

5. 鼓励和支持合同能源管理

积极搭建企业合同能源管理项目对接平台，不定期召开合同能源管理项目对接会，组织节能服务公司和工业企业开展洽谈。对企业合同能源管理项目实行支持，即在对企业相关项目奖励的同时，对有关节能服务公司也给予一定的资金补贴。

四 生态养殖技术①

湖南是畜禽（特别是生猪）养殖大省，目前年生猪养殖量6000万～7000万头，牛羊饲养量约1000万头，生猪规模养殖户近30万户。全省畜禽养殖年产生粪便2.5亿多吨，造成总氮排放（入水）量约14.5万吨，总磷排放（入水）量约2.4万吨，COD排放（入水）量约34.3万吨，在工业废水达标处理率稳步提高的情况下，农业面源造成的水污染显得愈发严重。通过推广沼气、有机肥、生物天然气等畜禽粪便利用技术，既有利于积极应对和解决农业面源污染问题，又有利于为农村居民提供清洁的生活用能。

（一）市场潜力

按照2015年《湖南省人民政府办公厅关于加强全省农村能源建设的实施意见》的相关要求，"十三五"期间将建设大型沼气工程500处，2020年农村沼气产量达到10亿立方米，

---

① 本部分政策建议部分参考了笔者2017年12月发表于《湖南日报》的独著论文《建设"美丽湖南"须拓展非政府主体参与模式》。

使用清洁能源农户达到 700 万户，实施养殖场配套新建和改造沼气工程（提高产期率），并推广生物天然气等其他清洁利用技术。按此趋势，下一阶段市场前景可观。

（二）投资估算

若预计推广生态养殖及规模养殖沼气化协同处理，建设大型沼气工程项目 500 处，投资约 18.5 亿元；建设规模养殖场小型沼气工程项目 1 万处，投资约 32.5 亿元；建设畜禽粪便、农作物秸秆生产有机肥项目 100 处，投资约 20 亿元；建设规模化生物天然气工程试点项目 20 处，投资约 25 亿元。

（三）技术重点

建议重点推广生态治污技术、固体粪污肥料化处理技术、粪污沼气化处理技术、沼液沼渣利用与处置技术、冬季产气率提升技术（物料速腐剂、发酵剂改进）、废弃物复合有机肥生产技术。

（四）推广目标

下一阶段，新建大型沼气工程 500 处，提质改造大型沼气工程 200 处，大型养殖场完全配套沼气工程，农村能源总用户达到 700 万户（增加 100 万户），产气量达到 10 亿立方米（增加 1 亿立方米），全省农村沼气平均覆盖率达到 50% 以上。

专栏 5－4　生态养殖技术推广典型案例

广东生态型循环养殖模式推广

近年来，广东省高度重视农村环境保护工作，在畜禽养殖方面，各市、县（市、区）基本完成了畜禽养殖禁养区划定，通过《广东省农村环境保护行动计划》系列三年计划、年度的中央畜禽标准化养殖扶持项目实施方案等政策，按照生态畜牧业的发展要求，实现粪污资源化利用。

目前，广东省养殖基地向生态型养殖场转型中综合采用沼气发电、沼渣沼液制作有机肥料等各类清洁技术，在地方政府加大资金扶持力度的同时，还实施了世界银行贷款项目，可供借鉴的主要经验如下。

（1）选择立体循环农业模式克服规模不匹配问题。随着规模化养殖的逐步推行，目前畜禽养殖的规模不断壮大，小型沼气和联户沼气的适用性逐步下降，但是规模化养殖产生的沼渣、沼气可能难以在当地得到充分利用，一旦生产过量就会造成二次污染问题。针对这种情况，"生态养殖＋绿色种植＋观光旅游"的立体循环农业模式在规模化养殖场得到推广，沼气用于养猪场燃料和发电、沼液沼渣用于种植作物的肥料和鱼饲料，部分养殖场还对养殖废水进行深度处理后实现资源化再利用。目前，大型的生态循环养殖工程中最棘手的问题是养殖规模过大可能导致畜禽粪便难以得到有效处理和利用，因此需要结合本地养殖规模确定最适宜的推广技术种类。

（2）在本地扶持的同时积极寻求国际合作。由于生态循环养殖的前期投资大、生猪市场不确定性高，养殖企业资金紧张，生态养殖技术推广难度大。目前，广东省农业厅在生态循环养殖方面的投入日益增加，如标准化养殖场、畜禽标准化生产项目方面的扶持资金都明确要优先用于粪污综合治理，同时农业部门对规模养殖场建立大中型沼气工程也实施补贴政策。2014 年，国内首个利用世界银行贷款实施农业面源污染治理项目在广东启动，规模化养猪场废弃物治理也纳入了该项目实施范围。通过世界银行项目带动，广东省探索了一批生态健康养殖的典型，如沼液种植绿化树、"水肥一体化"工程综合利用沼渣、"高床发酵型"环保技术等。

（3）"龙头带协会、协会带农户"的生态养殖推广模式。依托全民创业的大环境，积极通过农村养殖大户致富能手，带动更多的农户进入生态养殖领域。通过"龙头带协会、协会带农户"模式向农户免费提供种苗、饲料、产销信息以及技术指导，全方位帮扶农户，通过建设创业带富示范点，以示范点为辐射点，带领群众发展立体种养殖业。

（五）推广举措

1. 整合部分惠农补贴资金用于生态养殖技术推广

尝试从农机购置补贴、生猪大县奖励、测土配方施肥补助、土壤有机质提升补助、农业标准化生产支持、畜牧良种补贴、畜牧标准化规模养殖扶持、国家现代农业示范区建设支持、农村沼气建设、村庄人居环境整治等补助、奖励、扶持资金中整合一定比例用于推广生态养殖技术和畜禽污染治理。同时积极争取世界银行贷款等国际合作资金来源。

2. 推广适宜技术，推动户用沼气向大中型集中供气转变

通过对规模养殖场生产污水处理实施强制规定，倒逼大中型沼气综合利用工程的建设。针对户用沼气原料缺乏导致沼气池闲置、劳动力缺乏导致沼气池闲置等问题，拓宽原料使用范围，加快推广秸秆发酵制气技术，通过大中型沼气工程与周边农户达成秸秆换气等协议，解决原料来源问题，实现秸秆集中供气。

3. 延伸生态养殖产业链

出台沼气价格补贴政策，鼓励农户使用沼气。设置沼肥补贴政策，出台沼肥生产标准，促进沼渣、沼液深加工和有机肥的生产施用。开展生物天然气试点、示范，给予生物天然气生产企业特许经营权，允许其产品并入城乡供气管网及建设加气站等。鼓励沼气生产企业对沼气进行高度提纯，使其接入市政燃气管网、汽车加气站、并网发电及热电联产。

4. 建管并重，提高农村沼气服务水平

针对沼气服务体系不健全、沼气管理培训力度不足的现状，进一步建设好沼气服务网点。设置服务网点运行补助，每个服务网点每年补助维修服务费 1 万~2 万元，确定网点收费标准，探索建设沼气协会，通过适度补贴结合有偿服务等形式确保服务人员有稳定收入。加大培训力度，积极组织现场培训，普及沼气管理知识。

五　海绵城市建设技术

随着全省城镇化进程的提速加快，城市"逢雨看海"、雨污不分、水生态恶化的情况愈发严重，特别是市区植被覆盖率

下降、道路硬化、"重地上轻地下"、自然水系消失加剧了城市内涝的现象。目前国家提出要集中推广"渗、滞、蓄、净、用、排"等多项低影响开发技术,如透水建材,雨水滞留、收集、净化技术,传统雨水管渠系统等,建设自然积存、自然渗透、自然净化的海绵城市。为促进雨洪资源的利用、保护城市和水生态系统、防控自然灾害、提升城市基础设施水平、加快新型城镇化建设的创新探索,海绵城市建设势在必行。

(一) 市场潜力

近几年来,湖南省常德市引进国际先进技术,全面强化海绵城市建设工作,启动实施了 100 余项项目,总投资超过 200 亿元,取得了较好成效,在 2015 年 3 月进入国家首批海绵城市建设试点,并得到国家专项补贴资金。常德市的相关试点为全省大中型城市开展海绵城市建设积累了宝贵经验。目前,全省仅各市城区建成区总计超过 1700 平方公里,进行海绵城区改造市场潜力巨大。

(二) 投资估算

治理城市内涝需要提高城市排水标准,改造城市排水、蓄水系统,经济成本和施工难度极大,很难在短期内根治。若预期在全省地级市城区分批分步骤开展海绵城市建设,按照住建部海绵城市建设每平方公里需投资 1.5 亿元测算,有报道称长沙相关建设直接投资将在 500 亿元规模以上,市场需求巨大。考虑到海绵城市改造和建设的投资大,近期改造目标不能设计过高,按照下一阶段长株潭三市建成区改造率 40%、长株潭城市群其他 5 城市建成区改造率 30%、其他城市改造率 20% 初步匡算，累计需投资约 760 亿元。

（三）技术重点

建议重点推广雨水径流及其污染控制、雨水入渗和雨水收集利用、雨水净化以及排水技术。

（四）规划目标

下一阶段，全省主要城市城区改造全面植入海绵城市理念，新城区基本实现雨污分流，长株潭三市主城区中建成区实现海绵城市改造率 40%，其他城市主城区中建成区海绵城市改造率达到 20%~30%。

专栏 5-5　海绵城市建设技术推广典型案例

南宁市海绵城市建设探索

2015 年 4 月，南宁市在国家首批海绵城市建设试点申报答辩中，以第一名成绩入选，第一批试点名单共有 16 个城市名列其中。获得试点资格后，南宁市相继出台《关于全面推进海绵城市建设的决定》《海绵城市规划建设管理暂行办法》《南宁市海绵城市规划设计标准研究》《南宁市海绵城市规划设计导则》等文件和技术规范，开始全面推进海绵城市建设，其中为海绵城市建设制定技术导则在国内属于首次提出。在海绵城市试点建设伊始，各个试点城市之间差异尚未显现的情况下，南宁市能够崭露头角，其推广的政策措施可为全省提供一定参考。

（1）完善规划、标准等顶层设计。南宁要求在各层级城乡规划中融入海绵城市建设理念，并编制相关专项规划。目前海绵城市的设计导则的主体内容包含了南宁市海绵城市规划设计的强制性、指导性、其他相关标准、海绵城市规划要点、海绵城市设计要点和指引，明确了海绵城市建设的基本要求和控制目标。南宁编制出台了蓝线标准，这是在各地绿色标准上的一大创新，有助于城市加强河湖、湿地以及人工水体的综合保护治理，而南宁编制的城市雨水管控地方标准和污染控制技术指南，将有效防治城市内涝和治理市政污水，有助于科学指导具体项目建设。

（2）注重分区实施和项目带动。南宁市规划建设生态保护与生态修复、初期雨水污染防治、雨水综合利用、海绵城市建设模式、山地及居住区海绵工程等六大示范片区，安排近500个示范项目。其中，中心城区核心地带划定60.18平方公里示范区，示范项目含新建项目和改造提升类项目近500个，包括涉及河流水系、公园绿地等八大类型，目标确定为年径流总量控制率和径流污染控制率分别不低于75%和50%。

（3）加大财政投入和创新投融资模式。南宁计划设立试点项目专项配套资金，并积极引进民间资本，其中竹排江上游植物园段的那考河是广西首个采用政府和社会资本合作模式的PPP建设项目，也是海绵城市示范区范围内的项目。目前该项目通过引入社会资本，建设截污、治污、景观建设、河道维护、海绵城市等工程，合同金额超过10亿元。目前，在南宁市海绵城市建设总投资的 95 亿元中，计划采用 PPP 模式融资的项目投资接近总投资的一半。

（4）强化责任分工、绩效考评和奖补政策。明确了市水利、发改、国土、财政、规划、环保、新闻广电、教育等相关部门的具体职责。建立了相对完善的海绵城市建设项目绩效考核制度，并建立了按绩效分数向社会支付服务费的付费制度。

（五）推广举措

1. 强化规划引领和创新地方标准

要求在城市控制性详规中必须纳入海绵城市建设相关指标（建筑与小区雨水收集利用、可渗透面积、蓝线划定等）。在水资源、园林、生态环保、城建等专项规划中要充分衔接海绵城市建设要求。参考南宁模式，编制适合全省或各市州的海绵城市建设地方标准、技术规范、导则、指南，如城市低影响开发雨水系统设施的设计标准、运行维护技术、施工及竣工验收技术规程等。

2. 加强蓝线分区管制、示范区和项目建设

在充分考虑自然生态空间格局的基础上绘制城市蓝线，出台蓝线管理办法，与绿线共同构筑城市生态系统屏障。根据城市的不同功能、地表、地形状态、新老城区，确定不同类型的海绵城市示范建设分区，建立区域雨水排放管理制度，采取有区别的建设模式和实施路径。建议各市州在中长期规划、城建规划编制中建立涉海绵城市建设的储备项目，以便适时加以

推进。

3. 加大财政投入和投融资鼓励

省政府加强海绵城市建设资金统筹，建设资金长效投入机制，发改部门将海绵城市建设项目纳入年度建设投资计划，整合城建、市政维护等方面资金，设立海绵城市建设试点项目专项配套资金，将海绵城市建设项目纳入地方政府采购范围。创新建设运营机制，采取政府购买服务等方式吸引专业化建设、运营机构参与海绵城市建设。鼓励设计、可研、施工、制造、金融等联合体采用总承包等方式统筹组织实施海绵城市建设相关项目。推动各个职能部门加强项目监管，完善工作机制和考核制度。

第二节　循环发展领域技术推广的重点领域、典型案例与推广机制

一　资源循环利用技术

湖南循环经济起步较早，汨罗的"城市矿产"回收利用、永兴的稀贵金属回收利用等积累了很多实用工艺技术。《湖南省"十三五"节能减排综合工作方案》第二十七条"循环经济重点工程"提出，到 2020 年全省再生资源替代原生资源量近 2 亿吨，资源循环利用产业产值达到 3000 亿元。可见，从"十三五"开始，湖南已逐步进入经济发展转型升级的关键

期，但经济总量的高位也意味着资源消耗总量仍将保持较大规模，必须提高资源利用效率，减少原生自然资源消耗，降低污染排放对环境的影响，资源与生态环境压力将能维持在可承受范围内。

（一）市场潜力

近年来，湖南重点推动资源综合开发利用和大宗产业固废循环利用，建设一批循环型产业园区。继续推动"城市矿产"综合利用，促进废机电设备、废电线电缆、废家电、报废汽车、铅酸电池、废塑料、废橡胶、废纸、废旧金属的回收利用。培育一批再制造企业，推广工程机械、数码机床、汽车零部件、办公信息设备产品再制造技术。继续推动稀贵金属再生利用，发展稀贵金属精深加工基地，引进一批年产值超过30亿元的企业实现产业集群发展，培育全国驰名商标，报道称2020年湖南南方稀贵金属交易所年交易量预计超过5000亿元。可以预见，这些举措将在"十四五"以及未来中长期得到进一步落实和发展。

（二）技术重点

建议重点推广废钢破碎料提纯、制块、增加体密度的加工技术，废钢尾渣有色金属提取技术，不锈钢机械化拆解及分离技术，废有色金属机械化拆解预处理技术，废电线电缆自动筛选分离处理技术，高效电解银工艺技术和工业废料中多种稀贵金属复合回收技术，废旧塑料识别分选改性造粒、废轮胎常温粉碎和深加工技术，废旧橡胶再生技术，各类废旧废弃家电、电池金属提取和综合利用技术等各种产业资源回收利用技术。

（三）推广目标

下一阶段，全省资源循环利用产业产值达到 4500 亿元左右，废弃资源综合利用业销售产值（规模以上）达到 310 亿元左右，通过"城市矿产"再利用技术推广，再新增"城市矿产"资源加工利用量 500 万吨，通过稀贵金属提取技术推广，在银、铂、钯、铋、碲、铟、硒、钌等重金属综合回收工艺上保持或达到国际、国内领先水平。

专栏 5-6　资源循环利用技术推广典型案例
江苏省首创电子废弃物绿色循环"O2O"新模式

为加强电子废弃物回收利用，江苏省环保联合会上线了"e 环保—易回收"微信平台。公众调查显示，大多数公众对电子废弃物的环境风险和回收价值是有了解的，但是现实中缺乏稳定的回收渠道，公众无法将电子废弃物交由专业回收机构处置，因此"e 环保—易回收"事实上搭建了从公众到处理企业之间的便捷桥梁。居民通过在线下单的方式，预约电气废弃物的回收时间，然后专业人士会上门服务。

"e 环保—易回收"依托庞大的微信用户群，打造了线上线下相结合的回收渠道，同时对可能涉及居民个人隐私信息的产品，专业人士能做到安全拆解，既降低了环境风险，也降低了信息泄露风险。同时，为了鼓励居民参与，平台中建立了价格评估机制，设置了微信红包奖励，给居民一定的经济补偿，以提高用户的活跃性。

通过"e环保—易回收"的便捷平台，使公众能长时间参与电子废弃物回收，也有助于培养公众更加环保的行为模式。

（四）推广举措

1. 加强政策引导，加大支持力度

加快推动湖南省循环经济条例立法工作，以及有色等主要产业资源循环利用的行业标准，进一步扩大稀贵金属和城市矿产回收和循环利用规模，提高技术水平。出台与资源循环利用技术相关的工艺、产品、设备目录，按照实际情况给予不同程度的采购倾斜和财政支持。

2. 加大资源整合，开展循环经济和资源利用效率评价

在稀贵金属回收、城市矿产回收等湖南省优势领域，培养一批技术过硬的骨干企业，建立产业联盟，促进技术"走出去"。以资源产出率为关键指标，建立园区、行业、企业不同层次的循环经济评价体系，与政府相关政策和资金扶持挂钩。

3. 创新商业模式，发展社区废旧物资回收网络

创新商业模式，鼓励采用"O2O"等新模式进行资源回收利用。在城市社区、农村居民居住集中区铺设分类资源回收站点和大件废弃物集中回收点，设立资源回收宣传栏，组织专业公司和志愿者开展线上下单、线下上门服务的试点工作，提高居民电气废弃物、大件废弃物以及装修垃圾回收处置的便捷性。

二　垃圾资源化处理技术

提高生活、餐厨、建筑垃圾清运、处理和资源化利用能力是当前全省环境和能源双重制约的重要途径。目前全省市政生活垃圾清运量超过 800 万吨，虽然市政生活垃圾无害化处理率已经达到 99% 以上，但全省城镇生活垃圾无害化处理设施符合住建部无害化等级评定标准的比例偏低，而且近年来市政生活垃圾清运量年增长率为 8% ~ 10%，垃圾处理设施运行压力大增。全省规划建设的垃圾焚烧发电项目，受限于选址难、建设周期长等因素，部分项目未落地，目前投入运行的也有部分未达到规划预期。餐厨垃圾处理项目中，各市州向省政府递交了餐厨垃圾处理项目责任状，但投入运行状态较好的不多。建筑垃圾处理基本以填埋为主，处理技术仍有待研发。

（一）市场潜力

按照全省常住人口 7300 万左右，城镇化率约 56% 估算，每年会产生城乡垃圾约 2100 万吨，若垃圾清运处理系统覆盖城乡居民的 70%，则需要新增生活垃圾清运能力 666 万吨。按人口估算，城镇餐厨垃圾每年产生量约 667 万吨，可建设配套有机肥、饲料工厂，市场潜力巨大。

（二）投资估算

按照垃圾清运处理系统覆盖城乡居民的 70%，需新增生活垃圾收集运输费用每年约 7.3 亿元，新增生活垃圾焚烧填埋等处理费用每年约 3.3 亿元。若城镇餐厨垃圾达到 40% 处理利用能力，则需投入餐厨垃圾收运阶段费用每年约 2 亿元，处理阶段费用（按生产有机肥、精致肥料、饲料等主要渠道平均）每年约 7.7 亿元。

（三）技术重点

建议重点推广餐厨垃圾生物处理技术、生活垃圾生物反应器卫生填埋技术、水泥窑协同处理垃圾污泥技术、污泥深度脱水技术、焚烧能源化利用技术、裂解资源化技术、机械分选生物处理技术、垃圾焚烧设施炉排及其传动系统、循环流化床预处理工艺技术、蓝色焚烧技术、焚烧烟气净化技术和垃圾渗滤液处理技术、垃圾衍生燃料（RDF）制备技术、生物质发酵处理技术。

（四）规划目标

下一阶段，垃圾清运、处理系统覆盖全省城乡居民的 70%；全省城镇餐厨垃圾收运处理利用率达到 40%，新增餐厨垃圾处理规模 5600 吨／日。

专栏 5－7　垃圾资源化处理技术推广典型案例

湖北水泥窑协同处置生活垃圾和固态废弃物

为解决日益紧迫的"垃圾围城"问题，利用企业生产过程（工业窑炉等生产设施）协同资源化处理废弃物，如水泥窑协同处理生活垃圾技术相对成熟、市场潜力巨大，需尽快全面推广铺开。国家发改委、工信部等相关部委先后下发了《关于促进生产过程协同资源化处理城市及产业废弃物工作的意见》《关于开展水泥窑协同处置生活垃圾试点工作的通知》等文件，开展了相关试点工作。

湖北省利用水泥窑协同处置生活垃圾和固态废弃物主要依托华新水泥开展，《湖北省人民政府关于加强全省城乡生活垃圾处理工作的意见》指出，不具备焚烧发电条件的城市，应选择卫生填埋、水泥窑协同处置等技术工艺。2011年国内第一个无害化垃圾焚烧示范项目在武穴投入运行，并实现了生活垃圾无害化处理与新型干法水泥系统相结合，由各村统一收集生活垃圾、镇转运，全部供应至华新水泥统一处理（目前已覆盖邻县），创造了城乡生活垃圾一体化处理的"武穴模式"。目前该技术在武汉、襄阳、咸宁、十堰等多市都进行了推广，并且已经走向湖南、河南、重庆等省份。作为较早在全国开展水泥窑协同处置垃圾的"武穴模式"，其主要推广经验如下。

（1）多元化宣传引导。湖北省在技术推广初期，在武穴市组织了水泥窑协同处理生活垃圾的现场技术推广会。现场推广会不仅宣传了企业的先进技术，也拉近了企业与政府间的距离，提供了企业向政府表达政策诉求的良好渠道。并且，武穴市在电视开辟专栏，在各大网站、媒体开办版块，在各镇（办事处）设立宣传点，广泛发动群众参与，使推进城乡垃圾一体化处理成为人民关注的热点话题，建立了长效的舆论宣传保障机制。

（2）建立经费捆绑和保障机制。武穴市在引进华新垃圾无害化处理项目的同时，建立形成资金投入和运行保障机制，将垃圾收运系统中央预算内投资、中央环保农村连片环境整治专项投资、武汉市城市圈两型社会专项投资、市政府投入、社会捐款、镇村聚资、华新环保企业投资打包整合使用。一是实行"以奖代补"，对成效突出的镇（办事处）予以奖励，将各镇（办事处）收取的城市配套费的50%予以返还，用于环境整治；各中转站转运垃圾到处理厂的全部费用，由市财政全额负担；对实行垃圾集中清运的村每年奖补1万元；对日常运行较好的村奖励40%运行经费。二是在一事一议、群众自愿的基础上广泛开展镇村筹资，村民需要承担40%的运行经费，然后由城市配套费再进行一定比例补贴，通过利益相关机制，从而使村民也关注到处理系统的运行。

（3）健全组织保障和长效考核。武穴将城乡生活垃圾处理列入年度全市重点建设项目，成立由市长为组长、部门和镇处一把手为成员的领导小组和工作专班，明确市城乡环卫局行使全市城乡环卫作业统一指导和监督考核职权。制定《武穴市推进城乡生活垃圾一体化处理考核办法》，将城乡生活垃圾一体化处理工作列入镇处年度目标考核，与经济工作同考核、同奖惩，考核结果实行电视排名，对排名前三位镇处给予奖励，对排名后三名实行市长约谈，激励镇处干部工作推进积极性。镇处成立考评小组，每周对各村组检查一次，检查与考评结果与村级考核和保洁员工资挂钩。

但是，在积累了推广经验的同时，目前水泥窑协同处置垃圾仍存在许多困难，华新水泥提出鼓励政策相对笼统，价格政策空白，水泥窑协同处置垃圾的补贴远低于垃圾焚烧处置。同时，水泥窑处置的产品质量标准以及污染物排放标准也有待进一步明晰。

专栏 5 - 8　垃圾资源化处理技术推广典型案例

餐厨废弃物资源化利用的"苏州模式"

苏州是国家餐厨废弃物资源化利用和无害化处理试点的第一批试点城市（共计 33 个）。早在 2010 年初，苏州市就出台了《苏州市餐厨垃圾管理办法》，在成为试点城市后，餐厨垃圾收运和资源化利用体系日益健全，2014 年国家发展改革委、住房城乡建设部在江苏省苏州市联合召开的"全国餐厨废弃物资源化利用和无害化处理现场会"上将"苏州模式"向全国推广，可供借鉴的经验如下。

（1）打造了餐厨废弃物"收集—运输—处置"一体化市场运行模式。全市的餐厨垃圾处理由一家企业完成，便于政府进行监督协调，也提高了企业规模化运作的效率。洁净环境科技有限公司承担了苏州市收集、运输、处置餐厨垃圾全部业务，政府只需负责对企业执行好监管，同时也避免了由环卫部门或者非处理企业负责，就有可能出现装载量不足，或往垃圾里注水增重多收钱的现象。

（2）严格监管 + 分步推进，倒逼企业参与正规回收。由于餐饮废弃物直接关系到餐饮企业的既得利益，化解餐饮业的抵触情绪在推广餐厨废弃物正规化回收利用中显得尤为重要。一方面，苏州市公安、城管、卫生等部门对非法收运进行集中整治，并且不断收编非正规企业和人员，使企业无法利用非法渠道处理餐厨废弃物；另一方面，企业往常卖出泔水还有一定收益，而一些城市在试点初期还要向企业收取一部分处理费用，导致企业从经济利益出发对试点产生抵触情绪。苏州在进行餐厨垃圾资源化体系建设时，采用了分步推进方式，一边免去餐饮业的相关垃圾处置费，一边积极宣传，若企业不把餐厨垃圾按规定交由专业公司处理，政府可以进行处罚，使企业逐步产生正规处置的意愿。

（3）不断实施核心技术和配套技术创新。处理工艺上，苏州采用了"湿热水解＋高中温厌氧发酵"工艺，并开展了固性物养殖蝇蛆探索。监管技术上，苏州采用了互联网、物联网技术与遥感技术相结合，可对餐厨废弃物回收的全过程进行动态监控，并保留了电子台账，杜绝了员工私自出售泔脚、地沟油，相关数据被政府监管部门实时共享。

（五）推广举措

1. 明确技术推广中的部门分工

建立垃圾资源化处置和管理市、县（市、区）长负责制和主要领导责任制。发改委会同有关部门统筹安排垃圾收运、处置设施的布局、规模和用地。经信委会同有关部门制定综合性政策和试点工作方案。财政部门研究制定支持垃圾资源化处理的财税政策。物价部门完善垃圾收运处理价格政策。科技部门推动垃圾资源化利用先进技术研发和引进。住房城乡建设部门加强生活垃圾无害化处理设施监管。环保部门加强对餐厨废弃物收运许可监管和集中处理设施监管。公安部门加强对餐厨废弃物非法回收的打击。食品安全监管部门监督餐饮企业落实餐厨废弃物管理规定。

2. 建立"企业全链条负责＋部门监管"机制

按照"武穴模式"和"苏州模式"经验，对市、县行政区域可委托 1～2 家技术成熟的龙头企业分别实施生活垃圾和餐厨垃圾资源化利用，提高资源化利用的企业规模效益，同时降低政府监管难度。同时，应完善产品质量控制、污染物排放等相关标准，提高准入门槛，建立 GPS 和处置场所监控等全程追踪体系，确保不产生二次污染。

3. 建立多元化经费筹措和奖补机制

对涉及垃圾资源化处理的相关资金尽量打包使用。调整现行补贴机制，参照垃圾焚烧发电补贴建立水泥窑协同处理垃圾的补贴机制，同时使垃圾处理费用补贴不低于垃圾焚烧；对使用餐厨垃圾资源化处理的餐饮企业，免除其处理费用。建立奖励机制，强化对乡镇、农村生活垃圾统一收运的支持，利用城市配套费按比例返还对生活垃圾收运成效突出的乡镇予以奖励，对成效突出的村给予年度奖励和垃圾收运运行经费补贴。对于积极支持餐饮垃圾资源化处理的餐饮业主给予年度奖励。

4. 充分开发利用各类宣传渠道

由于生活垃圾治理项目可能对周边群众造成影响，餐厨垃圾资源化项目对餐饮企业利益造成影响，必须通过扩大宣传、引导社会舆论的方式，取得群众和企业的理解，保障技术推广的长效性。应积极采用技术推广现场会、博览会、平面媒体和新媒体做好技术宣传工作，发动群众参与垃圾回收利用。

第三节　低碳发展领域技术推广的重点领域、典型案例与推广机制[①]

一　节能与新能源发电技术

湖南省缺电少煤、无油无气，近年来一次能源自给率不断降低，2018 年仅为 22.03%，能源保障压力凸显。节能技术方面，锅窑炉改造、路灯、电梯等很多领域都有改造空间，全省在用工业锅炉 10000 余台，年耗能 1000 多万吨标煤；市政路灯约 300 万盏；在用电梯约 8 万台。新能源开发方面，湖南传统化石能源资源相对贫乏，但生物质能、页岩气资源较为丰富，生物质能、太阳能、风能开发将是未来新能源发电技术的主要推广领域，而核能、页岩气则是远景开发对象。

（一）市场潜力

湖南省工业锅炉存在年 150 万吨标煤节能改造潜力；路灯

[①] 本部分政策建议部分参考了笔者 2016 年 6 月发表于《中国社会科学报》的第一作者论文《创新中国低碳技术的推广机制》。

若全部改造为 LED 灯，年节电超过 20 亿千瓦时；电梯若采用能量回馈技术进行改造，年节电超过 3 亿千瓦时，相当于 10 余万吨标煤发电量。全省页岩气探明储量约 9.2 万亿立方米，可采资源量达到 1.5 万亿~2 万亿立方米，勘探产值超过 1000 亿元，可带动上下游产业链 5000 亿元。全省农林生物质总量超过 10 亿吨，推广生物质发电，可规划装机 1800MW，生产成型燃料 7000 万吨，产值超过 840 亿元。太阳能光伏屋顶发电技术、家庭电站的推行还有较大的开发空间。

（二）投资估算

若对全部中小型锅炉实施节能改造，总投资约 22 亿元，实现年节能量 108 万吨标煤。若市政路灯的 80% 改装 LED 灯，总投资约 41.6 亿元，年节电约 19.3 亿千瓦时。若电梯的 50% 实施能源回馈技术改造，预计拉动投资 11 亿元，年节电 1.7 亿千瓦时。若新建 50 万千瓦生物质发电厂，带动投资约 50 亿元，年节约 133 万吨标煤。风电重点开发湘南地区、洞庭湖区域，预计投资 600 亿元，新增装机规模 600 万千瓦。光伏发电重点发展分布式光伏、渔光互补、农光互补等地面光伏电站，预计投资约 100 亿元，新增装机规模 100 万千瓦，年发电 8 亿度，节约标煤 33 万吨。

（三）技术重点

建议重点推广高效蓄热式燃烧技术、低温余热发电技术、高泵热泵技术、输配电系统优化技术等节能技术，太阳能热利用、光伏发电（光伏屋顶）以及热发电技术，风力发电技术及风电场配套技术，生物质发电关键技术及发电原料预处理技术，高温地热能发电和地热能综合利用技术，核能及氢能技术，新型动力电池（组）、高性能电池（组）、燃料电池、热电转换技术等新能源发电技术。

（四）推广目标

下一阶段，工业中小型锅炉基本完成节能改造，形成年节能量超过 100 万吨标煤，市政路灯的 80% 改装 LED 灯，电梯的 50% 实施能源回馈技术改造。新增新能源发电装机规模超过 700 万千瓦，其中，风电 600 万千瓦，光伏发电 100 万千瓦，生物质发电新增装机规模 50 万千瓦，发电规模占比达到 15% 左右。

专栏 5-9　节能与新能源发电技术推广典型案例

广东省 LED 照明产品推广

LED 产业是广东发展战略性新兴产业的三大突破口之一。近年来，广东在 LED 照明产业发展和产品推广中全国领先。2012 年出台的《广东省推广使用 LED 照明产品实施方案》对 LED 的推广应用进行了具体安排，要求新建工程一律采用 LED 照明产品，即有工程 3 年内完成分批改造，并以此带动非公共领域推广，同时开展乡村地区示范项目，以促进"以城带乡"进行推广。

在具体的方案落实中，较有特色的举措和可供借鉴之处有以下几方面。

（1）通过制定产品技术标准配合采购目录克服市场无序竞争。为解决 LED 产品技术标准缺失、产品参差不齐的问题，广东在全国首创"LED 产品评价标杆体系"，同时严控产品质量，列入全省推广应用工程产品目录的产品必须在评级体系中达到 C 级以上等次。目录中对已经规模化应用的产品开展定期统一检测，得到代表性产品标杆，再对其他产品评价分级。

（2）大力推广合同能源管理（EMC）商业模式。方案中要求各地公共照明主管部门通过招标确定节能服务、监理、审计和评估机构。合同能源管理对涉及节能的所有环节利益链进行捆绑，减轻了财政压力，使项目工程的责任主体更加明确。

（3）合理测算运营费用和设计财税激励政策。方案通过以随电费征收的城市公用事业附加来支付 LED 路灯改造所需费用，从而实现节电效益回收。同时，对采用节能照明产品和节能服务的单位进行财税激励，如政府机关、事业单位采用合同能源管理所减少的能源费用并不从预算中扣减。对采用合同能源管理实施的 LED 改造项目，给予财政奖励、所得税"三免三减半"优惠等。

（4）政府部门的联合推动机制。方案中要求各级地市政府把 LED 照明产品推广列入节能减排考核，考核由科技主管部门具体实施，并对结果开展年度通报。发改部门将 LED 照明产品作为政府财政投资项目审批的前置条件。电网企业按照 LED 照明标准制定最低能效要求，对申请用电（扩容）单位不能达到最低标准的，不予批准。

专栏 5 – 10　节能与新能源发电技术推广典型案例

安徽光伏技术推广

2015 年，安徽省光伏电池组件产能约 400 万千瓦，2014 年逆变器出货量居全国首位，光伏发电应用居全国第三，全省发电装机量超过 50 万千瓦，安徽推广光伏发电中可供借鉴之处有以下几方面。

（1）全国首创"公开招标 + 履约保函"分配光伏发电建设规模。为克服光伏发电建设规模配置"平均主义"弊端，公开公正公平配置国家下达安徽省的光伏发电建设规模，2015 年安徽省能源局启动光伏电站建设规模配置 PPP 项目，选择社会资本，以合约方式委托安徽省招标集团股份有限公司作为代理人，对全省 2015 年 60 万千瓦光伏发电建设规模进行公开招标，鼓励社会资本通过竞争性方式获得建设规模配置指标，从而筛选出经济和技术实力强的企业，并形成有约束力的合同。此外，根据《安徽省能源局关于加快分布式光伏发电项目建设等问题的通知》（皖能源新能〔2014〕173 号）及《安徽省能源局关于进一步加强光伏电站项目开发管理的通知》（皖能源新能〔2015〕26 号）等相关文件对光伏指标采取先建先得模式。

（2）"初始补贴 + 度电补贴"组合模式。2013 年，合肥在全国首个出台光伏"度电"补贴（2013 年《关于加快光伏推广应用促进光伏产业发展的意见》）。新建光伏项目且全部使用本市生产组件和逆变器的，对屋顶、光电建筑一体化等光伏电站等情况给予度电补贴，对家庭投资光伏发电项目、企事业单位建设光伏停车场等情况给予一次性补贴。整体上说，合肥对光伏项目的补贴，有度电补贴的形式，但更多的是以初始投资补贴为主，度电补贴力度（0.25 元）超过了山东（0.2 元）和江苏（0.15 元）的水平，同时在现有的投资水平下，初始投资的补贴力度较大，对业主解决融资问题提供了较大帮助。

（3）光伏扶贫模式。2013 年，合肥在全国首创光伏扶贫下乡工程，安排了光伏扶贫专项资金，支持 100 个贫困户建设家庭光伏项目，后期运行维护费用纳入各县（市）财政预算，2014 年又推动了第二批光伏下乡扶贫工程，涉及 200 户贫困家庭。2015 年，下发《安徽省人民政府办公厅关于实施光伏扶贫的指导意见》，建立工作领导小组，牵头领导全省各部门对光伏扶贫项目进行指导、协调、检查和考核，对扶贫光伏项目的资源通过省级补助、市县投入加之贫困户自筹的方式解决。同时，引导光伏企业积极参与光伏扶贫工程，在分配光伏发电建设规模评分标准中设置了企业捐赠光伏扶贫资金设备分值项，中标单位向试点县捐赠光伏扶贫资金设备。光伏扶贫业已成为资产收益扶持制度的重要落实方式，可以变"输血式"帮扶为"造血式"帮扶，通过利用屋顶、荒地等闲置资源，可扶持无劳动力、无稳定收入的贫困户获得光伏发电的稳定收益。

（五）推广举措

1. 确定技术推广的牵头部门和部门协作制度

对主要技术推广确定联席会议制度，工业锅炉、节能电机等推广由经信委牵头实施，LED 灯推广由科技厅牵头实施，发改委负责将相应的节能和新能源具体技术应用作为财政投资建设项目审批立项前置条件，电网公司等设立推广产品的最低能效标准。

2. 参考广东省经验，建立产品评价标杆体系

充分发挥全省骨干企业的作用，建立年度动态变化的产品评价标杆体系，并与两型产品采购目录相结合。

3. 建立财税优惠、政策补贴和约束结合的制度

对光伏、生物质、风力发电等仍存在技术瓶颈、研发投入大的领域，促进产业链条不同企业建立技术联盟。对新能源开发选择采用"初始补贴＋度电补贴"模式。将过去对光伏发电投产项目发电量（含自发自用电量和上网电量）省内度电补贴的政策移植至其他新能源领域。锅窑炉节能、高效电机改造等的投入较大，以工业领域为主，兼顾公共建筑领域，加强地方配套补贴、强化源头准入执法监管，要求企业制订淘汰计划，将选用节能锅窑炉、高效电机作为项目建设基本要求，选用情况作为节能评估、审查、验收的必要内容，企业将新投资项目采用的节能锅窑炉、高效电机总量上报主管部门。对 LED 路灯等涉及公用事业领域的改造项目，应支持从城市公共事业附加费中安排解决改造资金。对 EMC 实施的 LED 改造项目实行所得税"三免三减半"、营业税、增值税免征等优惠政策。开展以旧换新、再制造等补贴活动。对购买、更换节能锅窑炉、高效电机、再制造高效电机的项目，给予一定地方补贴，以旧换新补贴资金（如 20 元/千瓦）由政府确定的回收主体先行兑付给用户，再制造补贴（如 45 元/千瓦）由生产企业先行垫付给用户。对节能技改、合同能源管理按照节约的标煤数量给予 300~500 元/吨标煤补贴。对节能环保设备退税，实施设备投资额的 10% 抵扣税（参考上海）。对仍使用老旧电机的企业实施电费惩罚政策。

4. 建立服务机构和推广市场化机制

建立节能技术推广服务平台，主要提供国家和省市政策宣传和咨询、企业技术咨询和服务、节能诊断和节能改造方案、以旧换新和再制造解决方案、产销对接服务等。开展合同能源管理，除企业外，对公共服务领域可以确定由相关主管部门作为业主单位，通过招标方式引进节能服务机构。

5. 积极探索与扶贫结合的光伏、风电项目

按照探索对贫困人口实行资产收益扶持制度的相关精神，在武陵山、罗霄山连片特困地区实施光伏扶贫、风电扶贫项目。

二　绿色交通技术

绿色交通技术推广的重点在道路绿色化改造和节能、清洁化和新能源汽车技术领域展开。一方面，以骨干道路为主体的

绿色廊道建设有利于联结城乡、河湖、森林各个生态区块，改善道路环境质量和提高景观效果，新的道路养护技术有利于节省建设维护费用；另一方面，节能、清洁化、新能源汽车的推广，将有利于推进交通系统节能减排、提高城市居民生活质量、支持公共交通和减轻交通拥挤状况，有利于促进清洁能源汽车、电动车等相关产业的发展。

（一）市场潜力

湖南在绿色交通方面有一定的技术积累，京港澳复线长湘高速公路被评为科技示范工程，长沙地铁在全国首创绿色地铁，"就地热再生技术"实现废旧沥青路面材料100%回收利用，"十三五"初期与2010年相比，全省公路营运车辆和营运船舶单位运输周转量能耗、碳排放分别降低6%、6.2%和8%、9%。2018年，全省公路里程24.01万公里，其中高速公路超过6700公里，民用车辆780余万辆，公共汽车2.1万辆，出租汽车2.6万辆，若实施道路和车辆绿色化改造，市场前景十分可观。

（二）投资估算

若采用生态护坡技术改造全省现有的一级公路和50%的二级公路，需投资约160亿元，新建高速公路、一级公路、二级公路全部采用生态护坡，需投资约350亿元；若期间长株潭三市完成城区公交车和出租车全部更换清洁化和新能源汽车的任务，而其他城市公交车的60%更换清洁化和新能源汽车，需投资约30亿元。

（三）技术重点

建议重点推广成品温拌沥青及其混合料应用技术、废旧沥青路面材料大比例再生技术、就地热再生养护技术、沥再生养护技术、新能源汽车和燃料技术、电气化交通工具、交通管理技术、交通信息技术、车辆控制技术。

（四）推广目标

至 2020 年，建设 20 条绿色公路示范工程，所有的高速公路、一级公路、75% 的二级公路均采用生态护坡等绿色技术。未来政府机关、事业单位公务车辆以及公共机构新购买车辆中新能源汽车比例超过 30%，长株潭主城区运营的所有公交车和其他城市公交车的 60% 保持和实现清洁化和新能源化。

专栏 5 - 11　绿色交通技术推广经典案例

坚持走平民化路线的合肥新能源汽车推广模式

2013～2014 年，财政部、科技部、工业和信息化部、国家发展改革委先后发布了两批新能源汽车推广应用城市（群）名单，涉及 88 个城市，至 2014 年底合肥以 72% 的完成进度高居各示范城市（群）榜首（2015 年 3 月已超过 95%），其次是浙江省，完成进度为 52%，而武汉和长株潭城市群则分别仅为 4% 和 8%。合肥新能源汽车推广为何能领跑全国，其中有不少经验值得借鉴。

（1）通过"配套补贴 + 融资租赁"走平民化路线。合肥推广的新能源汽车主要为"纯电驱动"，占到车型的绝大比例，调研显示，前期购买新能源汽车的消费者，每天用车不超过 60 公里。因此，电动乘用车功能定位为城市代步车，能够替代部分短途燃油汽车和电动自行车，价格定位走平民化路线，通过地方配套补助配合国家补助能减轻有意愿购买新能源汽车的居民的负担，其中对纯电动乘用车给予更高比例的地方配套补助以影响居民选购导向。同时，合肥创新了整车租赁、定向购买、电池租赁等商业模式，如合肥打造的中国首条纯电动公交车线路就采用了"电池租赁"模式，由于电池购买成本高，采用电池租赁和分期支付，企业只需先支付购买车体费用，大大减轻了企业负担，同时电池维保也更为简便。目前这一模式从公交延伸到企业和旅游观光等领域。此外，合肥对从事相关租赁服务的企业也同步给予奖补，如对运营车辆在 500 辆以上的，自开业运营之日起，给予"两免三减"的奖励和补助。设立电池回收专项基金，按照整车厂每辆 500 元、市财政每辆 200 元的存储，专门用于新能源汽车的回收处理。

（2）通过定向购买打开市场需求。在商业模式上，合肥市初期采用定向购买方式，在局部打开局面，进而带动全市其他行业和消费者积极购买。"定向购买"就是让新能源车企及与之相关的企业首先购买电动汽车，一方面相当于进行了内部测试，可以让新能源汽车在全面面向市场前先查漏补缺；另一方面"定向购买"的新能源汽车"上路"之后，可以给公众更好的直观感受，相当于进行了动态宣传。在"定向购买"

实施一定时期并在市场培育方面取得一定效果后，再向广大普通消费者全面铺开。

（3）通过校企合作充分挖掘技术潜力。合肥本地专注新能源汽车的企业及科研机构较多，产生了江淮、国轩高科等一大批涉及新能源汽车产业链的产业联盟，这是合肥在推广新能源汽车方面的独有优势。合肥建立了新能源汽车产业基金，首期募集近6亿元；建立了合肥市新能源汽车研究院，研制了国内首款全新设计平台纯电动轿车；推动产学研政金融合，组建了合肥市新能源汽车产业技术创新战略联盟，共有50多家高等院校、科研院所和骨干企业参与。

（4）通过其他配套政策加强引导。充电设施配套建设方面，合肥特别重视充电桩建设，对于"定向购买"的新能源汽车，同步配套车位、充电桩；明确将充电设备配额写入城市控制性详规，对新建的大型公共建筑（如办公楼、商场）、住宅小区、社会公共停车场明确要按停车位10%～20%的不同比例规划充电桩。充电服务价格调控方面，2013年起充电服务费价格每度电下降了0.8元；对新能源汽车的牌照费、临时停车费给予减免。新能源汽车推广方面，对全市新增各类公务车辆、公交车、出租车都明确了新能源汽车占比。新能源汽车推广考核及管理方面，将新能源汽车、充电设施等都纳入年度目标考核，对新能源汽车开展分类注册登记。

（五）推广举措

1. 合宜提供补贴和创新商业模式

鉴于新能源汽车补贴中暴露的各种问题，下一阶段应改变补贴方式，减少对车辆的直接补贴，一方面应尽快研究制订未来合宜的补贴方案，细化各类车型补贴标准，同时探索购车补贴向税收优惠过渡；另一方面应考虑将补贴范围从车辆购置转换至充电加气基础设施建设、相应于燃油补贴（电动车无燃油补贴）的补偿、免缴临时停车费等。借鉴合肥推广经验，采用整车租赁、电池租赁和回收、分时租赁、车辆共享等创新商业模式，降低消费者负担。此外，将路面材料循环利用作为节能减排工作的重点，争取省级交通厅出台相应的补助扶持政策，设立地方财政专项资金补助和税费减免的优惠政策。

2. 加强充电加气配套设施建设

将充电加气设施纳入市政建设目标体系，对新建的各类公共建筑、居民小区、停车场都明确充电加气设施配置比例，并建议规划新能源汽车专用停车位。按照安全第一、便捷高效的原则，简化充电加气设施建设立项及项目竣工验收手续。强化充电设施建设，把握新基建机遇，按划拨方式对公交车、出租车充换电站提供用地；支持在现有的停车场、停车位增设充电桩，利用城市机关部门院落、零碎土地等建设充电桩。完善充电设施用电价格和充电服务价格机制，对集中式充电设施用地，可一定时期内暂免收基本电费，可执行工业用电价格；一定时期内充换电服务设置上限价格。

3. 深入实施技术示范和创新工程

统筹科技创新资源，重点扶持南车等骨干企业，打造国家级企业技术中心等高端研发平台，引进和培养一批整车集成，关键部件研发、电子控制，电池材料与科学等领域的高端人才，对进入国家相关推进车型目录的产品，由省财政给予一定的一次性研发奖励。完善地方技术标准、规范、指南，尽快制定省级公路沥青路面、水泥混凝土路面养护和再生技术规范等行业系列标准。

4. 建立强制性推广和运行监管机制

明确各市新增或更新的公务、物流、环卫、机场、公安巡逻、企业通勤、旅游车辆以及出租车中新能源车所占比例（不低于30%～50%）。普及新能源汽车电子标签，对于新能源汽车给予一定的道路通行便利，在限制物流车辆进出的区域对纯电动车在物流配送方面给予一定宽松。对组织员工一次性购买新能源汽车10辆以上的法人单位给予一定财政资金补助，用于配套基础设施建设。明确规定高速公路和普通干线公路路面旧料循环利用率（达到85%～95%）、道路生态护坡采用率。科技厅、经信委等部门研究制定新能源汽车及充电设施数据采集规范，通过大数据手段实时采集新能源汽车和各类充电设施的运行状态、需求规模。制定差异化的新能源汽车交通管理政策，新能源汽车不适用限行、限牌等政策。加强车用动力电池回收管理，健全回收机制。强化对绿色交通技术推广应用的考核，制定考核办法，对成绩突出的城市给予奖励。

三 绿色建筑技术

目前城市建筑中绝大多数既有建筑属高能耗建筑，建筑耗能占全社会耗能的 30% 左右，若加上建材生产、施工等建造能耗，建筑耗能占全社会耗能的比例将超过 50%。发展绿色建筑是加强节能减排、应对全球气候变化的重要举措，有利于推进住宅产业绿色化、壮大产业联盟、改善人居环境、打造两型社会示范亮点。

（一）市场潜力

全省现有改造价值的既有居住建筑和公共建筑分别达 2 亿平方米和 1 亿平方米，而 2010 年以来每年房屋建筑竣工面积均超过 1 亿平方米，2018 年已接近 2 亿平方米；2018 年全省房屋建筑施工面积达到 5.93 亿平方米，竣工面积达到 1.99 亿平方米，其中国有经济和集体经济施工企业建筑竣工面积约 6000 万平方米，无论是新建建筑还是既有建筑改造都存在绿色建筑技术推广的巨大市场空间。

（二）投资估算

按目前全省一、二、三星级绿色建筑比例实施不同水平的改造，若所有具备改造价值的既有居住建筑和公共建筑完成绿色建筑改造，估算需投资 253 亿元，则可实现年节电 30 亿千瓦时，年产值 100 亿元；新建建筑中，若长株潭有 50% 以上的新建建筑达到绿色建筑标准要求，其他城市有 30% 以上的新建建筑达到绿色建筑标准要求，估算需投资 238 亿元。

（三）技术重点

建议重点推广绿色建造、工厂化住宅、建筑围护结构热工节能、低水泥用量堆石混凝土技术、透水地面技术、雨水回用及节水灌溉技术、太阳能热泵分布式中央采暖系统技术、多能源互补的分布式能源技术、基于微结构通孔阵列平板热管的太阳能集热器技术、太阳能热利用与建筑一体化技术、节能灯具及声光控制技术、地热能技术、墙窗保温节能技术、建筑物能源系统管理、优化与控制技术、节能监测技术、节能量检测与节能效果确认技术。

（四）推广目标

下一阶段，全省新增通过绿色建筑评价标识评审的项目200个，全面完成所有公共建筑以及具有改造价值的建筑的绿色化改造，新建建筑为绿色建筑的比例达到30%以上，而长株潭地区该标准提高至50%，以体现先行先试理念。

专栏 5－12　绿色建筑技术推广经典案例
湖南及其他省份产业化住宅推广

"十二五"以来，湖南省积极加强绿色建筑技术的推广力度。2011年发布了《关于印发湖南省绿色建筑评价标识管理办法（试行）的通知》，启动了《湖南省绿色建筑设计导则》编制工作，推动了绿色建筑的星级标识评价。近年来，随着骨干企业的成长，绿色建筑技术积累也逐步成形，示范项目亮点频现，具备技术推广的基础和优势。通过组建住宅产业联盟化初步形成了"联盟＋园区＋项目"全产业链的"湖南模式"，部分集成建筑技术达到国际领先水平。建设了省内第一座三星级绿色建筑——株洲云龙发展中心，在采暖、空调、照明方面的全年总能耗仅相当于普通建筑能耗的70%。

2014年，湖南发布《湖南省人民政府关于推进住宅产业化的指导意见》《湖南省住宅产业化基地管理办法（试行）》《湖南省推进住宅产业化实施细则》，指出在两型试验区加快住宅产业化发展尤为必要和紧迫，2018年湖南发布《湖南省建筑工程绿色施工评价标准》，2019年湖南发布《湖南省绿色建筑工程验收标准》。

湖南住宅产业化起步较早，20世纪90年代末就已开始，目前产业化住宅推广较快的原因主要体现在：一是有骨干企业的支撑，如远大住工、远大可建等领军企业。二是产业技术发展相对完备，"预制装配整体式钢筋混凝土结构体系"制造体系基本完善，打造了完整的标准化设计、工业化生产、装配化施工、规范化管理体系，以及成套部品应用体系、一体化装修体系，组建了绿色建筑、地源热泵建筑、节能技术相关的产学研创新平台。三是已经形成一定的市场规模，相关项目涉及高端住宅、商品房、保障房等不同层次的建筑，具有云龙行政园、长沙旺宁新村等多个国家住宅产业化实施项目等示范项目。四是市场前景较好，由于住宅产业化项目建设成本相对较低、性价比较高，受到消费者的欢迎。

同时，全省住宅产业化快速发展中也存在一些问题，如对住宅产业化的认知有待提高、缺乏技术支持、缺乏统筹全局统一协调的领导决策机制、缺乏必要的优惠政策支持和调控手段、以单项技术发展为主而缺乏标准化和配套化完整的技术体系。借鉴其他省份的相关经验，湖南省在 2014 年底下发了《湖南省推进住宅产业化实施细则》，在财税优惠、容积率优惠、消费者鼓励、招投标支持等方面制定了系列激励政策。

对标北京、上海、沈阳、宁夏、浙江等地的住宅产业化支持政策，目前的支持政策主要集中在财政支持、容积率或面积奖励、土地政策、金融政策等方面，力度较大的包括：财政支持政策上，上海对保障性住房、大型居住社区采用整体装配式结构的，最高对单个项目补贴 1000 万元。容积率或面积奖励上，北京、上海、沈阳最高都对产业化住宅项目给予上限 3% 的建筑面积奖励。土地政策上，宁夏在年度供地计划中专门安排一定的建筑面积用于产业化住宅建设。金融政策上，宁夏对符合 A 级性能的住宅和省地环保要求的，可以延长贷款期限、增加贷款额度；浙江对采购相关大型专用设备的，给予贷款贴息。

（五）推进举措

1. 完善落实标准规范

在修订《湖南省绿色建筑评价标准》的基础上，积极落实《湖南省建筑工程绿色施工评价标准》《湖南省绿色建筑工程验收标准》等技术标准，制定完善绿色建材相关技术、产品的标准规范，落实绿色物业运营管理。

2. 强化绿色建筑评定和监管

目前绿色建筑星级评定的会议评审机制已经很难满足绿色建筑大量发展的需求，既要开展会评评审，也需要增加以审代评工作来加速推行一星级绿色建筑的改造覆盖。参考湘江新区经验，推行绿色建筑全过程闭合式管理思路，在项目土地招拍挂、立项、勘察设计与审批、施工、竣工验收、运营管理阶段的各个环节实现相关政府部门与各阶段操作单位的全过程联动和监管。同时，参考长沙湘江新区、株洲云龙示范区模式，逐步在全省大型公建和保障性住房建设中强制推行绿色建筑标准。

3. 加强政企联合和行业协作

充分发展湖南省绿色建筑专业委员会的作用，依托会员企业的深度协作，实现全省绿色建筑从开发、设计、施工到运营的实践。

4. 依托生态城建设推进绿色建筑发展

参考梅溪湖国际新城、株洲云龙新城和益阳东部新区等绿色建筑示范经验，通过开展绿色生态新城示范建设，推进绿色建筑逐步由单体建筑向生态城和智慧城市发展，以点带面全面铺开。在产业化住宅推广方面，应严格落实参照北京、上海、辽宁、浙江等地经验而制定的《湖南省推进住宅产业化实施细则》，确保细则中各类鼓励政策落到实处。

第四节　促进湖南绿色技术推广的政策建议①

为加快绿色技术推广，确保项目落实、形成实效，在组织协调、财税支持、融资机制、市场培育、技术创新、项目建设等方面完善绿色技术推广的保障体系。

一　加强组织协调

（一）强化组织领导

确定相关职能部门牵头负责全省绿色技术推广工作中的组织协调和督查服务，各市（州）政府作为绿色技术推广实施的责任主体，积极筹建相关专业领导小组，借助两张清单（权力清单、责任清单），提升政府服务水平，确定各职能部门工作任务，制定任务责任分解表，明确工作推进的进度和要求。

（二）完善省市联动、部门联动机制

协调地方政府之间、职能部门之间的利益，搭建区域、部门联席会议等合作平台，特别重视解决绿色技术推广中涉及重大基础设施建设、跨区域环境改善、产业和市场培育的共建共享，实现不同区域、不同产业间合作共赢。

---

① 本节由笔者 2020 年 8 月发表于《学习时报》的独著论文《加快构建适合我国国情的绿色技术推广体系》整理扩展而得。

（三）健全全过程考核评估机制

建立绿色技术推广专家委员会，对绿色技术推广重大决策制定提供咨询评估。建立绿色技术任务进展情况检查和评价机制，完善目标责任、统计监测、动态调整、考核通报等相关机制。完善分类考核和单口径考核，按照长株潭、湘南、湘西、环洞庭湖四大区域发展板块的经济发展水平、自然资源条件、环境质量现状，对不同的市州在绿色发展、循环发展、低碳发展领域的绿色技术推广工作设定不同的考核目标，对存在跨部门等多口径考核的指标，尽量按一口径考核。

二　加强财税支持

（一）加大财政资金支持力度

采用政府引导、市场化运作模式，由省财政每年安排设立省级绿色技术专项引导资金，用于绿色重点领域的重大技术研发、产业化和市场培育，对绿色技术重大产业项目、合同能源/环境管理示范项目、第三方治理示范项目、关键核心技术攻关、公共平台建设等进行重点支持。

（二）落实税收减免优惠政策

在用能、用水、污染排放、土地方面等给予税费优惠政策，用好用足企业研发费用加计扣除、高新技术企业所得税减按15%征收、小型微利企业结构性减税和合同能源管理项目税收"三免一减"等政策。对使用绿色技术的企业资源费征收给予减免。

（三）创新财政资金支持方式

整合各领域节能减排资金，提高资金使用效率，逐步从"补建设""补生产"向"补运营""补应用"转变。完善支持低碳创新的政府采购政策，推动绿色技术及产品的研发和规模化应用，建立支持国产首台（套）重大技术装备、首批次重要技术示范应用的保险补偿机制。

三　拓宽融资渠道

（一）加强信贷支持

积极推进绿色信贷，开发一批面向绿色技术研发、推广的信贷产品和信贷服务，切实扩大相关信贷规模。完善信用担保体系，引导金融机构在低碳清洁产业领域开展企业股权质押贷款，积极扩大担保品范围，将低碳产品及技术特许经营权、合同能源管理合同、环境服务合同权益等纳入项目融资担保品范围。探索低碳企业知识产权和非专利技术等无形资产的质押贷款方式。

（二）扩大直接融资规模

优先对绿色技术相关骨干企业列入省市重点支持的上市企业储备库，在政策服务和资金上给予扶持，增加上市企业数量。鼓励企业利用企业债券、公司债券、应收账款质押、短期融资券和中期票据进行融资。引导创业投资、风险投资机构和基金等支持和绿色产业发展。

（三）鼓励创新融资模式

支持开展节能环保设备融资租赁，对出租方实施按租赁服务增值部分征税，试点推广TPO（第三方所有权）模式。积极引导民间社会资本进入环境公共服务领域，积极且审慎推广PPP模式。加强与亚洲开发银行的合作，引导国际资本、公共资金和私营资本联合投资低碳技术的研发、孵化和推广应用。

四 优化市场环境

（一）深化实施政府两型采购

继续实施强制采购、优先采购制度，积极联系相关企业，经过评选的两型产品优先进入政府采购目录，加大招投标时加分力度，并实施目录动态调整。鼓励绿色技术企业参与省外政府采购招投标，对列入两型产品目录的中标产品按一定标准给予补贴。

（二）建立适宜省情的行业准入门槛

深入实施负面清单管理制度，开展绿色技术重点推广领域的企业和市场调研，在土地修复、汽车尾气、绿色建筑技术推广等方面尽快制定推行标准，提高准入门槛。对乡镇、农村生活污水处理等部门现行处理标准过高的领域，制定适宜省情的阶段性目标，适度降低技术推广门槛。

（三）加强政策宣传和舆论引导

强化政策落实，认真梳理绿色技术推广相关政策，出台实施细则和配套措施，并做好企业政策宣讲的相关工作。积极引导社会舆论，通过平面媒体、新媒体、科普基地、公益性活动、观摩交流会等多种形式，大力宣传绿色技术、产品，倡导公众参与绿色推广工作，使用绿色产品。

（四）优化价格调节机制

落实城乡污水处理费征收管理办法，将污泥处理费用纳入污水处理成本，加强城镇生活垃圾处理费收缴力度。推行水电气阶梯式价格改革，完善峰谷分时电价办法，加大差别电价、水价政策实施力度，严格脱硫电价、脱销电价制度，通过合理价差倒逼形成技术推广的市场。

（五）完善资源环境权益交易市场

推动排污权、碳排放权、用水权、用能权交易市场建设，将目前的排污权市场全面激活，提高交易量，积极融入国家碳排放交易统一市场，探索在长株潭核心区率先试点用能权交易制度。建立碳汇项目储备库，推广碳众筹等项目形式，积极与国内碳市场签署相关合作协议，促进湖南碳汇项目发展。

（六）完善法规标准和强化执法监管

完善绿色产业关键技术地方法规标准，特别是节能减排、清洁生产标准的研制，完善标准实施反馈渠道。通过能效领跑者、环境领跑者制度，树立标杆，提高能效和污染排放标准。在城市矿产、稀贵金属回收、绿色住宅等湖南省优势领域率先推出相关行业标准。强化重点产业节能减排监督管理，对新建、扩建项目实施总量指标等量或减量置换，倒逼新扩建项目提高绿色水平。严格资源环境领域各类法律法规执行，实行省以下环保机构监测监察执法垂直管理制度，严肃查处违法行为。

五　强化创新应用

（一）推进产学研结合和技术联盟

支持国内高校、研究机构与全省园区、企业组建重点实验室、工程技术研发中心、产业技术与创新发展联盟、公共技术创新平台，发展工业互联网，开放平台、标准，推广云设计、协同开发。对新认定的国家级、省级研发平台，如工程研究中心、工程实验室，根据技术对湖南省产业链支撑情况安排不同程度的配套资金。加强国际合作，依托国际大科学计划、大科学工程，加快技术引进和消化吸收再创新。

（二）促进科技成果转化

完善知识产权等技术入股政策，推进股权激励改革、科技成果处置权与收益权改革，完善相关细则，跟踪实施效果，加快科研成果确权工作，解决历史账目不清的遗留问题，推动投资者、技术持有者形成合作共赢的良好局面。对符合条件的省内企业首次自主研发或国产化制造的首台（套）绿色重大成套技术装备，给予奖励。优先安排首创性绿色技术应用试点示范，在政府采购（招投标）等方面给予优先支持。对符合要求的发明专利，在省内实现应用转化的，给予奖励或补助。

（三）加强人才培养和储备

制订实施全省绿色产业人才培养和引进计划。支持省内有实力的高校和职业院校加大绿色技术专业学科建设力度，加强专业人才储备，注重外来引进和本地培养相结合，打造一批既能"上接天线"又能讲好地方话的专业领军人才，对人才来湘创业等给予一定资金补助。按照国家实施创新驱动发展的若干意见，在绿色技术研发和推广领域，率先推行完善相关制度，促进科研人员保留基本待遇到企业开展技术创新或创办企业。开辟留学人才绿色通道，积极吸纳承载关键技术和隐性知识的留学人员。依托全省七大智库，加强社会科学人员对绿色技术推广方面的智力支持，为政府提供一批有见地的决策建议。

六　推进项目建设

（一）突出重大项目开发

开发一批重大专项，依托两型试验、自主创新示范等国家级战略平台，围绕水、气、土治理、能源安全等领域争取国家重大科研专项，组织省内重大科技专项。谋划关系到绿色产业发展和技术推广的具有战略意义的重大项目，统筹各市（州）绿色相关重点项目，统一打包包装，建立重大项目库，并组织安排推介、招商、引智等活动。

（二）落实重大项目建设

通过政府牵头的重大示范项目建设，推进绿色技术企业实现跨越式发展，在交通、环保、城建、能源等基础设施和民生工程领域谋划投资重大项目，实施近零碳排放示范工程，积极争取国家投资。支持绿色技术推广项目优先纳入国家、省级国民经济发展规划和有关专项规划。对绿色重大项目建设成立专班，在规划审批、用地报批、资金安排、金融信贷、税费减免、配套设施等方面予以倾斜，确保项目及早开工、达效。建立项目中期评估机制，及时跟踪项目进展，适时调整目标任务、协调政策措施。

第六章
绿色发展重点领域建设机制创新
——以湖南为例*

　　党的十九大报告明确指出"我国经济已由高速增长阶段转向高质量发展阶段"，湖南自长株潭获批两型社会综合配套改革试验区以来，在构建资源节约和环境保护的体制机制、深化生态文明体制改革、建立两型产业体系、促进城乡协调发展等方面开展了诸多探索，并在不少领域已处于中部地区乃至全国的标杆地位。当前，全国各个地区都在加快进一步深化改革的相关探索，"不进则退，缓进亦退"，如何在深化改革的大潮中继续巩固湖南在已有领先领域的制度优势，加大在重要跟随型领域的改革力度争取跑进全国第一方阵，对深化长株潭两型试验区改革、加快湖南全省生态文明改革步伐有着重大意义。

---

　　* 本章内容根据笔者2018年主持的研究报告《长株潭试验区在全面深化改革中保持领先重点领域研究》修改整理而得，部分内容经简化已刊载于报刊，见后文注释。

第一节　区域绿色发展重点领域梳理及筛选

由于绿色发展涉及社会经济资源环境各层面，领域众多，为挑选出适合湖南重点发展领域，本部分首先将绿色发展领域分为 11 个大的宏观领域层面，然后在每个宏观领域中再按重点项目（中观领域）进行分割，对每一个中观领域按照湖南已有创新和下一步工作方向或对标其他地区发展经验进行梳理。

宏观领域挑选上，主要紧扣我国发达或改革前沿地区、兄弟省份和湖南绿色发展的主要内容展开。重点项目（中观领域）的选择主要基于：一是选择湖南已有一定领先地位或基础条件的中观领域，调研了涉及厅局和各个市州提交的相关资料；二是对标北京、上海等发达城市，武汉、郑州等中部重要城市，海南、雄安等国家改革前沿地区的相关经验，列入部分当前湖南尚基础较弱，但未来可以逐步推动的中观领域；三是通过专家咨询和讨论，列入专家认可的比较重要的中观领域。

笔者整理了绿色发展 11 个宏观领域和 45 项重点项目（中观领域）的进展情况，作为清单以供参考，由于涉及领域和政策众多，详见本书附录。本章对绿色农业、土壤修复、第三方治理和国际绿色合作 4 个中观领域进行了进一步的深入研究，其主要筛选原则是：一方面，将湖南省高质量发展或解决全省面临重大问题的领域列入研究范围；另一方面，对在目前的基础上容易取得突破的领域可进行深入研究。

第二节　绿色农业发展国内外借鉴、
省内基础及机制创新

推进农业绿色发展是农业发展观的一场深刻变革。在全面建成小康社会即将收官、社会主义现代化强国建设大幕开启的当下，安全、品牌农产品消费需求大为增加、消费能力大为提升，但真正能让公众放心的绿色品牌农产品供给不足，或者价格居高不下难以走进寻常百姓家，加快推进绿色农业发展时不我待。

一　国内改革动态

（一）国家改革动向

早在 2001 年，国家就启动了无公害食品行动计划，绿色农业试点由此展开，经过北京、上海、天津和深圳 4 个城市的试点，2002 年在全国范围内全面推进这一计划。2012年，在全国农业标准中制定无公害农产品、绿色农产品和有机农产品的国家标准，并将农产品分为一般农产品、认证农产品和标识管理农产品。同年还出台了《绿色食品标志管理办法》。之后，绿色农产品成为一个"热门词"，绿色农产品供给侧改革正走向深入。2014 年，我国启动了绿色食品检查员注册制度，提高检查员队伍的业务能力。2016 年，农业部印发了《全国绿色食品产业发展规划纲要（2016—2020

年）》《中共中央　国务院关于深入推进农业供给侧结构性改革　加快培育农业农村发展新动能的若干意见》，提出了"质量兴农"的要求，强调要通过转变农业发展导向，实施农业标准化战略、推行绿色生产方式、健全农产品质量和食品安全的监管体制等四大措施推进农业的绿色发展。2017年《关于创新体制机制推进农业绿色发展的意见》中提出了绿色农业发展的总体目标、四方面任务、推进农业绿色发展的体制机制安排、大力倡导开展农业绿色发展的全民行动。2018年，农业农村部出台了系列政策，囊括了绿色农业发展的重点环节。

从国家动向看，我国绿色农业发展的特点有以下几方面。

一是前置环节的绿色化。通过检验检疫体系的建立、绿色标准的完善等引导绿色发展。出台了《农业绿色发展技术导则（2018~2030年）》《农业部关于加快推进农产品质量安全追溯体系建设的意见》等制度；农业农村部公布了第一批粮食生产功能区和重要农产品生产保护区，制定了农业生态环境保护项目资金管理办法，夯实了绿色农业发展的基础。

二是种养环节的绿色化。通过抓好农业种源、促进规模种养、管好农药使用、促进废弃物质资源化利用等提高绿色发展水平。农业农村部《2018年全国农资打假专项治理行动实施方案》提出"种子质量年专项行动"这一主题；《农业农村部　财政部关于开展2018年国家现代农业产业园创建工作的通知》提出产业园的建设目标包括"一控两减三基本"全面推行并取得实效，绿色食品认证比重较高，农业绿色、低碳、循环发展长效机制基本建立等；农业农村部提出以农药产品质量和标签监督抽查为重点，严厉打击非法生产经营禁用农药、假冒伪劣农药、隐性添加农药等行为，确保农药产品质量；农业部和环境保护部出台了《畜禽养殖废弃物资源化利用工作考核办法（试行）》。

三是加工环节的绿色化。建立低碳、低耗、循环、高效的绿色加工体系。《农业部关于实施农产品加工业提升行动的通知》提出把绿色发展作为指导产业可持续发展的主攻方向，引导产业由资源消耗型向环境友好型转变。

四是展销环节的绿色化。通过限制产品展销资格等防治假冒伪劣产品，引导绿色品牌农产品发展，如《农业农村部关于举办第十六届中国国际农产品交易会的通知》提出，参展产品要获得"三品一标"或通过 HACCP、GAP 等国际体系认证，并提出鼓励品牌农产品参展。

（二）地方改革行动

紧跟中央步伐，各地出台了系列改革配套政策，如安徽、福建等地出台《关于创新体制机制推进农业绿色发展的实施意见》等文件。同时，各地还积极推动改革创新，形成了可供借鉴的经验。

一是出台专门的绿色农产品发展行动方案。《贵州省绿色农产品"泉涌"工程工作方案（2017 — 2020 年）》明确重点发展"十大类绿色农产品"，大力实施"八项发展任务"，促进农产品生产规模化、质量标准化、营销网络化、利益股份化。这种改革在精准施策等方面具有创新性。

二是着力完善绿色农产品延伸发展体系。江西省出台了《绿色食品产业延伸链发展规划》《绿色食品产业发展配套政策》等文件，这种围绕产业链的改革并出台专门规划、完善配套政策具有较强的参考价值。

三是健全配套支持政策。黑龙江出台了《关于进一步加快绿色有机食品发展的指导意见》《2018 年绿色、有机食品质量监管专项行动方案》等文件，着力从加强基地环境状况监管、加大投入品监管力度、提高原料基地标准化水平、扩大质量追溯体系建设成果、加强标志使用检查工作、严格执行产品抽检和企业年检制度等方面入手，构筑全程监管体系，具有较强的参考价值。

四是创新跨产业融合发展模式。如福建南平市打造现代绿色农业发展三大模式："农工融合"模式，发展食品加工与流通企业，打造一批生态农业、农业生产加工特色小城镇和区域品牌；"农商融合"模式，将"大数据"和"互联网＋"等先进营销方式向农业渗透融合，培育 O2O 农产品销售电商平台；"农旅结合"模式，在省级以上自然保护区及风景名胜区、森林公园、湿地公园、地质公园等地区，保护性发展生态农业、休闲农业，推动农业与旅游、养生、民俗等产业融合发展。

二　国际经验借鉴

推动绿色农业发展，国外特别是发达国家展开了积极探索，形成了可供借鉴的经验。

（一）欧盟绿色农业发展支持政策

欧盟共同农业政策历史可溯源到 1962 年，2013 年改革提出"绿色发展目标"，2017 年再次提出改革方案。从改革取向来看，欧盟通过明确农民获得补贴需要达到一定的环保标准，在生产时必须遵守环境保护规定，规定直接补贴的 30% 左右与农户环境保护等履约情况相挂钩，鼓励轮种与休耕，以此推动绿色农业生产。此外，部分国家还根据自身的需要制定了相应的政策，如德国农药市场实行严格的经营许可制度和使用管理制度，经销商和使用者必须经过培训考核才能使用农药；法国执行持有认证书的农民才能购买使用农药的监管体系；丹麦推出了绿色增长计划，对替代性生物植保产品开发企业进行财政扶持。

（二）美国绿色农业发展支持政策

美国农业发展政策以深入推进市场化改革为导向，绿色农业发展政策改革也贯穿了这种理念，2008 年的农业法案改革中，农业环境与资源保护政策进一步强化；2014 年出台的农业法案注重推行农业保险，农业环境资源保护同样与保险挂钩，明确已经受到农用化学品侵蚀或者处于重要的水域、湿地、自然保护区附近的土地均要求参加农业保险。

（三）日本绿色农业发展支持政策

日本绿色农产品补贴政策主要包括不断扩大补贴范围、优化补贴方式等。从补贴范围来看，日本建立了包括水土保持、农业文化遗产保护、拓展农业多功能性等在内的支持政策。在此基础上，日本根据本国实际提出了提高农地利用效率、实施农地水环境保护管理和环境友好型农业直接补贴政策来引导绿色农业发展。

三 湖南绿色农业发展的现实基础

截至 2018 年底，全省"三品一标"认证总量约 4000 个，其中无公害农产品 2510 个，约占六成；绿色食品 1476 个，占比接近四成；有机食品 248 个；其余为农产品地理标志登记 70 个。2018 年新增获得认证产品 1500 余个。按照省绿办提出的相关目标，到"十三五"末绿色食品、有机食品在"三品一标"产品中的占比要超过 50%。

（一）构建了"官方机构＋民间团体"的协作发力的绿色农产品管理培育机制

成立了湖南省绿色食品办公室，负责研究制定并组织实施发展无公害农产品、绿色食品、有机农产品和农产品地理标志产业政策和发展规划等工作，为推动绿色农业发展注入新的力量；长沙成立了生态农业产业协会，致力于打造长沙生态农业企业的共享融资平台、商贸平台、电商平台和资讯平台，为传统农业向现代农业的加速转变注入新的活力。

（二）推行"产品认证＋品牌推介"的培育模式

把"三品一标"产品认证列入全省农产品质量安全考核的重要指标，将"三品一标"认证作为企业申报农业产业化龙头企业、产业示范园的必要条件；对全省国家级贫困县实行绿色食品认证检测费全额补贴，促进经济相对落后、生态环境好的地区发展绿色食品；省绿办与中国惠农网合作，开通湖南绿色食品网上商城，省绿办对上线产品实行全程监控，打造绿色食品网上营销的"金字招牌"。

（三）创新源头治理与产业集聚发展管理体系

在全省范围内推进土地重金属污染治理，创新性地推出效果包干等第三方治理模式，从源头推进绿色农产品发展；积极推进"新泰和"蔬菜、"阿香"果茶等 40 个绿色（有机）食品示范基地建设；出台了《湖南省培育扶持 1000 个现代农业产业园实施方案》《湖南省现代特色产业园农业省级示范园认定管理办法》等制度，2017 年，湖南启动实施全省现代农业十大产业集聚区（省级现代农业产业园）创建认定，通过园区建设推动农业品牌化发展，截至 2017 年，全省已创建现代农业综合产业园 100 个，认定现代农业特色产业园 331 个。

（四）引导产业链延伸培育"绿色农业＋"价值提升新路径

培育种养结合绿色农业发展模式，通过"果—沼—猪"等发展模式，有效降低化肥施用率，促进绿色农业发展。积极采用培育壮大"水稻＋"等混合种养模式，通过种植结构的调整实现农业发展的绿色化，如益阳的芦苇加工、稻虾养殖生态农业发展模式。

虽然湖南绿色农业发展取得了成效，但要在全国达到或者保持领先地位，仍然面临诸多挑战。一是绿色农产品总量供给不足，受制于分散化土地管理模式，农业规模化经营不足，生产标准化推广不够，绿色农产品生产经营过程管理控制难度大，真正符合绿色标准且通过认定的产品供给不足，同时也提高了消费者购买绿色农产品时的选购成本和质量风险。二是政府支持有待加强，现行支持政策更多体现在重点领域、重点产品，全覆盖、普惠性的绿色农业支持政策有待优化。如调研发现，部分农产品检验检测费用均需经营主体自身承担，基于绿色发展的事前支持多，绿色农产品认证、通过认定后支持力度还不足。三是绿色农产品产销对接体系依然不够畅通，受制于绿色农产品采摘时限、保鲜存储以及产品信息流动等方面的不足，产品滞销现象屡有发生，葡萄、草莓等水果及黑山羊等养殖品种求助媒体展开义卖活动屡见不鲜，尚未形成产销对接的长效机制。

四　加快推进湖南绿色农业发展的对策建议

湖南这一农业大省在向农业强省迈进的征途中，保持湖南的领先优势，必须采取创新性的举措，突破常规发展模式，全面推进绿色农业发展。

（一）创新优化绿色农业发展宏观战略

习近平总书记强调，推进农业供给侧结构性改革，要把增加绿色优质农产品供给放在突出位置，这为绿色农业发展定下了总基调，即要全面扩大绿色农产品产出。建议从农产品品牌布局上优化全省绿色农产品生产，整合绿色农产品资源、提升整体形象，强化标准引进、设计，培育湘字号农业品牌，通过事后补贴等方式鼓励申报国家地理标志品牌、著名商标，在不同区域形成一批特色拳头品牌，在武陵山、洞庭湖等特色片区打造一批区域性公共品牌。进一步规范农村土地流转，引进绿色农业产业化龙头企业，实现绿色农产品标准化生产、规模化经营。完善绿色农业规模经营财税支持政策，建立针对绿色农业发展土地流转、绿色农产品品牌抵押贷款等领域的金融支持政策；实施绿色农产品生产保障和质量安全保险制度，财政承担部分保费，形成绿色农产品发展的保险保障监督机制；创新完善环境友好型农业生产补贴制度。

（二）健全完善绿色农产品供给支撑机制

强化对化肥、农药等农资产品的监管，有效控制农药化肥使用。加强绿色农产品检验检疫服务，建立检测平台和数据跟踪系统，健全绿色农产品质量安全可追溯制度。积极实施科技服务能力提升行动，建立土地地力提升、产品改良、病虫害防治等方面的技术引进、推广应用管理体系。培育一批专业素养高的绿色农产品方面的技术人才和新型职业农民，培育一批绿色农产品第三方服务机构，健全绿色农产品技术服务体系。加强绿色农产品标准推广，打造一批绿色农产品示范基地，积极推动绿色农产品发展示范县、示范乡镇、示范村建设。

（三）积极推进绿色农产品街区（商贸城）建设

解决绿色农产品特别是特色绿色农产品分散供应管理不便、消费者品鉴购买不便等问题，积极引导各市州、县（县级市）特色农产品街区、特色农产品商贸城建设，将区域内部特色绿色农产品集中进行展示、交易，形成一年四季均有特色绿色农产品出售的销售平台。加强平台管理，严格限制非绿色特色农产品进驻，解决消费者的后顾之忧。

（四）大力提升绿色农产品仓储物流服务能力

积极引导冷链物流建设行动，根据绿色农业发展需要，积极优化冷链物流布局，建设一批冷链物流基地、园区，提升农产品保鲜存储能力。推动高标准电商产业园建设，加快物流快递服务中心、乡镇服务站、行政村服务点建设，实现农业电商物流网络全覆盖，推动电商企业与绿色农产品生产经营企业合作发展。

（五）有序开展绿色农产品信息化平台建设

推动网络销售平台建设，以湖南绿色食品网为基础，积极推动网络—手机 App—微信等绿色农产品展示—交易平台建设，促进三大平台信息互联互通。完善湖南农产品信息库并建立信息发布机制，通过大数据等手段，全面采集农产品品种、数量、价格、销量、溯源、食品安全等品牌产品信息，建立权威信息发布渠道；加强农产品宣传推介管理，严厉打击各类违规宣传、虚假宣传，维护湖南绿色品牌农业形象。

第三节　土壤污染修复国内外借鉴、
省内基础及机制创新

湖南省历史遗留的土壤重金属污染问题严重，土壤环境保护工作面临诸多挑战。近年来，湖南省认真落实《土壤污染防治行动计划》，聚力土壤污染防治持久战，工作成效初显，但仍需要以体制机制改革为突破口，有目标地实施土壤污染防治计划，全面推进湖南省生态文明建设。

一　国内改革动态

近年来，随着国家环境治理力度的不断加大，土壤环境保护日益受到国家层面的重视，2006 年的"全国土壤污染状况调查专项"初步查明了全国土壤环境的总体质量情况。"十二五"时期，环保部将"土壤污染防治"列为环境科技规划的重点领域之一。2014 年，湖南"长株潭"试点作为农业部和财政部两部委批复的唯一的国家级重金属污染治理试点启动。进入"十三五"时期，国家印发了《土壤污染防治行动计划》（"土十条"）等文件，2019 年起开始实施《土壤污染防治法》，地方省市也加快了对土壤污染防治的探索。

（一）国家改革动向

国家在土壤污染修复方面的主要做法可归纳为以下几方面。

一是深入开展了土壤污染调查、摸清基数。2005 年以来（"十五"末），我国就开展了土壤污染状况调查工作，2014 年《全国土壤污染状况调查公报》发布，同年《全国耕地质量等级情况公告》《全国耕地质量等别调查与评定主要数据成果的公告》相继公布，全国土壤环境的总体情况以及耕地质量情况的基础数据基本摸清。

二是加强污染场地防治技术指导。2014 年，国家发布一系列技术导则，出台了《场地环境调查技术导则》《污染场地土壤修复技术导则》等一系列文件，并组织修订《土壤环境质量标准》。而 2015 年国务院办公厅印发《关于推行环境污染第三方治理的意见》，指出环境污染治理应推进第三方参与防治，加快推进环保服务业的专业化及产业化发展步伐，使以往由政府以及企业进行土壤治理转变为向环保企业购买治理服务，为土壤修复行业的发展提供良好契机。同年，中国环保产业协会推出《污染场地修复技术筛选指南》，但是内容上还尚显粗糙，缺乏详细、完善且具有针对性的技术体系。2016 年国务院印发的《土壤污染防治行动计划》（"土十条"），对土壤污染治理作出了全方位和系统性的规划及安排部署，展现了广阔的修复市场前景。

三是推动土壤污染防治法治建设。2013 年，《土壤污染防治法》被列入第十二届全国人大常委会立法规划并被确立为一类项目。2017 年 12 月 22 日，十二届全国人大常委会第三十一次会议第二次审议了《土壤污染防治法（草案）》。

《土壤污染防治法（草案）》较好地体现了问题意识，具有较强的可操作性。2018 年 8 月，《土壤污染防治法》通过，于 2019 年 1 月 1 日起施行。此外，《清洁生产促进法》《环境影响评价法》《农产品质量安全法》等一系列现行的法律法规和规章制度也对土壤环境的污染防治和改善工作起到了非常积极的作用。

（二）地方改革行动

一是组织实施土壤修复工程。影响较大的修复工程，如广西环江砷污染农田土壤修复治理工程，推动了大规模产业化应用农田土壤修复技术；江西贵冶镉铜污染农田土壤修复治理工程，是当时一次性修复面积最大的示范工程。

二是开展土壤污染防治地方性立法。国内首个涉土壤污染防治的地方政府规章是 2015 年 9 月福建省印发的《福建省土壤污染防治办法》，而首个土壤污染防治的专门地方性法规是 2016 年湖北省印发的《湖北省土壤污染防治条例》，2016 年湖南省出台的《重金属污染场地土壤修复标准》则是国内首个土壤修复限值地方性标准。

三是构建地方土壤环境质量评价标准体系。上海、北京、广东等发达地区较早开始了地方性标准的研制工作。2005 年，上海较早成立了土壤中心，研究制定了《展览会用地土壤环境质量评价标准》，其后，又陆续颁布了一系列法规及标准规范。2011 年，北京市发布了《场地土壤环境风险评价筛选值（征求意见稿）》。同年，广东省开始了"珠江三角洲经济区土壤环境质量地方标准"的制定研究工作。

四是创新土壤修复融资方式。在浙江、江苏、上海、北京等发达省市部分原有工业聚集区或园区的整体拆迁和土地再开发过程中，土壤修复资金以政府直接出资为主。湖南、广西、云南、河北等资源面临枯竭和能耗污染重的二线城市，高污染行业聚集区搬迁过程中的土地污染问题相对更加突出，土壤修复资金以 PPP 等融资模式为主。

二　国际经验借鉴

国际上，经过数十年的积累，域外国家关于土壤污染防治的措施已不断完善和成熟，为发展中国家提供了可供借鉴的经验。

（一）土壤污染防治立法

美国制定的《超级基金法》是污染场地管理框架中最为全面规范的法律。日本的台账制度是土壤污染调查公示制度中最核心和最具典型性的制度。德国以《联邦土壤保护法》为核心，规定了土壤评估的三个不同层次的标准，形成了专门立法与外围立法相互补足的格局。

（二）开展土壤质量长期监测

立足于"防重于治"的方针，欧洲各国注重对其土壤污染的长时间、多尺度监测。德国专门成立土壤污染调查小组，并设立土壤信息综合数据库系统。法国和荷兰均建立了土壤重金属信息数据库。欧盟于 1997 年、2009 年和 2012 年先后联合多个成员国开展土壤联合调查。

（三）完善污染土地组织管理

英国建立了研究土壤修复技术和信息共享的中央组织，在制定英国污染土地管理规范方面发挥了主要作用。法国引入环境风险评估管理的理念，对每个污染地进行环境风险评估。同时，法国环境部还发布了一些关于风险评估方法的技术导则，给环境风险评估操作者和利益相关者提供指导。

（四）推动土壤信息公开

德国借助信息公开、教育等方式培养民众的环保意识。一是对土壤保护的信息进行公开，不少联邦州均公开其区域内所设土壤长期监测点测得的土壤状况报告。二是开展教育和宣传工作。德国学生从幼儿园开始就会接受含土壤保护内容的环保课堂教育，而在课堂之余，老师也会带学生通过现场考察来培养学生的环保意识。

三　湖南土壤修复领域的现实基础

湖南是"有色金属之乡"，土壤污染防治压力大、任务重。近年来，中央及湖南在污染源控制、修复政策、试点工程、市场引导等方面开展了土壤防治的有益探索，取得了一定成效，但也面临一些困难。

（一）加强了对污染源的控制与监测

一是加强了对日常生活污染的控制与监测。2004 年，湖南省通过了《湖南省 2005—2007 年环境保护三年行动计划》

和《湖南省城镇生活垃圾无害化处理设施建设方案》。二是加强了对工业污染的控制与监测。2011 年，湖南省出台了《关于促进有色金属产业可持续发展的意见》。三是开展了一些地方行动。长沙在全国首创制定《关于加强土壤污染防治工作的意见》，从源头上预防新的重金属污染。株洲在监测的基础上，对全市超标农田进行分区治理。

（二）创新了各类经济杠杆对土壤污染治理资金的保障

一是湖南已发行重金属污染治理债券，主要用于区域综合治理、土壤修复等项目。二是国家在湖南省大力推进"第三方环境服务"，鼓励地方政府引入环境服务公司，开展综合环境服务。三是开展了土壤修复市场化探索，湘潭市推动农户与农业产业化龙头企业合作，组建农业开发公司，以"公司＋农户"的模式开展治理；长沙大王山旅游度假区将废弃矿坑改造成滑雪场等。

（三）探索了土壤修复的技术途径

中科院亚热带农业生态所自 20 世纪 80 年代中期开始，分别在株洲马家河镇、安化 715 矿区、郴州苏仙区等重金属污染典型地区建立了长期研究与示范基地。长沙周边开设的农产品产地土壤镉污染修复示范项目，开发了适用于湖南省镉污染农田的快速土壤修复组合技术。湘潭市雨湖区生物治理土壤重金属污染模式被认为具有很好的推广价值。

（四）出台了土壤修复系列文件

2011 年 3 月，国务院批准《湘江流域重金属污染治理实施方案》，是全国首个由国务院批准的重金属污染治理试点方案。2015 年全国人大环资委将湖南列为土壤污染防治立法试点省份之一，给予了湖南省土壤污染防治立法工作政策上的支持。2016 年 5 月，湖南省环保厅发布《重金属污染场地土壤修复标准》，填补了湖南省在执行重金属污染场地土壤修复时的标准空白。2017 年 1 月，湖南省人民政府制定了《湖南省土壤污染防治工作方案》，明确了湖南省土壤污染防治的工作目标和主要目标。2017 年各市州提交了《土壤污染防治目标责任书》，湖南省在全国率先完成了省市两级土壤污染防治责任状的签订。

虽然全省在土壤修复领域取得了不少成绩，但也面临不少困难。一是资金筹措压力大，亟须拓展治理资金来源。目前土壤治理社会资本参与动力不足，融资渠道难以满足土壤污染持续性治理需要；同时，逐项批复核查与后期管理机制在一定程度上影响了土壤修复资金使用功能和运作效率。二是缺乏成本相对较低的治理技术。目前全省已经研发了一些先进的土壤修复技术，但是由于待治理范围大，更需要推广能符合一定环境质量要求的经济适用型技术，减少修复成本。三是土壤修复产业盈利模式不稳定。三类主要的污染地块类型，包括工业用地、耕地和矿山，其中仅有能够进行商业化开发的城市区域内的工业用地，可以通过土地流转获得收益，而广大的耕地以及山区的矿山用地，都难以通过商业开发获得收益。四是政策支撑待加强。相关文件对治理归责主体的阐释缺乏针对性和可操作性，政府性基金缺乏与之配套的机制规范，行业准入机制的法规缺失。

四 加快推进湖南土壤修复工作的对策建议

结合湖南实际，建议参考美国超级基金运作模式，加快土壤修复技术转化，完善土壤污染防治管理规范，实现污染土壤的高效治理。

（一）完善土壤污染防治管理规范

一是推动重点区域和关键领域产业转型，大幅降低污染负荷。对采选冶炼、化工行业累积污染突出的重点区域，在推进污染治理的同时，强力推进产业结构调整。二是铁腕执法，严格源头管控。严格执行新修订的《环境保护法》及其配套办法，对土壤环境重点监管企业，实施定期检查、信息公布。环保部门发挥主力军、先锋队的作用，细化分解工作职责、定期调度工作进展、严格污染源监管。三是研究制定土壤污染防控和修复技术准则，落实准则实施。认真落实湖南省《重金属污染场地土壤修复标准》，除修复限值标准外，还需要进一步完善质量、检验、评价等标准体系，支撑环境监管工作的开展。四是加强土壤防治的宣传，引导社会力量广泛参与。湖南是水稻大省，重金属污染可能对农业生产和产品销售造成较大影响，要把防治土地污染方面的宣传教育工作做到学校、企业、社区等城乡的各个层面，动员全社会力量参与到土壤污染防治工作中来。

（二）加快土壤修复"适用性"技术研发与转化

一是加大科技研发和创新力度。积极引进国际领先的土壤修复技术，鼓励湖南省高等院校、科研院所投身土壤污染治理技术研发，特别注重修复成本低、普适性好的技术的深入研究，确定相关重大科技专项，推动建设全省土壤环境保护技术创新中心（平台）。鼓励有科研实力和技术能力的单位团体、专家学者参与土壤污染防治研究。二是实施重点工程，加强"适用性"技术的推广。统筹专项资金，通过"以奖代补"等形式，推广适合全省省情的土壤环境保护、土壤污染治理与修复实用技术和装备。三是推动湖南省骨干企业做大做强，打造能"走出去"的土壤污染治理产业。针对技术积累有基础、市场推广有经验的骨干、龙头企业，打造产业联盟、产业集群，加大政策扶持力度，通过以大带小培育一批中小型配套企业。分区建设一批国家级污染农田土壤和工矿企业场地综合治理技术集成产业化示范基地，由点到面，形成可复制、可推广的科技创新与体制创新相结合的经验。

（三）借鉴超级基金模式维持资金稳定投入

一是吸引社会资本进入，支持多主体参与。有效发挥市场作用，通过 PPP（公私合营）模式、RT（垫资修复）模式、ROT（修复—开发—移交）模式、ROO（修复—开发—拥有）模式以及 TRT（受让—修复—转让）模式等，创新修复土地利用模式，因地制宜进行商业、旅游、科研开发，利用财政资金的撬动作用，带动更多外资、民间资本参与土壤污染修复项目。开发绿色金融产品，尝试以相关项目或土地流转预期收益作为融资担保，多方位为土壤污染治理项目筹措资金。二是建立重金属土壤污染修复基金。落实《中华人民共和国土壤污染防治法》中关于建立地方防治基金的要求，将企业环保税、政府相关拨款、污染责任者缴纳费用及其他投资收入等纳入修复基金，确定修复基金的责任主体，追索其所支付的治理费用。加强问责机制流程的建立健全和有效执行，确保修复基金对污染土壤的长期维护计划顺利推进。

第四节　第三方治理国内外借鉴、省内基础及机制创新①

习近平总书记对湖南生态环境保护作出了"推进绿色发展、循环发展、低碳发展，真正把生态系统的一山一水、一草一木保护好""守护好一江碧水"等重要指示。为发挥湖南生态优势，建设生态强省，湖南出台了《中共湖南省委关于坚持生态优先绿色发展深入实施长江经济带发展战略大力推动湖南高质量发展的决议》等文件，政府在生态治理中不断发力，但社会力量尚未全面激活，在第三方治理领域，还没有形成系统的支持性政策体系，建议加快市场主体的培育，形成"政

---

① 本部分由笔者 2020 年 2 月发表于《中国社会科学报》的独著论文《深入推进环境污染第三方治理》整理扩展而得。

府＋市场＋企业＋社会"共治局面，更好地保持湖南生态的领先优势。

一　国内改革动态

（一）国家改革动向

自党的十八届三中全会以来，国家从总体要求、运营模式、市场培育、机制创新等方面明确了第三方治理的基本框架，提出了支持的重点领域，推介了一批经典案例，在国家支持下各地环境污染第三方治理实践不断深入，呈现以下主要特点：一是治理对象由面向污水、垃圾、典型污染物等环境要素治理，转向环境公用基础设施、工业园区及其重点企业等区域性、综合性治理领域。二是运行模式由 PPP、政府购买服务等方式为主，逐步转向鼓励排污者付费并与排污许可证制度相结合的市场化模式。三是对参与治理的环保企业的金融支持形式开拓创新，能效信贷、绿色金融租赁、资源环境产权和治理收益权质押融资等金融产品日益多样化。四是监管执法与前置的规范化契约相匹配，国家发改委公布了规范的合同文本形式，为进一步监管治理效果和明晰各方责任奠定了基础。

（二）地方改革实践

初步统计，除天津、重庆、辽宁、江苏、浙江、山东、湖北、湖南、西藏、宁夏、新疆等 11 个省份外，其他省份均已出台第三方治理实施意见，梳理已有的政策文件，结合各地成功实践，第三方治理改革主要体现在五个方面。

一是改革蓝图：重点明确，目标清晰。主要包括公用设施、环境污染重点行业，在这些重点领域中，工业园区布局的产业、农村污水治理又被摆在更加突出的位置。如山西等地政策明确规定工业园区是重点领域。

二是推进手段：广泛采用 PPP 模式。各地为解决财政资金不足问题，充分利用市场化手段推动环境污染治理，积极引入社会资本，通过 PPP 模式运营推动环境污染治理市场化、专业化、现代化。

三是财政投入：利用政府购买服务或者直接投入。财政资金在环境污染第三方治理前期论证、政府购买服务、第三方治理评价等领域具有无可替代的作用，通过财政资金支持，可以增强社会资本信心，带动第三方治理发展。

四是示范试点：推行第三方治理的重要途径。在推行第三方治理中，各地都积极利用试点来总结经验，防范改革风险。如 2017 年北京市发改委发布的第二批 4 个试点项目，分别分布在餐饮油烟、建筑垃圾资源化处置、土壤污染治理、工业污水治理领域；2018 年公布的第三方治理典型案例（第一批）则重点选择了施工扬尘治理领域的经验。

五是监管执法：推行第三方治理的必要保障。政府监管执法体现在两个方面，包括倒逼企业等主体采纳第三方治理来进行污染防治，通过环保执法，明确哪些企业必须采取更为有效的环保举措来进行污染防治，为推进第三方治理打开市场；通过严格执法，采用明确治理标准、结果抽查、目标考核等方式，倒逼第三方企业保证治理效果。

二　国际经验借鉴

国外第三方机构参与环境污染治理有诸多成功实践，其中美国、日本、德国等国家具有代表性。

（一）美国模式：最早开始推行环境污染第三方治理的实践

美国以"财政扶持＋社会化力量"为特色推动第三方治理的模式，给予第三方治理研究基金、优惠贷款、专项补贴等多种形式的支持政策，而相对活跃的环境公益诉讼和社会化环境监测机制又促进了第三方服务监管体系的完善。

（二）日本模式：享有"环境治理最成功国家之一"美誉的实践

日本以"协会共管＋单位自治"为特色推动第三方治理的模式，充分发挥行业协会在资质审查、招投标和事业基金管理等方面的作用，将协会培育成第三方治理的重要助手，同时引导排污单位自我治理与第三方专业治理相结合。

（三）德国模式：环保高标准催生第三方治理的实践

德国利用环保高标准倒逼第三方治理的模式，采用更为严密的环保法规体系和更为严格的环境标准，促使企业采取包括第三方治理在内的专业化治理方案。

三　湖南推进第三方治理的现实基础

作为两型社会建设试验区，湖南特别是长株潭地区在第三方治理试点中展开积极探索，在农田修复、餐厨垃圾无害化处理、农村生活垃圾分类处理等领域都取得了可复制可推广的经验。

（一）支持政策与管理体系不断完善

围绕生态文明建设，出台了《重金属污染场地土壤修复标准》等环境保护相关标准，出台了《湖南省环境保护工作责任规定（试行）》等环境保护责任界定的纲领性文件，制定了关于湖南省大气污染物和水污染物环境保护税适用税额的决定，这些政策为环境污染第三方治理提供了基础性的制度。在完善制度的基础上，通过政府政策引导与执法监督、环境污染治理第三方专业机构的服务、企业环境污染治理业务的外包，形成了合作共赢的发展机制，第三方治理管理体系日益健全。

（二）应用领域与参与的主体不断拓展

当前，全省第三方治理囊括了环保规划、环境评估、信息中介、调查运营、咨询服务、环境修复、宣传推广、环境监测等多领域。湖南省先后发布多批鼓励实施环境污染第三方治理推介项目清单；湖南省人民政府办公厅下发《关于整合专项资金支持环境治理促进产业发展的通知》，明确选择重金属污染治理、农村环境综合整治、良好生态湖泊水域综合治理、城镇污水垃圾处理、土壤污染治理及矿山地质环境综合治理六类环境治理项目进行试点；湖南省发改委和湖南省环保厅联合印发《关于培育环境治理和生态保护市场主体的实施意见》，明确湖南将推行工业领域环境污染第三方治理。在这种多领域的治理中，不仅政府发布项目，而且企业主体也发布项目，如益阳工业园区中造纸企业就自发委托第三方治理机构负责建设运行脱硝、脱硫设施；不仅本省第三方治理企业参与其中，而且其他有实力的企业也参与其中。

（三）治理技术与合作模式不断创新

全省第三方治理技术实力雄厚，建成了水环境污染监测先进技术与装备国家工程实验室、农田土壤污染防控与修复技术国家工程实验室等国家级技术创新平台，在土壤重金属污染治理与修复领域、镉大米污染治理等领域具有比较优势。同时，创新性地培育了政府购买服务、利益置换、技术换市场等多元化合作模式，"政府+企业+第三方服务机构"等多主体合作模式日益完善，措施承包、效果承包等第三方治理评价方式日益成熟，试点示范带动机制日益健全。

当然，在改革实践中，全省第三方治理改革还面临诸多挑战。一是政策激励机制有待进一步优化。目前，相比已有20余个省份出台了相关政策，全省尚未出台第三方治理实施意见等政策文件，对第三方治理更多以项目的方式推进，相关的配套制度（如《湖南省加快环保产业发展实施细则》）对第三方治理支持细化不够。二是追责问责制度有待健全，采用第三方治理后，一旦出现合同范围内的环境问题，第三方治理企业和委托方的法律责任如何界定尚缺乏明晰的法律文件，《关于推行环境污染第三方治理的意见》中虽对责任认定进行了阐释说明，但不能直接适用于司法领域，且缺乏针对性、可操作性细则规定。第三方治理机构甄选、招投标管理、治理效果评价等有关第三方治理管理体系尚不健全，企业主体利益保障机制不健全，第三方治理企业投入后面临合约履行难甚至解约风险，导致一些企业不敢投入。三是缺乏普遍稳定的市场盈利模式，第三方治理多以项目为载体，集中于因水价中捆绑征收污水处理费而能保障现金流的水治理项目，对土壤、大气治理等资金回收渠道不稳定的领域热情偏低、激励不足。四是第三方治理主体实力不强，整体来看，企业研发能力仍显不足，规模以上企业特别是上市公司不多，处于行业领先地位的企业缺乏。五是一些地方政府连续性支持政策及方式明确性不够，治理企业对其服务方（政府或污染企业）的履约信用也存在疑虑。

四　加快推进第三方治理改革建议

在国家大力推动第三方治理改革的当下，在各地积极行动的竞争中，湖南第三方治理要走在全国前列，应加快出台湖南省第三方治理纲领性文件，构建符合湖南实际的第三方治理政策框架。贯彻国家第三方治理精神、借鉴已经出台文件省份经验，建议从基本原则、重点领域、支持政策等方面制定支持方案，通过培育第三方市场、强化制度支持、创新发展模式，进而激发市场活力，提升第三方治理整体水平。

（一）提升壮大第三方治理市场规模

一是全面拓展第三方治理领域。积极推动环境污染第三方治理向工业园区、农村地区和生活消费领域拓展，鼓励第三方治理企业创新业务模式，在餐厨和生活垃圾处理、农业面源污染、农村环境综合整治、企业能源、水资源和污染物治理等领域创新合作模式，引导第三方治理由单一业务向综合服务拓展，探索实施整体环境绩效合同服务模式，鼓励第三方治理企业提供环境综合服务。二是加快推进强制性第三方治理。对采掘、钢铁、石化等重污染部门，以及不按要求采取治理或恢复措施的企业，由职能部门采用公开竞争方式引进有治理和恢复能力的企业代为治理。三是完善第三方治理经验推介机制。充分利用项目申报、自我推介、媒体发现等方式，及时挖掘、跟踪第三方治理典型案例、可复制经验；利用会议推介、现场观摩、文件推介等方式推广各地先进经验，推动第三方治理由试点示范向全面推广应用转化。

（二）培育发展第三方治理产业、企业

一是引导推动第三方治理企业合作，打造龙头、领军企业。鼓励行业内部企业优化重组，打造大型企业集团或行业联盟；鼓励行业内产学研金政合作，全面提升第三方治理企业市场竞争力。二是延伸发展第三方治理上下游产业链。积极推动环保设备相关产业发展，重点发展脱硫、脱硝、除尘等大气污染治理装备，城镇污水、有机废水、化工废水等水污染治理装备，城市生活垃圾、城市污泥、建筑废弃物等固体废弃物处理装备，废弃电子产品及污泥回收、废旧铅酸电子资源化利用等资源综合利用装备以及环境监测仪器仪表等制造业；积极培育第三方治理中介服务等企业，通过政府购买服务、项目支持等方式，积极培育定价评审、效果评审、技术咨询等一批第三方治理专业化评估机构。三是通过信用管理制度促进第三方治理企业优胜劣汰。积极推动建立第三方治理数据库，完善市场主体管理评价体系，探索"黑名单""红名单"管理制度，建立涉公共服务类项目资格审查制度，完善第三方治理验收、移交制度，健全第三方治理惩处、退出机制。四是丰富第三方治理财税金融支持方式。将环境污染治理服务商纳入信贷政策优先支持对象，鼓励金融机构加大信贷支持力度，开发符合环境污染第三方治理企业需求的绿色金融产品，完善第三方治理权抵押贷款、第三方治理履约保险等业务。

（三）规范创新第三方治理盈利模式

一是规范差异化的第三方企业营收模式，以政府为责任主体的环境公用设施等采取政府购买服务等方式付费；对政府和企业为共同责任主体的工业园区或"小散"企业，可以在协商的基础上建立合同支付模式；对于企业承担主体责任的采用委托治理和委托运营的方式并由企业付费。二是完善第三方治理服务收费标准。根据环境治理的技术难度，明确各类污染物治理的基本收费标准，建立以政府基本定价为基础、按照市场实际情况浮动的费用支付模式。三是逐步形成基于成效考核的治理市场价格体系。优化项目成本分析，健全项目成本估算和治污效果评价标准评估体系，通过完善绩效考核模式，建立基于服务外包目标任务的考核指标，形成基于成本—效果的定价模式。四是建立第三方治理效益共享机制。支持第三方治理企

业参与用能权、排污权等环境权益交易，确保治理企业可获得
合理的经济收益。

（四）健全完善第三方治理责任体系

一方面，建立权责相应的参与主体约束机制。利用征信管
理、行政执法等方式，严厉打击第三方治理中失信行为；同时
积极规范相关政府部门、委托方履约行为，切实维护第三方治
理企业的合法权益；对治理效果与治理目标存在明显差异的项
目，要依法追究相关主体责任。另一方面，要完善责任追究制
度。针对委托方与第三方之间的行政法律责任转移问题，委托
方应严格落实《关于推进环境污染第三方治理的实施意见》，
在环境服务合同中约定排污方主体责任和第三方治理责任的划
分；同时积极推动制定修订国家、地方法律法规，确定委托方
与第三方之间行政法律责任的转移处理方式，促使委托方和第
三方治理企业都能承担相对独立的法律责任。

第五节　国际绿色合作国内外借鉴、省内基础及机制创新[①]

党的十九大报告曾 27 次提及"开放"，凸显了国家层面
扩大对外开放、推动经济全球化的战略目标。湖南拥有承接东

[①]　本部分由笔者 2019 年 1 月发表于《湖南日报》的独著论文《因势利导，
打好绿色发展国际合作牌》整理扩展而得。

西、连通江海的"一带一部"重要区位条件，既具有开放强省的资源禀赋，又担负着两型建设、绿色发展的国家任务，亟须抢抓"一带一路""长江经济带"建设的历史机遇，推动绿色发展国际合作成为湖南省开放崛起的特色抓手和重要支撑。

一 国内相关动态

当前中国国际绿色合作正面临着新的复杂形势。一方面，在多边、双边以及三方合作等层面上取得了新的发展；另一方面，也面临更加复杂的国际政治经济环境，还需要克服各种阻力和不利因素，寻找切实可行的路径。

（一）国家发展动向

一是加强新能源国际合作。2009 年 12 月，在第六届东盟和中国、日本、韩国能源部长会议上，中国政府提出将积极参与和推进在能源安全、节能与能效、能源市场一体化等领域的合作。2010 年，中国设立了中国亚太经合组织合作基金，优先资助新能源方面的科技合作。2014 年，中国与东盟能源中心共同创立清洁能源论坛。2015 年，在联合国发展峰会上，中国提出了构建全球能源互联网、推动绿色电力消费的倡议。

二是搭建绿色发展国际合作平台。2010 年 3 月，环保部启动组建中国—东盟环境保护合作中心，致力于推动和参与南南环境合作。2013 年 9 月，中国—上海合作组织环境保护合作中心成立，致力于落实上海合作组织领导人会议共识，促进区域绿色发展。2017 年 3 月，澜沧江—湄公河环境合作中心成立，优先开展环境政策主流化、环境能力建设等 8 个方面的相关工作。

三是开展区域绿色合作的多领域探索。2009 年，中国和东盟成员国制订了第一期合作战略。2012 年 5 月，李克强与时任欧盟委员会主席巴罗佐签署《中欧城镇化伙伴关系共同宣言》，开启了中欧城镇化绿色发展合作的新篇章。2016 年，国家发布《关于构建绿色金融体系的指导意见》，专门就绿色金融领域国际合作等问题明确了中方的政策立场。近年来，中国和法国、德国、比利时等国家都在积极发展应对气候变化等领域的绿色国际合作。

（二）地方相关行动

一是资源利用合作领域不断拓宽，地方主动融入积极性增强。以跨国水资源利用为例，云南省积极参与东盟—湄公河流域（GMS）的开发合作，获得了亚行、中央政府的认可，推动了"黄金四角"次区域合作、GMS 经济走廊省长论坛，为全省基础设施建设、对外贸易等领域带来了较为明显的收益。城市生态建设合作方面，2012 年，中欧多项城镇化合作项目启动，主要聚焦于绿色可持续发展，如四川省德阳市与德国能源署开展中德生态城市合作项目、浙江省嘉善县与荷兰国家环保和清洁科技委员会开展可持续发展合作创新项目，山东省郓城县与世界未来委员会开展城市绿色发展项目，浙江省海盐县与丹麦丹佛斯中国公司开展绿色能源合作项目，浙江省海盐县与太平洋电力能源公司开展低碳合作项目等。

二是环境治理的合作层次不断提高，多省市的国际影响力持续提升。2010年成立的天津泰达低碳经济促进中心，与200余家使馆、商会协会，全球100余家知名企业密切合作，有效推动了天津开发区工业、建筑等领域的节能和低碳改造，发挥了引领示范作用。2013年升级的生态文明贵阳国际论坛，通过召集官产学媒民各界的决策者参与各种会议与活动，致力于传播生态文明理念，分享知识与经验，提升对形势的洞察，共商解决方案，促进和孵化具体行动和项目，引进先进的治理技术、决策经验和孵化项目，成为几乎覆盖所有相关领域顶级国际组织、100余所大学、近千家企业和新闻媒体的国家级、国际性高端论坛。湖北碳排放权交易中心远期定位为国家级碳交易市场，并与国际碳交易市场对接，打造为国际碳金融中心。

三是地方促进优势产业融入全球价值链的动力不断增强，示范效应明显。新疆建设的面向中亚的生态环保合作基地很具代表性，其利用国家"一带一路"倡议支点的区位优势，在合作基地建立环保产业国际合作服务平台，积极参与国家"丝绸之路经济带"建设，承接国家对外援助项目，发展环保及资源综合利用装备制造业、生态修复及沙漠化治理产业，为推动重点企业绿色转型发展发挥了重要作用，为全国生态环保产业国际合作提供了示范。乌鲁木齐的"中国—中亚生态环保合作基地"以"一带一路"建设为契机，提出打造创新驱动的试验基地和国际生态环保公共科技服务平台，通过环保产业综合展示中心等载体，承担起环保技术交流与合作的先行区功能，推动了区域内各国绿色技术交流、人员培训及示范项目的开展。

四是各地友好城市建设的积极性不断提升，友城交流为各地带来了宝贵资源。国内各大城市均把国际友好城市作为区域对外开展实质性交流与合作的重要桥梁。截至 2018 年 9 月，广州市结成友好城市 35 对，深圳市结成友好城市 22 对，上海市结成友好城市 65 对，北京市结成友好城市 56 对。2015 年在河南举行了国际友好城市经贸合作洽谈会，来自 20 多个国家和地区的 60 多个团组与河南地方政府及企业签约达 160 多亿元；2016 年在重庆举办了中国国际友好城市大会，来自 50 多个国家的约 700 位代表与会，促进了重庆经贸发展与国际影响力提升。

二　国际经验借鉴

2008 年金融危机爆发后，联合国环境规划署发起"绿色经济"和"绿色新政"，2012 年"里约 + 20"峰会全球政治议程中正式纳入了"绿色经济"。

（一）积极推动绿色发展战略

早在 2009 年欧盟就提出了"环保型经济"战略，打造欧盟地区绿色经济体系。2010 年 9 月，哈萨克斯坦提出"绿色桥梁"倡议，共有 15 个国家和 12 个非政府组织签署了《"绿色桥梁"伙伴计划章程》，旨在通过国际合作实现中亚地区绿色经济增长。目前，50 余个国家开始实施国家层面的绿色经济发展战略。

（二）加快国际绿色金融合作

2016 年 G20 领导人杭州峰会公报指出，绿色金融有潜力发挥关键作用，认为未来全球绿色金融合作可以从发展多边开发银行、融资机构，推动跨境绿色债券投资，加强绿色金融国际交流三个方面加速推进，不断提升绿色金融发展和国际合作的能力。

（三）开展第三方市场合作

在国际绿色发展领域，第三方市场合作项目全面铺开。其中，有多边组织推动的第三方市场合作，如联合国贸发会议；有发达国家发起的，如美国—南非、美国—巴西的合作；也有发展中国家发起的，如印度—巴西—南非论坛合作机制等。

三　湖南绿色发展国际合作的现实基础

近年来，湖南一直积极参与绿色发展国际合作，在骨干企业培育、水资源研究利用、主动对接合作项目方面交流力度不断加大，拓宽了湖南走向世界的通道，为湖南打造内陆新高地创造了条件。

一是水资源利用合作国际平台有基础。2011 年，亚欧水资源研究和利用中心在长沙成立，成为亚欧会议（ASEM）框架下，第一家在华设立总部的实质性科技合作机构和落户湖南的第一家国际性组织。中心与亚欧会议成员 10 家中外涉水机构代表签订了合作伙伴关系意向书，致力于共同应对亚欧各国水资源领域的挑战。亚欧水资源研究和利用中心在水资源领域提供技术交流转让、推广示范、信息共享、决策咨询、能力建设等服务，可成为湖南省深入推进"一湖四水"等流域治理的重要平台。

二是水污染治理等领域环境治理合作发展迅速。湖南省环境治理合作开展较早，2011 年瑞士相关领域的公司与 31 家湖南省本土企业进行了深入交流。2013 年中日合作的"城市污水处理厂运行管理技术和居民环境意识的提高"项目，获评为可推广的"湖南经验"。2015 年，洞庭湖区生态村镇与环保农业关键技术集成及应用示范的国际科技合作项目启动实施并在湖南村镇展开试点。

三是产业合作领域相对广泛。近年来，湖南广泛融入"一带一路"建设，对外开放合作力度明显加大。在绿色、智能方向培养了永清环保、隆平高科、中车株机等一批具有国际竞争力的骨干企业，推动绿色产品输出和国际产能合作已有良好条件。湖南建工集团、黄金集团、中联重科等在"一带一路"沿线国家达成多项合作意向或签署正式协议的项目，如中联重科在"一带一路"沿线国家已打造多个生产基地、贸易平台，产品销售覆盖沿线 31 个国家。

四是积极主动对接绿色发展国际合作项目，积累了宝贵的经验。如省两型委与世界自然基金委共同启动"长江美丽家园计划"浏阳河示范项目，常德与德国汉诺威在城市水系治理方面很早就启动了对话项目。

湖南省在国际绿色合作方面虽然取得了一定的成效，但也存在一些问题和不足。一是国际合作的层次和水平有待提高。目前全省缺少高层次的合作平台和重点示范工程引领开放发展。二是已有国际合作平台的支持力度不够，比较优势没有体现。亚欧水资源研究和利用中心等平台的产业激励、财政支持、技术转化政策还有待完善。三是国际合作口岸基础设施建设仍显不足。存在设备信息化、智慧化程度低的现象，口岸大通关体制机制需要进一步理顺，不同类型口岸在建设、管理、运作上衔接协调不够紧密，国际多式联运发展步伐偏慢。

四　加快推进湖南国际绿色合作的对策建议

借助"一带一路"倡议和国家绿色发展战略，湖南在国际合作信息平台支持下，可在亚欧水资源研究和利用中心、隆平种业、湖湘文化、土壤修复技术等领域加强国际交流与合作，这将为推动湖南绿色开放营造良好氛围。

（一）建设能服务全省的绿色发展国际合作综合性平台

参考亚太经合组织（APEC）绿色供应链合作网络天津示范中心的功能模式，建设有助于湖南省绿色供应链发展、绿色产品全生命周期管理和绿色信息共享的开放式、统一式平台。平台功能包括围绕环保合作业务需求，实现合作国家区域相关信息整合集成，提供生态环保信息共享、绿色供应链合作、环保产业技术交流等服务，促使共同应对典型区域环境问题；提供政策研究、智库咨询服务，推动政府出台相关支持性政策和项目落地，为企业在登记认证、绿色融资合作、专项税收优惠、出入境手续简化、涉外法律服务等方面提供精准服务；举办国际论坛，开展多种形式的政策对话与知识合作，加强与相关国家使领馆、节点城市和商会协会的对接，逐步构建常态国际对话交流合作机制。

（二）加强亚欧水资源研究和利用中心建设，推动国际合作深入开展

一是举办高层次的水资源科技领域国际培训和学术论坛，借鉴"流域创新治理太湖国际论坛"的形式，举办高层次国际培训和学术论坛，推动合作研究，分享治理理念、工程案例、解决方案。二是以国家科技合作专项、国家科技支撑计划项目等为依托，组织实施有关亚欧水资源科技合作计划，开展亚欧会议成员之间在水资源领域的技术转移、示范和推广，能力建设和人力资源开发。三是积极对接欧洲创新水伙伴、欧盟地平线 2020 计划等，促进围绕流域生态修复、农业面源污染治理、生态村镇等领域实施一批国际合作治理工程。

（三）立足隆平种业，扩大湖南农业科研的国际影响力

一是加强尖端种业基地建设，做好国际示范推广。推动"隆平高科"等企业与"一带一路"沿线国家开展杂交水稻示范种植、种子贸易与咨询服务等合作，通过示范和培训，传播中国先进的农业技术，为相关国家培养农业官员、研究人员和技术人员，扩大湖南农业科技的国际影响力。二是联合省内各方资源，开展农业科技创新领域国际合作。积极参与由中国牵头的金砖国家农业领域国际大科学计划，推动湖南农业领域基础研究创新，扩大国际影响力。三是积极搭建农业国际合作科技商务咨询服务平台，为农业企业提供国外法律、工商、税务、跨文化交际等方面的咨询及服务，帮助企业顺利在海外落地发展。

（四）传播湖湘文化精神，促进国际文化合作

一是重点发力，提升合作水平。与欧美及"一带一路"国家媒体共同策划、投资、发行湖湘文化精品，借助外方渠道与平台，借船出海，实现由"卖节目"到"开时段""建频道"的模式升级。二是整合电视湘军、出版湘军、动漫湘军、演艺湘军等资源，打造国际媒体大数据平台。实现媒体洽谈、文化交流、节目交易、品牌营销等功能，促进多元文化深度融合，共赢发展。三是加强相关政策支持，推动文化领域对外开放。在对外文化交流活动的审批程序方面适当简政放权，精简报批手续，探索放开部分文化产业投资准入限制，吸引国内外大型文化企业、国际知名实验室在省内设立文化研发机构。

（五）开展土壤修复技术交流，提升土壤修复国际影响力

一是加强与欧美发达国家在土壤污染治理方面法律法规、资金运作、技术标准、管理制度的交流学习，引进国际前沿土壤环保技术，在法律法规、技术标准、管理制度、运行机制等方面形成一套适应湖南土壤修复的完备体系。二是与国外先进土壤修复机构建立长效合作机制，强化土壤修复国际合作，加快瓶颈技术突破。与国际先进土壤治理企业、研究机构建立长

效合作机制，共同研发成本较低、效果可靠的经济适用性技术，同时支持湖南省该领域骨干企业和治理模式进军海外。三是请进送出，加强土壤修复人才合作。依托国际合作项目，积极引进海外高层次土壤修复人才和团队，完善本土土壤修复人才培养机制。

（六）完善国际绿色产业合作模式，促进产能合作交流

一方面，依托湖南省现有优势领域，通过技术联合研发、示范工程建设、国际投融资等形式，拓展绿色国际合作领域范围，重点加强尖端种业、节能环保装备、新能源汽车、装配式建筑等关键材料、技术、设备等方面的合作，做好优势项目国际推广示范，加强与美国、日本、欧盟、东盟、非洲等区域的交流，提升湖南省相关产业品牌的国际影响力。另一方面，对接《"一带一路"生态环境保护合作规划》要求，加快开展环保产业技术合作园区及示范基地建设，参考中以（益阳）科技产业园的模式，引导国内外优势环保产业集群式发展，带动科技成果转化和区域经济增长；同时，推动一批富有市场开拓能力的环保企业"走出去"，提供政策支持、信息支撑和咨询服务，建设境外绿色产能合作示范基地，探索完善国际绿色产能合作机制。

（七）积极对接粤港澳大湾区，提升绿色开放水平

一是推进科技创新与人才合作。建议在长沙建设粤港澳科技创新园、港澳青年创业基地，在文化创意、智能制造、绿色低碳等领域吸引国际国内顶尖研发机构、创业团队进驻。二是

借湾出海，推动多地产业链合作。推动设立"粤港澳大湾区产业洽谈周"，借助大湾区对外开放条件，培育成本共担、利益共享的产业价值链，提升全省具有比较优势的文化创意、智能制造、绿色低碳产业国际竞争力，促进产业、项目、技术"引进来""走出去"。三是加强与大湾区的民生及环保领域合作。引进交流大湾区优质教育、医疗资源，共同保护生态资源，推动大气污染传输通道治理合作以及全省与广东省省际河流跨区域生态补偿机制的建立。

（八）探索开展绿色金融国际合作的有益尝试

生态治理和环境保护的公共服务属性对资金筹措和保障提出了更高要求，参考中国人民银行、财政部等联合印发的《关于构建绿色金融体系的指导意见》，可探索设立区域性的绿色发展国际合作基金，开发绿色信贷等金融产品，重点支持湖南省及合作国家、地区的环保基础设施、绿色产业和能力建设项目；推动跨境绿色债券投资，鼓励社会资本进入绿色金融市场，促使绿色技术国际转让更加便捷；探索建设绿色经济国际合作示范区，引进全球知名绿色金融企业和资本市场管理经验；进一步完善绿色债券、绿色保险、环境权益交易制度，强化金融风险防控，健全全省绿色金融体系和管理框架。

第七章

促进区域绿色产品供给研究

——以长株潭城市群为例*

推进绿色产品供给，是落实国家供给侧结构性改革要求，贯彻湖南省第十一次党代会"实现从绿色大省向生态强省转变"精神，加快"五个强省"建设，发挥长株潭两型社会建设标杆作用的具体举措。"十三五"以来，推进长江经济带发展的国家战略，与"创新、协调、绿色、开放、共享"的五大发展理念在湖南省的交汇，是长株潭先行先试、支持绿色产品发展的重要背景。近年来，长株潭地区在支持绿色技术研发推广、推进绿色制造、发展循环经济等方面做出了积极努力，开展两型产品认证和采购工作成为全国亮点，但在支持绿色产品供给方面仍面临多重挑战，主要包括：针对绿色产品的系统性政策文件制定落后于先发省市、绿色产品内

---

　* 本章内容根据笔者 2017 年主持的研究报告《湖南省创新绿色产品供给管理体制机制研究》修改整理而得。

涵和属性不明确、绿色产品认证困难、绿色产品市场培育滞后、绿色产品实施机制不完善。因此，下一阶段亟须实施政府职能、标准认证、平台载体、市场模式、配套机制五大创新，通过完善领导机构、出台实施方案、建立信息平台、设立两个认证中心、开展绿色供应链试点、规范市场秩序、建设绿色产品信用体系等举措，将长株潭打造成全省绿色产品供给创新的样板区，形成可复制可推广的经验，推动生产、消费、服务模式的转变。

第一节　转型关键，政府支持绿色产品
先行先试适逢其会

一　内在需求：增强地方政府综合竞争实力

随着消费水平的增高，居民对绿色产品的需求不断增长，深入推进供给侧改革的一项重要内容就是要适应市场需求，因此应顺应市场对绿色产品的需求，增加优质绿色产品供给。天津市在绿色供应链、绿色采购、绿色产品方面转型发展较快。2014 年天津批准设立 APEC 绿色供应链合作网络天津示范中心，全面推进绿色产品 LCA 管理和绿色供应链建设，其后又发布了《天津市绿色供应链产品政府采购管理办法》《天津市工业绿色制造体系建设实施方案》，建设了一批绿色示范工厂、绿色示范园区，开发了一批包括绿色农产品在内的绿色产

品，完善了绿色供应链。福建省率先出台了《福建省人民政府关于发挥价格机制作用促进国家生态文明试验区（福建）建设的意见》，按照打造绿色价格政策体系的导向，创新推出了30项价费措施，从而促进国家生态文明试验区的创建。湖南省近年来不断出台两型产品相关的标准和认定文件，更新两型产品目录，实施"绿色制造工程"专项行动，推动制造业生产方式绿色化，促进制造业两型化发展。综上，全面营造有利于绿色产品蓬勃发展的生态环境，加强对绿色产品发展的统筹规划和政策支持，不仅有利于增强产业持续发展能力，更有利于提升政府的综合竞争力。

二　必然要求：持续提升国家竞争力

党的十八届三中全会明确提出"建设美丽中国"，党的十九大报告指出"加快生态文明体制改革，建设美丽中国"；针对长江经济带发展，习近平总书记明确提出，长江经济带发展必须坚持生态优先、绿色发展的战略定位，要"守护好一江碧水"，这也是湖南推进绿色发展的重大背景；2016年，《关于促进绿色消费的指导意见》出台，要求建立绿色文明的生活方式和消费模式，扩大绿色消费市场。湖南省地处长江中游，具有承东启西、联南接北的作用，对接和融入长江经济带和沿海开放经济带。湖南省重要的战略地位对其实现绿色发展具有重要的示范和带动意义。湖南省转变发展方式，将环境生态摆在压倒性位置，率先支持绿色产品发展恰逢其时，要将全省的生态优势和自然资源禀赋转变为绿色产品开发优势，抢占绿色消费市场，这将逐渐成为全省实现经济可持续增长的重要途径，并将进一步推动长江经济带走出一条有利于生态优先、绿色发展之路。

三 外在压力：环境保护问题的法律化

随着环境问题越来越严峻，世界各国都在制定更为严格的环境保护条例，推进环境友好产品和技术的开发、应用。许多国家采用了"污染者付费"原则。1992 年，联合国环境与发展大会提出将环境费用纳入生产和消费者的决策过程的要求后，国际贸易中的一项重要准则就是保护环境。1996 年，国际标准化组织正式颁布了 ISO14001 和 ISO14004 两项标准。此后，发达国家要求保护生态环境并进行进出口贸易限制，通过环境标识制度设置国际贸易的绿色壁垒。日本近年来制定了最为严苛的绿色贸易壁垒——肯定列表制度。欧盟通过的条例、决议和指令中日趋严格的环境规制已覆盖了生产、消费、回收等产品的整个周期。欧盟征收航空碳排放税以及美国对中国企业开展"301 调查"、"双反"调查等，各种绿色贸易壁垒对我国产品出口产生了很大的冲击。面对国际绿色壁垒的限制，以及日益严峻的国际贸易形势，我国势必需要发展绿色经济，扩大绿色产品供给，提高产品的环境质量标准，在绿色市场中培育竞争优势，推动企业将环境因素纳入整个企业供应链中，提高涉及产品整个生命周期的资源综合利用率和环保意识，并以国际标准认证为导向，加快推进产品绿色通行，使更多产品成为具备"环境标志"的绿色产品。

第二节　需求广阔，政府支持绿色产品发展潜力巨大

一　政府支持绿色产品发展是优化生产力、提升竞争力的战略选择

绿色产品不仅有利于转变经济发展方式，调整产业结构，提高生产力，保护生态环境，更有益于科技创新，增强产业持续发展能力，增强国际市场竞争力。发展绿色产品，一方面可以改变传统的高投入、高耗能、高污染以及低产出的生产现状，减少资源消耗与环境污染，有利于资源优化配置；另一方面可促使企业加大研发力度，采用节能、无污染的高新技术，拉动全省产业结构升级。

2016 年，全省环保产业年产值达到 1900 亿元，在七大战略性新兴产业中位居第三，到 2020 年，全省新能源、节能环保、高端装备制造等战略性新兴产业增加值预计占地区生产总值的 15%。其中，节能环保产业主营业务收入将达到 3300 亿元以上，年均增长 15%。此外，全省在 2015～2017 年相继出台了两型产品认定标准、认定办法等文件，开始实施"绿色制造工程"专项行动，推动制造业生产方式绿色化。长株潭地区自 2007 年成为两型改革试验区以来，单位 GDP 能耗持续

下降，地区生产总值占全省的 40% ~ 45%，绿色产品发展基础较好且绿色产业发展前景广阔。因此，可支持长株潭地区利用区位、经济等条件，建设湖南省绿色产品发展的先行区，发挥先发优势，加强对绿色产品发展的统筹规划和政策支持，推动绿色产品发展，培育发展新兴业态，全面营造有利于绿色产品蓬勃发展的生态环境，推动全省绿色产业向专业化和价值链高端延伸，以产品、业态、模式等方面的创新优化生产力，提升产品竞争力具有重大的战略意义。

二 政府支持绿色产品发展是对接需求升级、推进供给侧改革的关键抓手

发展绿色产品是深入推进供给侧改革、适应市场需求的必然选择。支持绿色产品发展，一方面可以推进企业转变生产方式，促进企业绿色发展，提升自身创造绿色价值的能力，增强竞争力；另一方面可以培育广大公众的绿色生活方式，使全社会绿色低碳、节约适度的健康消费意识进一步增强。

2013 年国内绿色食品的年销售额为 3625.2 亿元，出口额达到 26 亿美元，相较 1997 年国内销售额增长了 14 倍，出口额增长了 36 倍。绿色产品市场发展时机日益成熟，未来随着绿色、安全、健康需求升级，公众对绿色产品的需求将呈阶跃式增长。2016 年国家出台的《关于促进绿色消费的指导意见》要求建立绿色消费长效机制。因此，在我国倡导绿色消费、生态文明的大背景下，在当前资源约束和环境污染逐渐成为经济

社会发展的瓶颈以及公众对绿色产品需求不断增长的情况下，湖南省在长株潭地区先行先试支持绿色产品的发展是稳步推进湖南省生态强省事业的关键，是全省融入国家"一带一路""长江经济带"发展，促进"创新引领、开放崛起"战略实施，以及推进生态文明与供给侧系列改革的重要动力，同时也是培育全省企业在未来具备可持续竞争力的重要途径。

三　政府支持绿色产品发展是打破绿色壁垒、实现开放崛起的重要途径

自我国加入 WTO 以来，我国产品就受到了国际绿色贸易壁垒的层层掣肘，ISO14000 认证也成为关税外进出口中面临的主要制约因素。有关联合国民意测验的报道指出，在美国、瑞典、德国、加拿大等发达国家有超过 80% 的居民愿意为绿色产品支付额外费用或增加购买需求，国际权威机构认为绿色产品将是未来市场中增长最快的产品。

数据表明，低碳环保产品已成为我国出口商品中新的增长点，湖南省 2018 年出口额为 305.74 亿美元，是 2010 年的 2.08 倍，其中一般贸易出口 235.50 亿元，同比增长 18.74%。面对绿色壁垒的限制和国外庞大的绿色产品消费需求市场，湖南省只有发展绿色经济，推进绿色产品发展，提高产品的环境监测标准，使更多产品成为具备"环境标志"的绿色产品，推动企业将环境因素纳入整个企业供应链中，才能培育新的竞争优势，增强跨越绿色壁垒的能力，提升湖南省出口

产业的产品层次，助推全省提出的"开放崛起"重大战略目标的实现。

第三节 应对潮流，湖南绿色产品发展取得突破与面临挑战

一 长株潭绿色产品发展取得初步成效

（一）绿色产品相关政策不断完善与落实

一是相关政策不断完善。自 2007 年获批两型社会综合配套改革试验区以来，长株潭地区认真落实《生态文明体制改革总体方案》提出的建立统一的绿色产品体系要求，在绿色产品评价、政府采购、鼓励购买节能环保产品和服务、支持绿色技术、产品研发和推广应用等方面开展了先行先试。2011年 10 月，省财政厅联合多家单位展开理论探索，围绕政府采购支持两型社会建设，从内需外压、发展潜力、相关探索、五大障碍和五大创新各层面对湖南省启动两型产品采购进行了综合调研和论述，送呈省领导后，相关政策建议迅速转化为政府现实政策。2012 年，《湖南省实施〈中华人民共和国节约能源法〉办法》纳入全省立法计划，完成了《实施办法》修订草案，并发布了工业产品能耗限额标准、LED 路灯标准。2013年，省质量技术监督局发布了《两型产品（公共类）认定规范》，提出了两型产品认定的一般性要求、控制性要求和优先性要求。同年，省财政厅联合长株潭试验区管委会、省科技厅

先后制定《湖南省两型产品政府认定管理办法》《湖南省两型产品认定标准》等"四位一体"的具体操作办法，推动政策落实，并发布首批《湖南省两型产品采购目录》，涉及 70 家企业 285 种产品。

二是政策落实不断深入。2016 年，在六部门（省财政厅、省长株潭两型试验区管委会、省科技厅、省经信委、省环保厅、省质监局）联合发布的湖南省第五批两型产品征集通知中，长株潭地区共有 111 家企业申报，占省内申报企业的 81.6%。2017 年 1 月，省经信委印发了《湖南省绿色制造体系建设实施方案》，要求加快绿色制造标准体系建设。方案将以湘潭高新区等国家低碳试点工业园区为重点，推进绿色园区示范创建工作。2017 年 6 月，国家质检总局正式批复同意长株潭城市群创建"中国制造"质量技术基础综合示范区试点，在轨道交通、工程机械等装备制造领域探索开展"中国制造品质"认证试点，优先支持在长株潭城市群设立国家两型标准认证中心和国家绿色产品认证中心。

（二）绿色制造工程专项行动深入开展

一是绿色工厂和绿色园区创建评估工作稳步推进。为深入落实《中国制造 2025》中提出的绿色供应链、园区、企业、工厂、产品和相应的监管、评价的目标，长株潭地区对照国家和省里绿色制造体系相关标准和要求，启动了绿色园区、工厂的创建工作，并开始探索制定地方性标准。根据《湖南省绿色制造体系建设实施方案》，省工业转型升级专项资金对获得省级或国家级绿色园区、工厂、产品、供应链管理企业给予 30 万～50 万元的一次性奖励，将三一重工、楚天科技等企业作为国家级绿色工厂、绿色产品的推荐对象向国家申报。

二是节能环保型龙头企业已逐步形成核心竞争力。如湖南杉杉新材料公司的锂离子电池正极材料专业制造产销规模在国内排第一，产品远销美国、韩国等国际市场；湖南邦普循环科技有限公司在高级电池正极材料制造方面具备核心竞争力；湖南红宇耐磨新材料股份有限公司在球磨机耐磨铸件高端产品和高效球磨节能新技术应用方案方面居国内领先；万容科技废旧家电和汽车拆解回收装置达到国际先进水平；长沙市高新区中联环境公司通过拓展产业链条打造城市矿产产业集群。

三是在绿色建筑等领域形成了产业联盟推进模式。2014年，湖南发布《湖南省人民政府关于推进住宅产业化的指导意见》《湖南省住宅产业化基地管理办法（试行）》《湖南省推进住宅产业化实施细则》。近年来长株潭城市群装配式住宅技术不断完善，远大住工、远大可建、巨星建材等一批住宅产业化企业发展壮大，并通过组建住宅产业化联盟形成了"联盟＋园区＋项目"的全产业链"湖南模式"，推出了株洲云龙行政园、长沙旺宁新村等多个国家住宅产业化实施项目，"预制装配整体式钢筋混凝土结构体系"工业化制造体系已较为完备，部分集成建筑技术达到国际领先水平。

（三）以循环经济理念促进绿色产品发展推进顺利

一是提高了企业准入门槛。如长沙高新区严控准入门槛，以符合两型社会的标准，选择低能耗、低排放、高技术、高附加值的企业进入，对重污染企业一票否决，入园企业必须通过ISO14000认证，对已投产运行的企业严格按照"三同时"进行环保监督，确保污染物的达标排放。

二是形成了一批循环经济示范园区和基地。"十二五"期间，湖南省重点领域、重点行业有6个园区、5家企业被列为国家循环经济试点示范，稀贵金属回收、机械及汽车零部件再制造技术达到国际或国内领先水平，废旧家电、报废汽车、废电池资源化利用等一批技术和装备取得突破。如新洲新区工业集中区借势"低碳经济"，形成了以新能源材料、新型金属材料为主体的节能环保新材料产业集群；长沙（浏阳、宁乡）再制造基地是全国首批2家再制造示范基地之一。

三是形成了循环经济新模式。桑德集团、湘潭市合作的湖南静脉园项目拟建设3000亩环保产业园，建立固废处理中心，将涵盖各类废弃物资加工、生活垃圾收运处理等领域，开创了区域固废和资源综合利用园区化综合处理的新模式。

（四）政府支持绿色消费力度不断加大

长株潭地区在推进节能产品、环境标志产品、环保装备认证，实施节能产品能效标识、再制造产品标识管理制度等方面的支持力度不断加大。一是以《湖南省节能环保新技术产品推广目录》为依据，积极推荐区内企业和产品入围国家推广目录，提高绿色产品市场占有率，并提出未来 5 年，全省农产品"三品一标"有效认证总数将达 3500 个以上，目前这一目标已经提前实现。二是认真落实《湖南省两型产品政府采购认定办法》《湖南省政府采购支持两型产品办法》等文件精神，对远大空调、恒润高科、中联重科、南车株机等节能环保、科技创新产品给予订单支持，促进绿色产品消费。三是深入实施"节能产品惠民工程"，积极引导消费高效的终端用能产品，推动消费方式转变。

二 长株潭绿色产品发展面临多重挑战

（一）绿色产品政策落后于其他国家和地区

一是绿色产品政策起步较晚。1971 年以来，国际上已制定和实施了近 200 项国际环境与资源保护法规相关公约。德国于 1977 年提出全球第一个环保标志计划，欧盟于 1992 年提出推动花卉环保标志计划，美国于 1989 年由非营利组织提出绿标识环保标志计划，日本于 1986 年提出"环保长期构想"。而我国绿色产品制度建设相对较晚，1993 年环保部启动中国环境标志计划，1994 年 5 月中国环境标志产品认证委员会成立，2002 年 12 月国家环保总局环境认证中心暨中环联合（北京）认证中心有限公司成立，中心受国家环保总局委托负责中国环境标志产品认证工作。2016 年随着《关于建立统一的绿色产品标准、认证、标识体系的意见》的发布，各地方政府才开始探索绿色产品的发展。

二是绿色产品政策滞后于沿海发达地区。在国内，深圳市于 1996 年成立了国家首家地方性认证机构，于 1998 年完成了对 10 家企业的 ISO14000 认证工作。天津市于 2013 年制定了《天津市绿色供应链管理试点实施方案》，围绕政府绿色采购、绿色建筑产业化、住宅产业化和低碳示范城镇等方面发布并实施了一系列政策措施和标准规范类文件。江苏省在扩大节能产品市场消费，争取省内更多高效节能产品列入国家节能产品惠民工程目录，加大能效标识和节能产品认证制度实施力度，鼓励环境标志产品、绿色标识产品的生产销售与消费，完善政府强制采购和优先采购制度等方面开展了探索。上海市在完善节能减排标准体系，出台节能认证技术规范、节能减排国家和地方标准，制修订污水综合排放标准、家具行业挥发性有机物排放标准、畜禽养殖场污染排放标准等相关环保标准，推动绿色产品认证等方面提出了较为全面的行动计划。但相比而言，湖南省绿色产品政策滞后于其他地区，特别是省里引导、扶持政策不明朗，国家现有支持政策落实力度有待强化，迄今为止，还没有发布系统性地促进绿色产品发展的地方性相关文件。

（二）绿色产品属性不明确且认证困难

一是消费者和企业对绿色产品的内涵缺乏深入认识。调研表明，大部分普通消费者对于绿色产品消费理念的认识尚处在初级阶段，多数消费者仅满足于追求产品是否"绿色"、是否安全，而对于企业供应链的物流环节是否"绿色"并没有给予足够的重视。当前长株潭地区大部分企业，特别是广大中小企业对绿色产品的全生命周期概念仍较为陌生，由于缺乏政府引导、市场参与，一些企业在绿色产品发展之初就遇到了技术、管理、经验、资金等方面的强大阻碍。

二是绿色产品供应链发展仍然困难重重。绿色产品上下游企业之间的协同作用较弱，多数企业在进行绿色产品管理时，仅选择一两个环节进行改善。大多数企业更加注重企业内部环境管理，而对供应商的选择及与供应商在环境方面的合作关注度不够，对产品全生命周期及报废品的回收重视程度很低。

三是绿色产品标准统一困难。国家标准委虽然确定了绿色属性的四个方面——资源、能源、环境、品质，但在绿色产品实际认证过程中，易把企业层次和产品层次共同反映的四个属性混淆，如生产过程中的节水、能效和环境达标等指标不能和产品耐用、节能、健康指标互为替代。另外，绿色产品设备和耗材标准分立，导致设备提供方和耗材提供方难以互认。

四是部分认证标准不适应市场需求。有些企业虽然建立了质量体系，但标准相对陈旧且执行不严格，相关标准不配套，出现了忽略企业标准，生产无标准、无规则现象。资料显示，湖南省采用国家、行业、企业标准的环境保护产品采标率不到80%，存在设计缺陷或有改进需求的产品为 20% ~ 40%。

（三）绿色产品市场培育滞后

一是绿色产品宣传力度不够。欧盟和美国超过 40% 的消费者认可绿色产品质量，但湖南省在此方面还未形成共识。一方面，企业污染环境或者产品质量不达标的情况时有发生；另一方面，不少消费者，特别是农村消费者购买商品主要受价格因素影响，不少调查对象因绿色产品价格偏高而不愿购买。

二是绿色产品消费市场发育不完全。一方面，绿色产品缺乏集中经营模式，目前只有少数农产品市场拥有绿色农产品专区，大部分商场、超市中不会将绿色产品单独分区售卖，尽管政府通过两型产品目录和采购提升了企业生产绿色产品的动力，但全社会绿色产品消费氛围还未形成；另一方面，一些虚假宣传挫伤了公众对绿色产品质量的信任度，有报道称接近30%的受访者认为绿色产品存在夸大情况，有三成至五成的受访者认为绿色产品质量不稳定。

（四）绿色产品实施机制不完善

一是绿色产品标识繁杂。目前市场上存在大量的绿色标识，这使其宣传推广力量分散，并且不同标准、标识与认证体系之间构成竞争关系，导致消费者和企业面对生态环保标识不知所措。标识使用的宽泛也衍生出了信任危机，一方面给消费者和采购方带来了混乱的环境信息；另一方面也提高了企业披露环境信息的成本。

二是绿色产品管理体制不顺。不同部门、不同领域从环保、节能、节水、循环、低碳、再生、有机等不同角度，设立了由标准、标识与认证组成的分立体系，导致部门多头管理、监管职能交叉、权责不一致等问题。工商、物价、质量技术监督、环保、卫生等行政管理监督机关对绿色产品市场的管理存在无序化现象，各部门之间缺乏有效的协调运作机制，缺乏统一规划、协调与顶层设计。

三是缺乏绿色产品全生命周期相关的激励机制与制度创新机制，同时也缺乏相应的监督和惩罚机制。政府没有真正发挥政策规制者、监督者和推进者角色作用。比照美国、欧盟等发达国家和地区在政府采购相关规定中明确要求采购生态型、环保型产品和服务的强制规定，长株潭地区对绿色消费的引领作用还较弱，政府采购环境的强制性和必要性没有得到凸显。

四是当前绿色标准认证不完善，标识不规范、不统一。国际认证标准 ISO14000 咨询和认证一般需要半年到一年甚至更长时间，且花费非常大，许多达到标准的绿色产品只能望而却步，不愿意主动申请。

第四节　政府支持长株潭绿色产品发展先行先试的对策建议

一　政府职能创新：强化顶层设计，提高政府在绿色产品发展方面的推动力和影响力，加强长株潭绿色产品发展的组织保障

（一）加强组织领导与部门协作

一是加强顶层设计，完善绿色核算制度框架，将绿色生产、绿色营销、绿色消费、绿色环保等各项指标纳入领导干部政绩考核体系，提高相关指标的权重，强化绿色发展的价值导向。二是建立由三市党政主要领导组成的"长株潭绿色产品发展协调委员

会"，设置办公室管理日常工作，三市党政主要领导轮流作为召集人，每年定期召开一次联席会议，负责组织成员单位开展绿色产品发展重大课题研究，提出年度改革重点工作，解决三市绿色产品先行先试推进中出现的重大问题，推动各项任务落地实施。三是建立部门联席会议制度，财政厅、发展改革委、两型中心、质监局作为联席会议牵头单位，建立发展改革、两型、质监、工业和信息化、财政、环境保护、住房城乡建设、交通运输、水利、农业、商务等有关部门联席会议制度及信息交流、制度对接等工作机制，统筹协调绿色产品标准、认证、标识相关政策措施。四是编制出台《长株潭先行先试促进"绿色产品"发展实施方案》，落实相关各部门工作任务、责任和考核要求。

（二）充分发挥政府绿色采购的引领和示范作用

一是促进长株潭政府各部门建立统一的绿色产品信息平台，协调政府各部门的采购政策和方式，建立健全供应商筛选、认证和动态更新机制。二是建立和完善政府强制采购和优先采购制度，出台长株潭《绿色产品政府采购管理办法》，定期发布《长株潭绿色产品政府采购目录》，将全省获得认证及纳入推广目录的绿色产品优先列入政府采购清单，实施政府首购、订购和评审优惠等优先采购措施。三是适当扩大政府绿色采购产品范围，优化产品清单管理，持续提升绿色产品市场份额，以政府绿色消费引导绿色产业发展，助力市场结构调整。

（三）加强政府绿色监管

一是建立人大和公众等对政府绿色采购的监督机制，对政府绿色采购的实际执行情况进行监督，定期对各地区绿色发展落实情况进行评价，发布评价报告。二是推行企业社会责任报告制度，敦促列入绿色产品目录的企业定期发布绿色产品社会责任报告，倒逼企业持续满足绿色产品标准要求。三是推行领跑者制度，制定《绿色产品领跑者评价方法》，各行业协会定期对本行业的终端用能产品能效进行调查，每年发布能效领跑者名单，鼓励企业创先争优，树立绿色发展典型和标杆。四是建立责任制和绿色产品体系追溯制度，将生产者与自身产品的责任延伸至整个产品的生命周期，维护正常的市场秩序。

（四）健全法制保障

一是发挥政府引导作用，建立和完善本地区绿色产品管理的法规、政策与标准。二是不断加强各级执法机构能力建设，加强对绿色产品标准、认证标识、政策措施等落实情况的督查，引入大数据等新型技术手段。三是从严从重打击环境污染相关犯罪活动。

二 标准认证创新：设立两个认证中心，编制推广目录，开展标准化管理，为绿色产品先行先试提供技术支持

（一）推进认证试点

加快长株潭城市群国家两型标准认证中心和国家绿色产品认证中心建设，加快在轨道交通、工程机械等装备制造领域开展"中国制造品质"认证试点。

（二）创新标准认证

一是主动对接国家绿色产品标准，充分发挥地方政府、第三方机构在节能与绿色标准化工作中的作用，研究制定区域标准、地方标准和团体标准。二是结合长株潭重点地区推进工业节能与绿色发展工作的实际需求，加强省联动，推动基础好、适应性强的地方标准、团体标准上升为行业标准、国家标准。

（三）推动标准修订

一是支持重点行业、重点领域节能与绿色标准制修订工作，鼓励三地政府加大工业节能与绿色标准化工作投入，引导社会组织、工业企业等积极参与标准化工作。二是围绕绿色产品、绿色工厂、绿色园区和绿色供应链构建绿色制造标准体系，加快能耗、水耗、碳排放、清洁生产等标准制修订，提升工业绿色发展标准化水平。三是修订有色、钢铁、化工、建材等高耗能限额及大型公共建筑能耗限额、耗能行业计量器具配备及节能监测（评价）地方标准，结合能耗总量控制要求，对重点用能企业设定限额标准，对重点用能产品提高能效标准。

（四）加强标准管理

一是编制《长株潭绿色产品推广目录》，支持企业制定绿色产品标准，纳入标准创立目录；支持企业修订现有标准，实施更加先进的标准，纳入标准改进目录；研究确定现有标准不高但暂时难以替代的产品标准，纳入标准限制目录；研究确定高污染、高耗能、高排放产品的现有标准，纳入标准废止目录。二是成立由政府主管部门牵头的绿色企业标准推进实施专家指导小组，为企业发展绿色经济、创建绿色品牌提供指导帮助和服务，积极推荐区内企业和产品入围国家推广目录，积极制定优于国家、行业、地方标准的企业标准。三是加强标准执行抽检。以企业自我声明制度为基础，按各领域企业数量，不定期对企业进行随机抽查，对执行到位企业予以公开表彰，对执行有问题的企业进行通报整改。

三　平台载体创新：开展全生命周期绿色供应链试点，发展重大专项作为推动载体，提高企业精益生产能力和产品国际竞争力

（一）开展绿色供应链、园区、企业、工厂的全方位试点

一是按照长株潭城市群主导产业链，由行业协会、企业联盟或龙头企业牵头，研究制定一批绿色供应链标准体系。二是对于长株潭重点企业，鼓励其选择具有改造潜力、市场前景的主要产品，进行绿色化改造，并作为对标案例向其他类似企业进行宣传。三是以三一重工、楚天科技等起重设备、工程机械、机床、汽车、电子电器、建筑、钢铁等行业龙头企业为重点，优先开展以绿色采购、清洁生产与闭路循环为重点的绿色供应链试点，带动上游零部件或元器件供应商和下游回收处理企业发展，构建以资源节约、环境友好为导向，涵盖采购、生产、营销、回收、物流等环节的绿色供应链。

（二）全面实施上下游企业绿色供应链平台化管理

建立上下游企业生产、产品、销售数据采集分析平台，促进上下游企业信息资源共享，重点收集和监管物耗、能耗、水耗、典型污染物排放、资源循环利用等方面的信息。

（三）试点建设绿色回收体系

通过网络平台沟通消费者与生产、回收企业间的需求，合理布设产品回收站点，合理制定资源回收奖励标准，建立可追溯的产品生产、消费、回收信息链。

（四）发展绿色环保产业和逆向物流

一是支持优势装备制造龙头企业拓展新能源及节能环保装备研发生产，依托永清环保、中联重科、中冶长天等骨干企业，大力发展高效节能装备及管理系统，加快清洁低碳技术推广。二是着力实施污染治理工程，依托长沙高新区环保产业示范园，推动含重金属废水、废气、废渣污染控制与烟气脱硫脱硝脱汞集成等重大核心技术突破，开展重点行业清洁生产关键新工艺和新技术研发与示范，打造环保装备产业发展集群。三是大力推动资源综合利用，推动废旧有色金属、废旧高分子材料、废旧液晶显示器、废旧电路板等"城市矿产"资源回收利用，以及汽车、工程机械、电机、机床等废旧机电产品再制造等，制定再制造与制造、回收、拆解相关衔接制度，加快建立营销逆向物流体系。

（五）提高绿色研发能力

科技部门主动联系相关行业骨干企业，协助企业申报科技专项，建设国家级、省级科技创新平台，引进相关人才，提升企业绿色研发设计和绿色工艺技术一体化水平。

（六）实施绿色产品发展重大专项工程

一是利用专项建设基金、清洁生产、工业转型升级等专项资金，落实长株潭绿色制造专项行动重点项目。二是落实政府采购促进绿色产品发展的政策措施，财政性资金投资建设的交通、水利、能源、保障性住房等工程所需原材料、设备、机具等，在同等条件下优先采购本地生产经国家、省认定的绿色产品。三是开展绿色建筑区域示范和可再生能源建筑应用示范工程，依托远大可建等关键企业，培育和做大智能化、绿色化、工厂化住宅产业，通过公共建筑、政府投资建筑的绿色建筑改造带动其他建筑进行绿色化改造，积极推进太阳能发电等新能源和可再生能源建筑规模化应用。

四　市场模式创新：推动绿色市场建设，规范市场行为，构建湖南绿色产品市场化配置和运行机制

（一）营造绿色消费时尚

一是通过新闻媒体和互联网等渠道，加大绿色产品标准、认证、标识的政策解读和宣传推广力度，建立有利于在全社会树立绿色产品消费理念的宣传教育体系，形成绿色产品消费习惯。二是高度重视社会意见领袖、网络大 V 对绿色产品消费宣传的引导作用，通过各类环保纪念日、志愿者活动提高公众绿色消费的参与度，促进绿色消费意识深入人心并成为社会时尚。

（二）　制定绿色产品消费推广路线图

提升主要生活消费用品（高效节能电机、节能环保汽车、高效照明产品、洗涤用品等）、饮食（绿色食品）、出行（绿色公交）、居住（绿色宾馆/饭店、节能建筑等）、服务性消费（文化娱乐、体育健身）等重点领域绿色产品的市场占有率，长株潭能效标识2级以上的空调、冰箱、热水器等节能家电市场占有率应达到50%以上。

（三）　开展绿色营销

一是支持大型商场、超市、电子商务网络等销售平台在显著位置开设绿色产品销售专区。二是支持企业通过展销会、博览会、推介会等活动以及印发资料、咨询、培训、会议等途径，进行绿色广告宣传，提高消费者绿色产品认知水平，树立企业及产品良好的绿色形象。三是支持企业使用可循环利用或者无毒无害、低毒低害的包装材料，避免过度包装，加强无纸化办公和营销。

（四）　拓展绿色产品市场

一是完善农村消费基础设施和销售网络，通过电商平台提供面向农村地区的绿色产品，拓展绿色产品农村消费市场。二是在农村实施农业品牌战略，以绿色、有机农产品为突破口，建设一批优质绿色农产品基地，组织实施名牌战略，拓展农产品市场。

（五）　规范绿色产品市场秩序

一是加强企业的品牌建设意识。让企业把创建绿色产品品牌摆到和知识产权、核心技术保护同等重要的位置，自我维护良好的品牌形象，减少虚假宣传等破坏品牌的行动。二是注重行政、司法和企业自我保护的一体化。通过政府监管、企业自律和社会监督维系良好的市场秩序。三是深入开展执法打假行动，对市场上各种假冒伪劣、以次充好的产品予以严厉打击。四是健全绿色产品公众参与监督激励机制，完善有奖举报制度。

五 配套机制创新：建设绿色产品信用体系，实行诚信奖励、失信惩戒，配套健全绿色产品发展激励与约束的长效机制

（一）构建绿色产品信用评价机制

一是构建企业质量信用数据库，建立基于绿色产品的"红名单""黑名单"制度，对企业分类监管，同时通过向社会发布使消费者能直接方便地获取权威信息。二是建立第三方机构评价制度，利用与政府、企业相对独立的第三方开展质量信用评价，对目标年度未达标企业进行行政处罚，对连续 2 年未达标产品实行禁售。

（二）联合制定《长株潭绿色企业、绿色产品认定办法》及相应标准配套文件

一是分类列明相关产品目录和企业基本条件。二是规范认定主体、申报程序、审查办法等。对于列入的企业和产品，从预算安排、计划审批及组织评审等各阶段给予优惠政策。三是将企业绿色产品质量与政府采购竞标资格、企业评先评优、政

府专项投入等条件挂钩，通过荣誉表彰、环保宣传等形式，调动企业绿色发展的积极性。

（三）联合制定《长株潭关于加快绿色产品发展的奖励办法》及相应配套文件

一是落实用好国家、省关于资源节约、再资源化、生态环境保护方面的各类税费优惠政策，对国家和省级循环经济示范园区基地，采取增值税地方留存部分按先征后返方式，3年内全部返回用于园区公共基础设施和重大产业项目。二是鼓励绿色企业"走出去"，对参与省外大型项目或政府采购项目招投标中标的企业，符合条件的给予一定补贴，对赴境外参加大型国际展会的企业，对展位费、人员费给予一定的补贴。三是对绿色产业企业开发新技术、新产品、新工艺发生的研发费用，未形成无形资产计入当期损益的，给予一定比例的扣除。四是绿色产业企业的固定资产由于技术进步等原因，需加速折旧的，可以缩短折旧年限或加速折旧。

（四）健全绿色产品财税金融政策支持体系

一是加大政府投入力度，研究设立绿色产业发展专项资金，着力支持绿色产品成果转化、应用示范和平台建设。二是积极支持企业直接融资，推动大中小企业积极上市融资。三是加大信贷资金的支持力度，鼓励金融机构认真落实绿色信贷指引，创新金融产品和服务，积极开展绿色消费信贷业务，重点研究出台支持节能与新能源汽车、绿色建筑、新能源与可再生能源产品及设施等绿色消费信贷的激励政策。四是进一步明确绿色产品的优先地位，整理或修订现有高新技术产业、节能产业等各项产业扶持政策目录，将一部分"区域性"财税政策逐步转化为"产业型"优惠政策。

（五）继续实施"节能产品惠民工程"

一是优选一批当前应用广泛、节能潜力可观的能耗产品，如照明产品、电机窑炉、节能车、电梯等，积极推荐三市产品列入节能产品惠民工程推广目录。二是做好高效节能空压机、风机、水泵、变压器等产品推广财政补贴资金拨付工作。三是积极推进再制造产业发展。推动消费者参与"以旧换再"工作，一方面给予消费者一定补贴，另一方面应严格控制再生品质量，并明确标注相关标识，防止出现破坏市场秩序的情况。

（六）研究建立绿色消费积分制

借鉴日本"环保积分制度"经验，通过财政支出鼓励消费者购买冰箱、空调、数字电视等绿色节能产品。一是消费者购买贴有"绿色产品"标签的产品可获得一定的"绿色积分"，所获积分一般为商品价格的 5% ~ 10%。二是对以旧换新产品可另外获得一定积分，消费者凭所获积分可换取相应的商品或服务。

第八章

结论与展望

　　青山绿水是湖南的最大优势和竞争力，2007 年长株潭城市群获批两型社会综合改革试验区，标志着湖南拉开了两型改革建设的大幕；2011 年湖南省第十次党代会上，省委、省政府明确提出建设绿色湖南，2012 年进一步颁布实施了《绿色湖南建设纲要》，标志着湖南开启了从"只要金山银山"转向"既要金山银山，也要绿水青山"的绿色发展时代；2016 年，湖南省第十一次党代会上将建设"生态强省"纳入"五个强省"战略目标，这是湖南对"创新、协调、绿色、开放、共享"五大发展理念的准确领悟和创新实施，标志着湖南步入"绿水青山就是金山银山"的发展新阶段。可以说，推进绿色发展是湖南贯彻落实习近平生态文明思想的根本举措，是尽快向党和国家交出建好"生态强省"和"两型社会"圆满答卷的重要使命。

第一节　研究结论

近年来，湖南在绿色发展的不少领域已经取得了不俗成绩，节能环保等绿色产业已成为支撑经济中高速增长的突破口，不少影响民生的突出环境问题得以解决，一批关键、重大绿色技术得到了突破和应用，关系绿色发展长效可持续的体制机制改革向纵深推进。在此背景下，通过科学判断全省绿色发展进程和基础，并由此预测未来绿色发展趋势和风险，推动重点领域、关键技术和供应链绿色化，将为加快实施绿色湖南建设提供必要的技术方法和决策建议。湖南绿色发展是一个涵盖经济转型、社会进步、资源环境、制度设计多范畴的复杂系统，涉及领域无论是生态保护、污染治理等狭义的绿色发展理念，还是生态经济等广义的绿色化，其范畴都非常丰富。

当前各类绿色发展指数常常都限于对历史和现状进行评价，缺乏对区域未来绿色发展情况的动态性、预判性研究，而我国正处于经济换挡调速的新阶段，绿色发展很可能呈现与历史上不同的新特征。因此，有必要基于湖南省情，进一步预判湖南省未来绿色发展的主要特征及其面临的风险和挑战。

基于此认识，本书的理论篇在回顾系统动力学方法适用于不同区域范围尺度、不同环境保护领域研究的基础上，通过识别湖南绿色发展的主要子系统和关键因子，建立仿真预测模型，按照未来绿色发展的主攻方向和基本实现现代化目标要求，设计情景故事，分析未来全省绿色发展的特征变化和主要挑战。首先，进行了湖南绿色发展 PSR（压力—状态—反应）框架分析，包括对影响湖南绿色发展基本驱动力和压力因素，如经济增长、人口流动、加速城镇化的提炼；对在社会经济压力下，湖南自然和社会环境呈现的各种状态和影响的审视；对当前政府所制定和执行的各类应对措施的效力分析；基于 PSR 分析框架，识别湖南绿色发展不同系统之间的响应关系和关键因子。其次，设计了绿色发展仿真预测模型。采用 Vensim 平台开发系统动力学动态仿真模型，将湖南绿色发展系统中可实施定量化仿真操作的部分，划分为经济人口子系统、资源能源子系统和环境评估子系统，纳入关键的评价指标，通过历史回归、对比设置和专家咨询确定仿真预测系统中各类方程组、表函数参数。最后，开展绿色发展政策仿真多情景分析。按照经济增长和结构调整速度、资源环境管控层级将湖南绿色发展未来走向划分为 3 类不同情景，粗放—调整情景（惯性发展情景）、经济转型优先情景、污染治理优先情景，预测 3 类情景下湖南 2019~2035 年社会经济环境系统的发展趋势、演变规律和风险障碍，研究结果显示如下。

（1）湖南未来经济、人口增长相对稳定，但资源、环境对经济、人口的约束性影响将不断显化。对比 3 类仿真情景，2023 年以后以经济总量优先的粗放—调整情景的地区生产总值增速将受到明显抑制，主要是能源和土地资源无法持续维持"高投入—高产出"模式，经济转型优先情景在经济增长方面结果最优，其次是污染治理优先情景，经济转型优先情景在2035年的经济总量规模将是粗放—调整情景的1.4倍，而粗放—调整情景在2032年之后增速将下降至1%以内。产业结构的转型升级对城镇化率的影响也较为明显，至2035年，经济转型优先情景城镇化率将超过80%，达到82.74%，而污染治理优先情景和粗放—调整情景分别为79.55%和74.59%。

（2）资源约束方面，土地资源、能源的约束效果较为明显，其次为水资源。针对土地、能源、水资源3类主要的资源类型，由3类仿真情景结果可见，土地资源由于是刚性约束，需严格按照土地利用计划供地，3类情景预计全省建成区在未来15年内的面积提升幅度都极为有限，不到20%。这说明每年的用地面积受到严格约束，目前省内不少项目落地都因土地资源紧缺而遭遇障碍，集约高效利用土地资源、开发闲置土地和零散土地将是湖南绿色发展中亟待解决的问题。湖南缺电少煤、无油无气，水电资源开发已经接近上限，新能源开发规模在近年来并未取得较大突破，特别是2015年以来一次能源生产量仍不断下行，导致2018年一次能源自给率仅23.28%，3类情景中在假设近年来一次能源生产量仍可波动恢复的前提下，至2035年一次能源自给率也仅为20.68%~23.05%，这说明一次能源自给率偏低，需要大量跨省能源调入是未来湖南能源供需的常态性特征，推动节能减排、提高能源产出效率将是湖南绿色发展中的长期性任务。湖南的水资源相对丰富，经济转型优先情景在经济发展较快下可以确保水资源供应稳定，而污染治理优先情景的远景水资源供需比也将超过90%，粗放—调整情景相对较差，2035年粗放—调整情景水资源供需比将低于0.75，从具体的水资源利用结构来看，由于预计城乡居民生活用水需求将缓慢上升（不宜过分控制居民用水），湖南未来水资源管控的重点领域是农业用水，应全面提高农田灌溉水有效利用系数。

（3）碳排放及典型污染物排放方面，碳排放、大气污染物和一般工业固体废物都将出现达峰下降的特征，水体污染物受生活污水影响可能出现低位增长态势，同样生活垃圾产生也会出现上升态势。碳排放上，由于湖南省煤品能源消费量占总能源消费量比例近年来下降极为有限，按此趋势化石能源消费占比在未来依然占到较大比重，故3类情景中均要到2032～2033年才能出现碳排放达峰现象，其中经济转型优先情景碳排放量峰值最低，约为4.5亿吨CO_2e，要完成国家2030年左右碳排放达峰的目标，湖南需要加快推动能源消费结构变动，加大清洁、低碳能源使用比例。大气污染排放上，3类情景SO_2、NO_x排放量均呈总体下降态势，粗放—调整情景可能先上升后下降，而经济转型优先情景和污染治理优先情景均为持续下降态势。从具体的排放源分析，工业源排放在3类情景中均呈大幅下降态势，而生活源和交通源大气污染治理将是未来的关键。水污染物排放上，2016年开始工农业废水中COD、氨氮排放量大幅下降，导致生活源排放逐步占到水污染物排放的主要份额，3类情景按此趋势预测，未来工业源、农业源水污染物基本得到有效控制，但生活源污染物随城镇化率的提升，以及单位居民排放量的提升，在未来可能走高。因此水污染物排放主要与生活水平相关，经济转型优先情景未来水污染物减排压力相对较高。但是需要注意的是，按照农业面源污染的估算口径，应远大于统计数据口径，由于农业面源污染难以进行工程化收集、处置，湖南又是水稻种植和生猪养殖大省，化肥、农药等生产要素投入量和畜禽粪污产生量较高，农业面源污染也应得到更多关注。固体废弃物产生上，3 类情景中一般工业固体废物产生量在未来均会大幅下降，特别是当前湖南一般工业固体废物综合利用率和处置率已经超过 90%，可以预见未来湖南一般工业固体废物将基本得到有效处理。目前，湖南城镇生活垃圾无害化处理率已经达到 100%，未来随着居民生活水平的提升，垃圾清运量仍将不断上升，湖南未来生活垃圾方面的主要压力包括乡村生活垃圾的清运压力，以及生活垃圾总量提升下确保各类处理设施能够持续满足需求。因此尽快推进城乡生活垃圾分类是长效解决生活垃圾问题的重要手段。

理论篇之后，本书对绿色技术推广、绿色发展重点领域建设以及绿色产品供给进行了专题应用研究，基本遵循了梳理国内外经验、学习其他地区先进案例、综合提出湖南应对的政策建议的思路，主要结论如下。

（1）在绿色技术方面，本书对清洁、循环、低碳技术在国外、知名企业及我国和湖南省的推广模型进行了梳理，从政府、企业、其他主体（如中介机构、科研院所等）等不同推广主体层面，共总结归纳出 13 类不同的推广模式。按照湖南省绿色技术推广的关键领域，提出了污水处理、土壤修复、大气污染防治、生态养殖、海绵城市、资源循环利用、垃圾资源化处理、节能与新能源、绿色交通和绿色建筑十大绿色技术推广领域。并将上述 13 类推广模式与这十大绿色技术推广领域待解决的具体子领域进行了匹配分析。同时，本书对十大绿色技术领域每类在湖南发展的现状、市场规模、投资估算、技术重点、推广目标、典型案例和推广举措等进行了详细分析，由于涉及领域多，具体建议均有所不同，这里不一一累述。

（2）在绿色发展重点领域建设方面，本书将绿色发展领域分解为 11 个大的宏观领域和 45 个中观领域，从中筛选出绿色农业、土壤污染修复、第三方治理、国际绿色合作 4 项湖南已经具备一定基础、有一定领先优势，可以进一步深入开拓的发展方向。对于这 4 项湖南绿色发展重点领域，本书从国内改革动态（包括国家改革动向和地方改革行动）、国际经验借鉴、湖南现实基础、湖南对策建议等方面进行了具体阐述，并提出了相关指导性建议。

（3）在促进绿色产品供给方面，本书从政府支持绿色产品先行先试的必要性、绿色产品发展潜力、当前的主要成效和面临挑战、先行先试的对策建议等方面进行了素材整理和论述，从政府职能创新、标准认证创新、平台载体创新、市场模式创新和配套机制创新 5 个维度，基于国家相关文件和各省经验，提出了 25 条相关指导性建议。

第二节　研究展望

系统动力学作为"政策仿真实验室"，在绿色发展领域的使用相当广泛，但正如本书第三章所提及的，社会经济到资源环境的反馈易于处理，而资源环境到社会经济的反馈则难以定量。本书使用节能环保公共财政支出占地区生产总值比重、高新技术产业增加值占地区生产总值比重两项指标来关联环保投入、资源利用效率对经济人口系统的影响，虽在一定程度上解决了部分问题，但由于近年来湖南省环境类统计数据波动较大，这一解决方式的稳定性值得进一步观察，同时资源约束对经济系统的影响还相对主观，这些都有待于逐步完善或者在方法学上寻找更为合宜的设计方式。

湖南近年来大力促推绿色发展，取得了明显成效，但绿色发展作为涉及"社会—经济—环境"的系统性、长期性任务，湖南在绿色发展中依然面临着不少困难和挑战，既需要资金、技术等要素支撑，又需要制度配套。

一是污染治理已进入攻坚克难期，治理对象常属历史遗留、技术需求高或非常规、新型污染等难啃的"硬骨头"；故急需在生态治理方面，加强与外省，特别是国际方面的技术和产能合作，而开放发展一直是湖南省的相对短板，缺乏有重大影响力、国家级的绿色国际合作平台。未来需要围绕打造服务全省的绿色发展国际合作综合性平台，依托智能制造、尖端种业、装配式建筑等优势产业促进绿色产能合作交流，加快推进流域生态修复、农业面源污染治理、重金属污染土壤修复等资源利用和环境治理关键领域的国际技术、项目合作。

二是湖南的生态建设，特别是"一湖四水"的治理是长江经济带生态建设的重要组成部分。当前湖南省内跨行政区域联防联治体系逐步健全，在湘江流域生态补偿方面也积累了一定的经验，但补偿对象和资金仍属省内，下一步可在争取中央统筹的背景下，与湖北联合就跨省域的洞庭湖与长江流域上下游省份横向间的生态补偿机制设计进行探索。

三是第三方治理正日益广泛地被引入生态建设和污染治理领域，但其法律责任转移问题仍待厘清。目前对于第三方治理企业和委托方的法律责任如何界定尚缺乏明晰的法律文件，相关文件对治理归责主体的阐释仅停滞在概念说明阶段，第三方治理中政府、污染企业、第三方治理企业责任界定与责任追究缺乏针对性、可操作性细则规定，当出现治理效果偏差导致污染问题时，委托方（可能是政府，也可能是排污企业）依然是处罚的担责主体。针对发包方与第三方之间的行政法律责任转移问题，一方面要求发包方严格落实《关于推进环境污染第三方治理的实施意见》，在环境服务合同中约定排污方主体责任和第三方治理责任的划分；另一方面积极推动通过制定、修改地方法律法规或扩展解释法律，确定发包方与第三方之间行政法律责任的转移处理方式，促使第三方治理企业承担相对独立的法律责任。

四是绿色 GDP 考核方式尚很难直接全面代替传统 GDP 考核方式。一方面，传统 GDP 核算和考核方式都比较成熟，在指导经济社会建设实践中仍属利大于弊；另一方面，关于绿色 GDP 尚未有国内外达成共识的具体核算操作方式，当前采用指标校正的方式需要地方政府的配合，从而可能使核算失去独立性。湖南的经济发展任务依然较重，在试点地区继续探索绿色 GDP 评价体系，而大部分地区仍采用通用的 GDP 核算配合生态环保一票否决可能依然是现阶段较为合宜的考评方式。

这些理论和实践问题都有待在未来的研究中深入思考、锐意探索和不断完善。

附　录

附表 1　各省市绿色发展重点领域政策及工作摘录

宏观领域	重点项目	已有行动	近期工作或对标地区经验
A. 绿色产业发展	绿色制造（传统产业绿色化，再制造基地）	①省经信委牵头编制了《湖南省绿色制造工程专项行动方案（2016—2020年）》《湖南省节能环保产业发展五年行动计划（2016—2020年）》《湖南省空气治理技术及应用产业链行动计划》 ②按照工信部开展绿色制造体系建设的要求，组织编制了《湖南省绿色制造体系建设实施方案》。三一汽车、远大空调等6家单位获批国家第一批绿色制造示范单位，威胜集团有限公司等27家企业被认定为第一批省级绿色工厂 ③国家绿色制造系统集成项目申报工作取得优异成绩。楚天科技等7个项目列入2016年国家绿色制造系统集成项目支持计划，获批项目个数和资金额度均居全国第一位	①开展地方绿色制造标准的研究、制定工作，完善标准体系 ②有序推动绿色工厂、绿色园区评估工作 ③完善产学研用相结合的体制机制。开展绿色工程教育，培养专业化人才。建设生态工厂

续表

宏观领域	重点项目	已有行动	近期工作或对标地区经验
	绿色能源（生物质能，沼气，热泵等）	①湖南传统化石能源资源相对贫乏，但生物质能、页岩气资源较为丰富，生物质能、太阳能、风能开发将是"十三五"时期新能源发电技术的主要推广领域，而页岩气则是远景开发对象 ②2017年，湖南省人民政府印发《湖南省"十三五"节能减排综合工作方案》 ③湖南省积极响应国家要求，将新能源及节能环保产业确定为全省战略性新兴产业 ④湖南在全国率先提出"绿色公交"奖补政策，将对新能源公交车保有量达到一定比例的市县给予奖补。2017年，长沙市、株洲市、湘潭市以及宁乡县纳入了首批奖补范围	①到2020年，全省万元生产总值能耗比2015年下降16%，能源消费总量控制在17849万吨标煤以内 ②全省页岩气探明储量约9.2万亿立方米，可采资源量达到1.5万亿~2万亿立方米，勘探产值超过1000亿元，可带动上下游产业链5000亿元 ③全省农林生物质总量超过10亿吨，推广生物质发电，可规划装机1800MW，生产成型燃料7000万吨，产值超过840亿元 ④太阳能光伏屋顶发电技术、家庭电站的推行还有较大的开发空间
A.绿色产业发展	绿色建筑	①2013年，全省印发《绿色建筑行动实施方案》 ②截至2015年底，长沙市新开工建筑中绿色建筑面积比例已超过30%，部分地区达65% ③2014年，全省发布《湖南省人民政府关于推进住宅产业化的指导意见》《湖南省住宅产业化基地管理办法（试行）》《湖南省推进住宅产业化实施细则》等文件 ④预制装配整体式钢筋混凝土结构体系等工业化制造体系和集成建设技术已达到国际领先水平，有远大住工、远大可建、巨星建材等一批住宅产业化龙头企业 ⑤梅溪湖国际新城获批"全国绿色生态示范城区"；株洲云龙生态示范区获批国家住房和城乡建设部"国家绿色生态示范城区"	①未来将重点推广绿色建造技术、装配式建筑技术、BIM技术 ②到2020年，长株潭三市城区装配式建筑占新建建筑比例达到50% ③参考梅溪湖国际新城、株洲云龙生态新城和益阳东部新区等绿色建筑强制示范区经验，通过开展绿色建筑向单体生态示范建设，推进绿色建筑逐步由单体生态向生态新城和智慧城市发展，以点带面全面铺开

续表

宏观领域	重点项目	已有行动	近期工作或对标地区经验
	美丽经济(康养、生态旅游)	①环长株潭城市群旅游发展规划:将构建"心一角一带一极一圈一轴"旅游空间格局 ②规划三大主题旅游:城市旅游,以城市为主要阵地,以快乐、健康为主题;乡村旅游,以乡村、郊野为主要阵地,以休闲、度假为主题;红色旅游,深入挖掘红色旅游文化内涵,全面加强红色旅游精品景区(点)建设,打造特色鲜明的红色旅游品牌	①建立两型旅游媒介营销和活动营销系统,在省内机场、车站、码头、高速公路等公共场所设立两型旅游地形象广告,利用主流媒体、重大活动加强两型旅游产品宣传 ②加快无障碍旅游设施建设,方便残障人群出游。实施"银发旅游服务计划"。落实带薪休假制度 ③以"锦绣潇湘、快乐湖南"总体形象为核心,精心培育两型旅游品牌,在社会公益宣传中加强两型旅游形象品牌宣传
A.绿色产业发展	绿色技术创新	①2017年,全省出台《长株潭两型试验区清洁低碳技术推广实施方案(2017—2020年)》 ②"十二五"期间重点推广了风电、生物质发电、光伏发电等新能源发电技术,地源热泵、风光互补路灯、LED灯、节能家电得到广泛应用,农村沼气发电、太阳能光伏屋顶发电专业已开始起步 ③工业企业,特别是大用能重点企业能源利用效率逐步提高,涟钢、湘钢自发电占用电量的70%以上 ④全省通过自主研发、自主集成,引进消化吸收再创新形成了一批自主核心技术集群,突破了1000多项清洁关键技术,在重金属废水处理、土壤修复、电动汽车、智能电网等关键技术领域取得了重大突破 ⑤近五年来,省、市财政科技经费经费16亿元以上,支持大型企业联合高校院所实施重大科技项目200多个,带动大型企业投入近100亿元,突破1000多项清洁低碳关键技术	①实施空气治理技术及应用产业链行动计划,积极支持中联重科、远大科技集团、威胜集团、永清环保、凯天环保等一批在环保行业具有竞争力的龙头企业发展壮大 ②开展自愿清洁生产审核,推广清洁生产技术 ③建设一批绿色工程实验室,提升企业绿色研发设计和绿色工艺技术一体化水平,引领行业绿色设计能力和产品绿色化水平 ④支持行业领军企业选择2~3个绿化改造潜力大的产品,对产品线进行绿色化改造 ⑤支持优势装备制造龙头企业拓展新能源及节能环保装备研发生产,依托永清环保、中联重科、中冶长天等骨干企业,大力发展高效节能装备技术及系统

续表

宏观领域	重点项目	已有行动	近期工作或对标地区经验
A. 绿色产业发展	绿色产品认证	①2011年10月，省财政厅联合多家单位从观念、组织、法制、标准和需求等五方面对两型产品采购进行了整体性创新设计 ②2013年7月，《湖南省两型产品政府采购认定管理办法》发布，省财政厅、两型办、科技厅正式联合启动两型产品认定工作，同年10月，省质量技术监督局发布了《两型产品（公共类）认定规范》 ③2013年底，全省发布首批《湖南省两型产品采购目录》（第一批），涉及70家企业285种产品 ④全省已初步建立政府采购支持两型产品的"四位一体"制度 ⑤2017年6月，国家质检总局正式批复同意在长株潭城市群建设立国家绿色产品标准认证中心和国家绿色产品认证中心	①继续开展"两型工业企业"认证工作。对照《两型工业企业》地方标准，继续组织开展两型工业企业认证工作 ②健全标准认证体系和制度，加快各类绿色产品认证，制定相关的资源消耗标准，对绿色类市场、宾馆、饭店、旅游进行绿色服务评价 ③统一绿色产品认证、标识等体系，逐步将现有的有机、低碳、环保、节能等涉及绿色产品的评价体系全部整合 ④到2020年，初步实现"一类产品，一个标准，一次认证，一个标识"的整合目标
B. 乡村振兴战略	绿色农产品（区域性品牌）	①成立了湖南省绿色食品办公室（省农产品质量安全中心），推进"三品一标"基地建设，重点建好"新泰和"蔬菜、"阿香"果茶等绿色（有机）食品示范基地 ②出台《湖南省人民政府办公厅关于进一步加快推进农产品品牌建设的指导意见》，明确了截至2020年农产品知名品牌、企业品牌、区域公共品牌的个数以及产品销售收入规模 ③实施"一县一特"战略，实现错位发展，避免恶性竞争 ④在长株潭地区积极开展休耕轮作试点 ⑤推进"互联网＋绿色食品"行动	①推进农业标准化生产，对各类农业生产投入品使用，产品分级、物流运输、包装等完善相关标准，推进现代农业综合标准化示范 ②强化农产品产地环境保护治理和质量安全监管 ③实施农产品"百企千社万户"工程，扶持农业企业、合作社、规模化种植户等主体

续表

宏观领域	重点项目	已有行动	近期工作或对标地区经验
	农村面源污染治理	①在全国首批启动典型流域农业面源污染综合治理项目,整合一系列清洁生产项目,从源头上减少农业生产带来的污染 ②推进农业面源污染防治工程建设 ③推进化肥、农药零增长行动,实现秸秆、粪污资源的综合利用	①探索农业面源污染防治模式,在试点探索的基础上,形成完善的工程建设标准、技术标准,推动污染性农业生产要素投入零增长 ②提升耕地质量,推动污染面源污染 ③实行限额制或实行额定额制,从源头逐步防治农业面源污染
B. 乡村振兴战略	生态养殖	①实施养殖环境整治专项行动,制定下发了《切实抓好畜禽养殖禁养区内突出问题整改实施方案》,对已退养规模场实行"一场一档",实施网格化管理 ②开展养殖废弃物资源化利用行动,推进畜水产养殖污染防治综合利用试点和畜禽粪污综合利用社会化服务试点。 ③推进养殖业标准化,一批新制定的湖南省养殖业地方标准开始实行	①推动"养殖户蓄储,合作社运输,种植户利用,镇村监管"的"异地循环"治污模式 ②探索"粪污不落地—封闭运转—生产有机肥—有机农业"的集约化工厂式治污模式 ③探索和完善"粪污制沼,沼气供户,沼液种菜、果菜直供销,连链经营"的全产业链模式 ④探索和完善"干湿分离,干粪还田,污水净化"的生态处理模式
	生态扶贫	①构建了生态建设与公益帮扶统筹协调的脱贫致富机制,创造性地开发出大量生态护林员、生态保洁员岗位就业机制,创造性地开发出大量困难户就业。在生态旅游扶贫开发过程中,企业主动放弃部分利益并转让给困户,以提高其收入,加快脱贫步伐 ②健全异地搬迁扶贫机制。按照"三定一帮"(合理定户子、公正定户子、科学定盘子,帮助建房子找户子)的异地搬迁扶贫模式 ③创新大生态大旅游大扶贫共建互促发展机制。构建了"三结合四带动"的共建互促机制	①探索购买式造林、管护新模式,由合作社承担造林工程,然后政府进行回购,贫困户从中获得收益,同时可成为护林员,获得管护报酬 ②创新生态扶贫利益联结机制,积极创造生态治理、保护领域公益岗位,激活贫困人口生态资产,多渠道增加贫困人口收益

续表

宏观领域	重点项目	已有行动	近期工作或对标地区经验
	区域空间规划（绿心、国家公园、湿地）	①制定了《长株潭城市群生态绿心地区总体规划（2010—2030年）》，科学确定建设用地、永久基本农田、生态红线用地规模，结构与空间布局 ②出台了《湖南省湿地公园管理办法（试行）》等政策，通过划建重要湿地、保护小区、湿地公园等就地保护手段，形成布局平衡、层次结构合理的湿地保护网络 ③率先导入"多规合一"理念，优先确定禁止开发区。率先试行"多规合一"，实施区域战略规划环评，新区规划战略环评列为全国首个两型社会综合配套规划环评试点项目和部省合作框架合作协议先行示范项目	①协调省导湘江新区，长株潭绿心地区等区域推进"多规合一"，推动多部门规划信息的互通共享和业务管理的衔接协调 ②研究编制长株潭城市群产业布局规划和产业发展目录，大力发展特色园区，搭建协同创新平台 ③划建自然保护区、湿地公园、湿地保护小区，逐步提高全省湿地保护率
C. 现代化生态城市群	长株潭城市群防联治	①建立联防联控机制，出台了《长株潭大气污染特护期工作方案》《2017年度长株潭大气联防联控实施方案》；省财政安排专项资金支持长株潭城市群开展大气联防联控 ②建立联合执法机制，省公安厅等出台了《关于建立环境执法联动规范性文件，建立了分级联席会商制度，省公安厅等派驻环保工作机制；省公安厅驻环保厅联络室建立了"1+X"日常工作机制；省公安厅联合司法厅、省检察院制定出台了《环境保护行政执法与刑事司法衔接工作办法实施细则》，设立了环境保护专干，负责长株潭实验室重大环境案件事衔接工作的收集、整理、移送，依托两法衔接信息共享平台	①加强城市群大气污染联防联控和协同治理，引入行业协会第三方进行监督 ②统一环境标准，通过规划、标准、评估的统一引导成本的统一环境成本的统一 ③建立跨区域生态补偿及生态补偿评估机制，在补偿过程中注重跨区域环境改善质量

续表

宏观领域	重点项目	已有行动	近期工作或对标地区经验
C. 现代化生态城市群	积极融入国家战略	①长株潭两型社会综合配套改革试验区 ②长株潭自主创新示范区 ③湘江新区 ④长株潭衡"中国制造2025"试点示范城市群 ⑤"宽带中国"长株潭示范城市群	①长江经济带环境保护与开发协同发展试验区 ②农产品自我供给与品牌农业协同发展示范区 ③国家全域旅游试点示范区 ④长株潭国际文化创意协同发展示范区 ⑤国家生态修复环境改善示范区
	河道整治与保洁	省水利厅下发《全面禁止在自然保护区范围内进行河道采砂活动》的通知,明确要求全面清查自然保护区河道采砂情况,全面调整自然保护区河道采砂行为,建立自然保护区河道采砂监管联动机制	①全面整治非法采砂石码头,通过相关规划规范采砂行为和建立总量控制机制 ②全面禁止在生态环境敏感、重点生态功能区采砂 ③到2020年,非法损毁堤防、侵占河道行为得到全面禁止,禁止沿岸餐饮业向水体直接排污
D. 流域和湖泊治理	构建生态网	湖南省办公厅印发《统筹推进"一湖四水"生态环境综合整治总体方案(2018—2020年)》,要求系统推进水污染、水生态、水资源治理和保护,减少洞庭湖的输入性污染,建设生态水网	①实现河湖联动共治,政府市场联动参与 ②洞庭湖水质全面改善,基本达到III类标准 ③积极修复湿地生态系统 ④加强防洪能力建设,全省城镇防洪合围圈基本形成
	饮用水安全保障	①全省以湘江干流为饮用水源的人口超过1000万,湘江保护直接关系到全流域居民的饮水安全 ②省人民政府决定将湘江污染防治作为"一号重点工程",连续实施三个"三年行动计划"(2013~2021年) ③第4号总河长令决定,整治地表水集中式饮用水水源地的污染问题,保障居民饮水安全	①加强不达标供水水源地建设,保障饮用水安全,开发第二水源 ②严格水源地保护制度,强化饮用水深度处理。划分一级和二级保护区,设立明确的保护标志,按照规定规范的供水频率和项目进行水质监测 ③继续抓好各项应急措施,应对可能发生的供水安全风险,建立水环境信息共享平台,完善流域供水安全动态监控体系,支持科学决策

续表

宏观领域	重点项目	已有行动	近期工作或对标地区经验
D. 流域和湖泊治理	船舶污染治理	①第3号总河长令决定，加强环洞庭湖区和湘江流域的重点污染源整治 ②2016年1月1日起，凡是污水排放不达标的运输船舶，将禁止在湘江、沅水、洞庭湖水域航行	①尚未安装油水分离器、生活垃圾和污水处理设备的船舶要限期加装，港口、码头应设置船舶废油、废水和垃圾接收装置，及时送往集中处理场所处置 ②推进内河危险化学品运输船舶的船型标准化，对危化品运输船舶和港区储存实施动态全过程监控
	工矿区土地修复	湖南省土壤环境污染形势较为严峻，背景值高，以无机污染为主，尤其是镉、砷、镍、钒等的重金属污染程度较重，全省不少耕地，农田和工矿区受到不同程度的重金属污染。目前，湖南省土壤修复已经开展试点，积累了一定经验	①生态修复模式。将复垦整治与植树造林、矿山地质环境恢复治理、改善生态环境结合起来，对排石场、重金属污染、边坡、土层较薄、土质较差的废弃地进行表层覆土，开展植树造林和人工植草绿化，恢复植被，防止水土流失，改善生态环境 ②旅游休闲复垦模式。将复垦整治与发展矿冶文化旅游结合的模式，对矿业文化底蕴丰厚、大型矿坑等具有独特性的工矿废弃地整治成旅游休闲用地，变废地为宝地，保障土地永续利用
E. 土壤污染治理	农村耕地修复	①2014年启动了长株潭170万亩耕地重金属治理修复试点，2015年进一步扩大了104万亩，将长株潭附近43.15万亩捕花丘块，湘江流域60.86万亩耕地纳入，修复试点覆盖全省9个市州 ②2014~2016年，中央安排全省重金属污染耕地修复及种植结构调整试点资金41.56亿元，省财政配套安排6447万元，支持农业"休养生息"，探索耕地重金属污染修复新途径 ③制定了湖南省地方性标准《重金属污染场地土壤修复标准》（DB43/T 1125—2016）	①按照环保部《关于加强土壤污染综合防治先行区建设的指导意见》，在广东省韶关市、湖南省常德市等6市开展土壤污染综合防治先行区建设的要求，探索土壤修复新模式 ②新农村建设与复垦整治结合。将复垦整治与新农村建设结合起来，由政府科学规划地质灾害隐患地的农民搬迁建设，开展田、水、路、林、村综合整治，改善农村生产生活条件和人居环境

续表

宏观领域	重点项目	已有行动	近期工作或对标地区经验
	城乡生活垃圾分类回收	①制定了《湖南省城镇生活垃圾处理收费管理办法》（湘发改价服〔2017〕474号），对收集、运输、处理生活垃圾及其收费行为作出了明确的规定 ②推进党政机关等公共机构生活垃圾分类工作，2017年底前，省直党政机关率先实现生活垃圾分类 ③创新生活垃圾资源化处理机制，积极推引入第三方企业，推进处理机制市场化；积极推动支持政策常态化，将支持生活垃圾资源化处理的政策以协议形式规定下来，参照国家环保项目执行优惠税收政策，企业所得税通过以奖代补的形式补返，积极推进垃圾无害化处理，实现无废液、无废渣、无废气产生	①推动建立"互联网+分类回收+积分制"的城乡废物分类回收体系 ②上海、广州两网融合模式（清运网+回收网），通过再生资源回收与生活垃圾资源尽可能地物尽其用，变废为宝 ③常德农村的可再生生活垃圾"存折"即"再生资源绿色银行绿色存折"，用于累积垃圾兑换积分，换购生活用品和折现，农户进行垃圾分类和上交，可通过"绿色存折"兑换奖励
F. 绿色生活	餐厨垃圾回收处理	①构建法制化管理机制，出台《长沙市餐厨垃圾管理办法》，推进市场化，解决非法收集处理问题 ②推进市场化、专业化运营，由企业与全市餐厨垃圾产生单位签订餐厨垃圾处理运营协议，实行统一上门收集、集中运输、日产日清，解决长效运营和资源化利用问题 ③开发电子监管系统，对餐厨废弃物收运车辆进行全程监控，建立台账登记管理制度	①杭州"金桥模式"，突破性特征主要体现在：产品系列可覆盖城乡所有区块；实行"三级分类"，极大地减少了混杂度，提高了"纯净度""集中处理"三位一体形成合理布局；实现100%资源化利用；运用"互联网+"，实现信息化、数据化后端资源化利用的统一协调 ②苏州模式即"餐厨废弃物协同管理、收运处一体化"市场运作的"收集—运输—处置"一体化运行模式；建立了财政合理补贴，引导源头分类；属地协同负责，部门联动配合；技术处理先进，资源利用充分；效益实现平衡，避免终端再补

续表

宏观领域	重点项目	已有行动	近期工作或对标地区经验
F. 绿色生活	城市建筑垃圾处理	①出台了《湖南省人民政府办公厅关于加强城市建筑垃圾管理促进资源化利用的意见》，提出构建"布局合理、技术先进、规模适宜、管理规范"的建筑垃圾管理体系，力争2020年建筑垃圾资源化综合利用率达到65%以上，基本实现建筑垃圾减量化、无害化、资源化利用和产业化发展 ②建筑垃圾资源化利用试点省 ③长沙市创新激励政策，处置企业可在建筑垃圾运输抵达并完成处置后，向住房城乡建设部门申请建筑垃圾处置费用补贴；经建设行政部门核准的综合利用企业生产的再生产品符合国家资源化利用鼓励和扶持政策的，按照国家有关规定享受增值税返退等要求的，列入两型产品目录公布，定期向社会公布；政府投资的城市道路、河道、公园、广场等市政工程和社会投资项目使用建筑垃圾再生产品，鼓励社会投资项目使用建筑垃圾再生产品；在工程项目招标投标时，给予总分1～3分的加分	①实行特许经营制，获得特许经营权的企业，享有特许经营范围内建筑垃圾的收集权。处置采取各级采取PPP模式，引进社会资本参与城市建筑垃圾资源化利用工作 ②推进源头减量，鼓励和支持采用装配式建筑，推广精装修住宅，从源头降低建筑装修建筑垃圾产生 ③规范处置核准，建立城管执法部门、社会等监督体系 ④规范装修垃圾处置，推行建筑废金属、轻材、渣土等分类集运 ⑤加快建筑垃圾再生产品的应用，完善产品认定及推广目录，加快研究制定建筑垃圾再生产品的工程应用技术规程 ⑥推广的定点付费机制，防止层层转包造成非法倾倒建筑垃圾
	快递业绿色包装		①建立完善快递业包装地方标准，强化快递业包装日常监管 ②推动出台快递绿色包装使用和管理办法 ③探索将绿色包装等环保标识纳入行业信用体系建设内容 ④增加快递绿色包装等绿色产品供给使用，实施快递绿色包装产品绿色认证 ⑤开展快递业绿色包装试点示范，建设快递包装回收示范城市

续表

宏观领域	重点项目	已有行动	近期工作或对标地区经验
G. 创新政府管理手段	绿色发展统计评价考核	①2017 年，将两型社会建设有关指标任务纳入全省绩效评估指标体系 ②省统计局专门成立了《绿色 GDP 评价体系》课题组，跨专业组织业务骨干开展绿色 GDP 评价体系研究工作 ③2017 年 9 月底，省政府办公厅、省委办公厅正式印发《湖南省生态文明建设目标评价考核办法》（湘办〔2017〕55 号）	①建立绿色发展指标体系 ②进一步做好绿色发展数据采集、审核及测算工作 ③完善绿色发展统计报表制度 ④推进市州绿色发展评价工作 ⑤提高绿色发展统计数据质量
	绿色采购	①构建了两型采购工作机制 ②建立了两型采购制度体系 ③规范了两型产品的评审认定程序 ④定期更新两型产品目录	①在两型产品的基础上，完善政府绿色采购制度 ②健全绿色产品体系配套政策，推行绿色产品领跑者计划和政府绿色采购制度 ③规范公开相关产品信息，接受人大、公众监督
	绿色标准	①全省出台了《关于推进生态文明和两型社会标准化改革建设的实施意见》，建立了由省两型办和省质监局牵头，相关主管部门、科研机构参加的两型标准体系建设推进工作机制 ②截至目前，累计组织制定并发布《两型工业企业》等两型社会建设地方标准 16 项，节能环保地方标准 53 项	①加强标准管理。为企业发展绿色经济、创建绿色品牌提供指导、帮助和服务，推进企业自我声明制度 ②强化标准编制实施 ③规范绿色认证。建设认证中心，加快长株潭市群国家两型标准认证中心和国家绿色产品认证中心建设

续表

宏观领域	重点项目	已有行动	近期工作或对标地区经验
G. 创新政府管理手段	城市群一体化机制	①长株潭城市群基本形成半小时高速通勤圈 ②2015年9月开始，开展长株潭规划信息平台建设，将长株潭三市规划进行整合，目前已投入使用 ③2017年3月，省发改委向财政部、国家发改委申报开发贷款长株潭绿心地区生态综合治理项目，获得投资30.83亿元，其中新开发银行贷款资金20亿元	①做好规划引领，支持长株潭地区交通加快发展 ②继续推进长株潭地区一体化工作 ③做好长株潭绿心地区保护工作。开展长株潭城市群际绿道网规划编制 ④加强绿心地区监测系统成果利用，探索建立跨部门、跨省市的联动机制 ⑤加强环境保护案件协作监督，推动专业打击队伍建设
H. 优化资源市场配置	排污权交易	①在全国率先探索实现排污权证制度，社会资金参与排污权交易机制，刷卡排污，以购代补的污染治理配资下达模式，重金属总量指标交易等多项创新 ②建立健全机构网络，全省已正式成立13个排污权交易管理机构。建立排污权初始分配核定技术体系，截至2017年底共8769家企业开始初始排污权 ③实施排污权有偿使用，基本建立一级交易市场，2017年缴费企业数量比例超过90%；建立排污权交易市场，全省累计实施市场交易3611笔，交易资金总额3.96亿元。累计排污权有偿使用费9300万元	①完善竞价拍卖、挂牌交易、储备出让等多样化市场交易模式，贯彻落实"最多跑一次"改革，进一步优化了排污权交易制度，在排污权拍卖方式和实页权拍卖等方面进行了创新 ②推介"互联网+金融+线下服务"的排污权交易及登记体系，搭建数据集中管理，应用简单安全的综合性网络服务平台

续表

宏观领域	重点项目	已有行动	近期工作或对标地区经验
H. 优化资源市场配置	林权交易	①探索林权交易由线下交易转向线上交易为主、线下交易为辅、线上线下相互结合的林权交易服务机构合作运营新模式 ②开发交易市场门户网站和全省林权交易竞价公共服务平台,基本实现统一信息披露、统一交易规则、统一资金结算、统一交易平台、统一贷后监管的"五统一" ③打通金融服务快速通道,与银行、担保、保险等金融机构广泛合作,制定林权抵押贷款流程和风险管理相关规程,为林业企业和资本搭建桥梁,切实解决广大林农、林业企业融资难、风险大、金融机构怕贷等问题	①建设中部地区大数据中心和林权交易(收储)中心,搭建林权收储交易、林业产业金融服务、林业虚拟产业平台 ②建设林业大数据中心和全省林权交易市场 ③加快碳排放权交易市场建设。根据国家统一部署,2018年制定完成全省碳排放交易总量配额与配置方案,碳排放交易办法监管实施细则,组织省内企业和单位积极参与碳排放交易
	水权交易	①制定了《湖南省水利厅关于加强水资源用途管制的实施意见》,选择长沙县江背镇开展了水资源使用权登记和水权交易试点,分类进行了试点《江背镇水资源确权登记(试行)》,开展了《江背镇水权交易中心水权交易规则(试行)》,生态生活、生产用水需求分析和水资源确权,行业间的水权交易模式探索 ②制定出台《湖南省水权交易管理办法(试行)》	①完善跨区域、行业间利用水户间、流域上下游间等多种水权交易模式 ②根据《取水许可和水资源费征收管理条例》,开展水权确权工作 ③加大合同节水量水权交易、城市公共供水管网范围内用水指标交易、农业高效节水PPP项目水权交易以及丰水地区水质双指标水权交易等产品研发力度

续表

宏观领域	重点项目	已有行动	近期工作或对标地区经验
H. 优化资源市场配置	生态补偿	①制定出台了《湖南省关于健全生态保护补偿机制的实施意见》，明确生态保护补偿工作安排和部门责任分工 ②出台了《关于在长株潭城市群生态绿心地区开展森林生态效益补偿改革试点的通知》；在长株潭地区探索实行公益林分类分区域补偿机制 ③在东洞庭湖国家级自然保护区和西洞庭湖国家级自然保护区实施了湿地生态补偿试点	①建立生态环境损害赔偿制度，明确赔偿责任主体、范围、索赔方式、保障制度。建立独立公正的生态环境损害鉴定评估制度 ②推动建立横向生态补偿制度，积极推动湿地、林地等生态补偿 ③扩大森林生态效益补偿范围，提高补偿标准；加快湿地生态效益补偿试点，优先将重要湿地和湿地自然保护区、湿地公园纳入补偿范围 ④积极推动生活垃圾异地处理补偿试点 ⑤扩大环境污染责任保险覆盖范围
	绿色技术交易	建设了湖南省技术产权交易所，网上技术市场和湖南省科技成果转化交易网，先后召开了20多次项目对接会、银企对接会、经验交流会等，开展"清洁低碳专家企业行"，为企事业单位提供技术、资金等整体解决方案	①建立绿色技术数据库 ②优化相关服务，提供知识产权管理，许可和投资等广泛领域的专门知识
	第三方治理	①出台了《关于培育环境治理和生态保护市场主体的实施意见》，积极支持和促进采用市场方式开展环境污染第三方治理 ②在省预算内基建投资中安排了专项资金支持环境污染第三方治理项目 ③株洲清水塘、湘潭竹埠港等地区加快开展环境污染第三方治理国家试点	①完善第三方治理的责任追究制度，对排污方主体责任和第三方治理责任之间进行清晰划分 ②打击第三方治理中出现的失信行为，维护政府和企业诚信 ③对钢铁、石化等重点污染部门，推进强制性第三方治理 ④积极培育湖南的第三方治理市场，壮大龙头骨干企业，实行企业信用管理，支持企业"走出去"

续表

宏观领域	重点项目	已有行动	近期工作或对标地区经验
1. 绿色金融	绿色信贷	①创新两型金融产品与服务模式，积极推动全省银行机构围绕重点用绿色循环发展，清洁交通、节能键盘、节能环保、资源节约与循环利用、生态保护和适应气候变化、污染防治等领域，创新信贷产品和服务方式 ②建立面向金融机构两型社会建设信贷工作考核机制，包括绿色信贷工作考核机制，科技金融创新考核机制等 ③支持银行发行绿色金融债券和推进绿色资产证券化，拓宽资金来源，积极为企业发行绿色债券和绿色信贷资产证券化产品提供承销等金融服务	①构建符合环保事业发展特点的信贷工作政策框架，推动银行等金融机构从发展战略高度开展绿色信贷，落实政策要求，形成良好支持环境良好企业和抑制高污染、高耗能和产能过剩行业的信贷激励约束机制 ②推动银行业继续贯彻执行绿色信贷政策，支持绿色产业发展。引导银行探索设立绿色金融事业部或专营机构，通过发行绿色金融资产专项资金渠道 ③持续落实环保差异化信贷要求，加强对企业环境违法违规信息的采集和应用
	绿色保险	①由人保财险湖南分公司和平安财险湖南分公司组成环责险共保体，在全省提供环境污染责任保险服务，2017年为449家环境污染重点风险企业提供了2.87亿元环境风险保障，其中，为长株潭地区213家企业提供了1.29亿元环境风险保障 ②建立小额案件快赔机制，重大案件预付机制，应急抢险救援机制，疑难理赔案件会商机制，近年来保险公司共为260家（次）企业赔付1456万元	①做好环境污染强制责任保险前期调研和实施准备工作，加强政策宣导和法规培训，推动出台实施办法 ②完善保险产品，指导和支持保险公司将生态环境损害修复、企业周边人员的健康保障、损害评估费用等纳入保险责任

续表

宏观领域	重点项目	已有行动	近期工作或对标地区经验
I. 绿色金融	绿色债券	支持省内华融湘江银行、长沙银行发行绿色金融债券，募集资金主要用于支持生态保护、污染防治、清洁交通、资源节约与循环利用等绿色项目，截至2017年底，全省已发行绿色金融债券60亿元，另有25亿元已审批未发行	①将民营企业纳入绿色债券发行范围 ②建立鼓励大型金融机构主动践行社会责任、发行绿色债券的激励机制
	绿色企业认证	①省经信委、省两型委、省质监局联合印发《关于实施两型工业企业标准、开展两型工业企业认证工作的通知》，在全省启动两型工业企业认证工作，三一重工等19家企业通过第三方认证两型认证机构两型认证 ②楚天科技、三一汽车、远大空调等6家单位获批国家第一批绿色制造示范单位，威胜集团有限公司等27家企业被认定为第一批省级绿色工厂	①对照《两型工业企业》地方标准，以降低资源能源消耗、减少污染物排放、提高资源产出效率为主要着力点，继续组织开展两型工业企业认证工作 ②积极争取全国"绿色产品认证"试点城市，积极推广绿色产品认证，即整合现有"环保、节能、节水、循环、低碳、再生、有机"等认证，对产品生命周期内关键指标进行符合性评价
J. 多主体协同治理	居民自治	①如今长沙市600多个村创建成为农村环保自治村，村民自治成为长沙农村环保的一大亮点 ②目前"户分类、村收集、镇中转、县处理"的农村生活垃圾处理模式已在长沙全市农村推广开来 ③由社区引导居民参与社区自治，由小区居民自我管理进行社区管理的牛角塘社区成为长沙首批成功申请的精品社区。"牛角塘模式"将在其他老旧开放式社区进行推广 ④攸县"政府主导、部门协作、村民参与"的共治模式初步形成，是湖南省两个试点村之一	①鼓励企事业单位、社会组织、志愿者、绿心地区基层自治组织及居民参与绿心地区的保护和管理 ②对破坏绿心地区生态资源的行为，社会公众有权向有关部门举报 ③加强社区自治领域的立法。出台《关于加强社会主义协商社区自治活动的实施意见》 ④加强街道层面对社区自治建设的指导 ⑤强化社区居委会、业委会的自治能力 ⑥培育社会组织，鼓励居民参与社区自治

续表

宏观领域	重点项目	已有行动	近期工作或对标地区经验
	公众参与	《湖南省长株潭城市群区域规划条例》第10条提出,长株潭城市群规划应征求社会意见;第22条规定,公众可以对违反规划行为进行举报	①加强生态文明引导,建立公众参与制度的保障机制。强化生态文明教育,提高公众参与意识 ②实施政策激励,积极推动生态文明制度建设 ③推动科技创新,健全公众参与服务体系。充分发挥第三方作用,推动生态文明健康发展
	公益组织参与	2017年6月,"河长助手·湘江卫士"项目启动。项目前期面向社会各界招募500名"湘江卫士",担任宣传员、信息员、清洁员、监督员,协助政府以河长为主体,河长助手为补充的全民治水模式	①大力扶持NGO,实现分散利益的组织化 ②学习永州经验,积极发展居民河长,实现官民共治 ③加强河长制的社会监督 ④加强环境志愿者服务
J.多主体协同治理	中介组织	①绿色湘军生态养殖推广平台,由具有生态养殖核心技术的共建单位运营管理,整合生态养殖上游核心技术,对接养殖主生态养殖技术需求,通过养殖技术手段,破解养殖主面临的环境污染、食品安全、资源浪费等瓶颈难题 ②近年来,湘江节能环保协作平台在推动生态养殖方面积累了一些成功经验,平台与全省10多家生态养殖技术企业建立了紧密联系,积累了大量绿色名纪人项目资源,协助对接了一批生态养殖项目 ③"绿色湘军"生态养殖技术推广平台已在长沙成立,首批24家环保、生物科技、农牧开发等领域的企业通过抱团发展、资源互补,共同推动生态养殖集成技术在全省的推广、应用	①绿色湘军—湘江节能环保协作平台(简称"绿色湘军平台")面向全社会推广一批先进适用成熟清洁低碳(节能环保新能源)技术。借此会聚社会各界精英,引导推广清洁低碳技术,打赢生态文明保卫战 ②平台协助需求方对接技术,共同签订三方协议,根据有关政策规定,向有关部门申请补助经费。需求方遇到任何技术性难题,平台将针对性地提供个性化服务。平台为以县为单位建立清洁低碳技术推广服务网点,平台集中所有资源支持清洁低碳技术推广服务网点,平台进行实时联动,平台可及时了解技术对接进度,第一时间提供更好的服务

续表

宏观领域	重点项目	已有行动	近期工作或对标地区经验
J. 多主体协同治理	绿色发展国际合作平台	2011年8月22～23日，由外交部、科技部、湖南省人民政府共同主办的"亚欧水资源合作研讨会"在湖南长沙举行。成立仪式上亚欧水资源研究和利用中心与亚欧会议成员10家中外涉水机构代表签订了了合作伙伴关系意向书	①在2017年5月举行的"一带一路"国际合作高峰论坛上，联合国环境规划署和中国环保部共同倡议建立"一带一路"绿色发展国际联盟 ②围绕水资源研究与利用，加强在水资源的技术研究，涉水政策与技术咨询、技术培训与交流，技术转让与推广等领域的国际合作 ③促进国际产能合作与基础设施建设的绿色化，发展绿色贸易，开展生态环保项目和活动，加强环保能力建设
K. 绿色大数据	大数据平台建设	①建设网上办事大厅，全面公开办事服务流程，期限和结果，收费项目，依据和标准，以及办事所需的证件、资料和监督方式等；推进环境保护信息公开 ②在全省推广能源资源消费统计系统，市州、县（市、区）能耗统计单位（科级以上）达到辖区公共机构编制数额的95%，省直能耗统计单位（含二级机构）达到编制数额的98%，全省公共机构节能统计员培训达到在岗人员的95%，全省3万余家公共机构全部实现能耗数据网上直报	①探索建立两型大数据平台，在技术上加强大数据、人工智能、卫星遥感等高新技术在两型监测和管理中的应用 ②开发上线"行政审批智能导航系统"和网上统一预约系统，形成政府管理服务"单一窗口"，推动政府服务管理加快迈入"互联网＋"时代

续表

宏观领域	重点项目	已有行动	近期工作或对标地区经验
K. 绿色大数据	环境信用管理	①制定出台《湖南省环境保护黑名单管理暂行办法》，企业一旦上了"黑榜"，不仅面临处罚、整改，还将在环境信用等级评定、环境保护专项资金申报等多方面受到限制 ②建立环境信用应用管理机制，按照《绿色信贷指引》《能效信贷指引》等规范性文件要求，推动环境信用守信激励和失信惩戒。信贷部门及时获取企业环境领域的守信评级信息，督促银行落实差异化信贷政策，将客户对环境和社会风险的管理状况作为决定信贷资金投付的重要依据 ③建立客户环保标识分类管理制度	①着力构建"一库一网一平台二窗口"公共信用信息系统，加快实现信用信息的归集、共享、公开和应用，为"信用+监管"提供基础，构建守信联合激励和失信联合惩戒的良好环境 ②参照部分地区企业申领绿色"身份证"的做法，在大数据平台上建立企业环保信用体系
	智能生态管控	①利用国产卫星遥感数据开展季度监测，监测绿心区生态要素变化情况，锁定违法违规行为 ②继续完善环境保护行政执法与刑事司法的无缝衔接机制	①搭建生态红线管控平台，"天地一体化"，通过卫星检测与综合行政执法的链接，发现哪些违法红线，造成了破坏 ②深度开发绿心试验区监控系统，实现绿心监测系统与区委会自动化办公系统融合，保证绿心区监测与日常工作紧密结合

参考文献

艾华、张广海、李雪：《山东半岛城市群发展模式仿真研究》，《地理科学》2006 年第 2 期。

安莹：《三网融合背景下中国移动公司可持续发展研究》，哈尔滨理工大学硕士学位论文，2016。

鲍健强：《供给侧结构性改革与绿色低碳发展》，《浙江经济》2016 年第 7 期。

曹琦、陈兴鹏、师满江：《基于 SD 和 DPSIRM 模型的水资源管理模拟模型——以黑河流域甘州区为例》，《经济地理》2013 年第 3 期。

陈彬、鞠丽萍、戴婧：《重庆市温室气体排放系统动力学研究》，《中国人口·资源与环境》2012 年第 4 期。

陈超凡、韩晶、毛渊龙：《环境规制、行业异质性与中国工业绿色增长——基于全要素生产率视角的非线性检验》，《山西财经大学学报》2018 年第 3 期。

陈国卫、金家善、耿俊豹：《系统动力学应用研究综述》，《控制工程》2012 年第 6 期。

陈慧、付光辉、刘友兆等：《南京市土地资源安全 SD 法评价研究》，《资源科学》2017 年第 5 期。

陈明华、张晓萌、刘玉鑫等：《绿色 TFP 增长的动态演进及趋势预测——基于中国五大城市群的实证研究》，《南开经济研究》2020 年第 1 期。

成琼文、周璐：《基于系统动力学的绿色供应链管理实践路径仿真》，《科技管理研究》2016 年第 23 期。

程云鹤、王宛昊、周强：《安徽绿色经济发展系统动力学模型及政策仿真》，《华东经济管理》2019 年第 6 期。

代峰、戴伟：《基于系统动力学的城市生活垃圾发电进化博弈》，《工业工程》2017 年第 1 期。

佟贺丰、杨阳、王静宜等：《中国绿色经济发展展望——基于系统动力学模型的情景分析》，《中国软科学》2015 年第 6 期。

董士璇、刘玉明：《基于系统动力学的绿色建筑规模化推进策略研究》，《工程管理学报》2013 年第 6 期。

董锁成、任扬、李静楠等：《中部地区资源环境、经济和城镇化形势与绿色崛起战略研究》，《资源科学》2019 年第 1 期。

窦睿音、张生玲、刘学敏：《基于系统动力学的资源型城市转型模式实证研究——以鄂尔多斯为例》，《干旱区资源与环境》2019 年第 8 期。

范厚明、李佳书、丁钦等：《基于系统动力学模型的工业固废管理政策作用仿真》，《环境工程学报》2014 年第 6 期。

方品贤、江欣、奚元福：《环境统计手册》，四川科学技术出版社，1985。

冯仿娅：《可持续发展理论研究综述》，《现代哲学》1996 年第 3 期。

付帼、卢小丽、武春友：《中国省域绿色创新空间格局演化研究》，《中国软科学》2016 年第 7 期。

傅建华、张莉：《基于 AHP 与 BP 神经网络模型的循环经济绿色营销绩效评价》，《科技管理研究》2012 年第 20 期。

盖美、田成诗：《大连市近岸海域水环境质量、影响因素及调控研究》，《地理研究》2003 年第 5 期。

甘宇：《区域绿色经济转型分析模型的建立与应用——以山西为例》，清华大学硕士学位论文，2013。

高赢：《中国八大综合经济区绿色发展绩效及其影响因素研究》，《数量经济技术经济研究》2019 年第 9 期。

高颖、李善同：《征收能源消费税对社会经济与能源环境的影响分析》，《中国人口·资源与环境》2009 年第 2 期。

宫德圆：《基于系统动力学的严寒地区村镇绿色发展研究》，哈尔滨工业大学硕士学位论文，2016。

关成华、韩晶：《2017/2018 中国绿色发展指数报告——区域比较》，经济日报出版社，2019。

郭玲玲、武春友、于惊涛：《中国能源安全系统的仿真模拟》，《科研管理》2015 年第 1 期。

郭振峰、范厚明、崔文罡等：《港城互动构建绿色低碳港口城市系统仿真》，《生态经济》2016 年第 6 期。

韩楠：《产业结构调整对环境污染影响的系统动力学仿真预测》，《中国科技论坛》2016 年第 10 期。

郝斌、任浩：《基于 SBC 范式的模块化组织主导规则设计问题剖析》，《外国经济与管理》2008 年第 6 期。

郝芳、王雪华、孔丘逸：《基于系统动力学的中国绿色增长评价模型研究》，《大连理工大学学报》（社会科学版）2017 年第 3 期。

郝维宝、雷颜溪、李盛国等：《基于系统动力学的我国节能环保产业政策仿真研究》，《数学的实践与认识》2019 年第 24 期。

何鹏飞：《生态试验区土地可持续利用的 SD 模型》，《中国经贸导刊》2012 年第 29 期。

胡鞍钢：《绿色发展是中国的必选之路》，《环境经济》2004 年第 2 期。

胡鞍钢：《中国：创新绿色发展》，中国人民大学出版社，2012。

胡雅蓓、邹蓉：《新常态下碳减排与经济转型多目标投入——产出优化研究》，《资源开发与市场》2018 年第 8 期。

黄定轩、陈梦娇、黎昌贵：《绿色建筑项目供给侧主体行为演化博弈分析》，《桂林理工大学学报》2019 年第 2 期。

黄海燕、杨春平：《积极建设"两型社会" 着力推动绿色发展》，《宏观经济管理》2012 年第 3 期。

黄茂兴、叶琪：《马克思主义绿色发展观与当代中国的绿色发展——兼评环境与发展不相容论》，《经济研究》2017 年第 6 期。

黄明强：《基于资源及环境约束的我国低碳城市发展机制研究》，天津大学博士学位论文，2014。

霍艳丽、刘彤：《生态经济建设：我国实现绿色发展的路径选择》，《企业经济》2011 年第 10 期。

贾仁安、徐南孙：《SD 流率基本入树建模法》，《系统工程理论与实践》1998 年第 6 期。

贾若祥、张燕、王继源等：《促进我国流域经济绿色发展》，《宏观经济管理》2019 年第 4 期。

姜子昂、肖学兰、余萌等：《面向绿色发展的中国天然气科学体系构建》，《天然气工业》2011 年第 9 期。

靖培星、赵伟峰、郑谦等：《安徽省农业绿色发展水平动态预测及路径研究》，《中国农业资源与区划》2018 年第 10 期。

匡跃辉、曾献超：《建设"绿色湖南"的主要优势》，《湖南社会科学》2012 年第 1 期。

李春发、曹莹莹、杨建超等：《基于能值及系统动力学的中新天津生态城可持续发展模式情景分析》，《应用生态学报》2015 年第 8 期。

李春发、王彩风：《生态产业链模式下企业的生态——经济系统的动力学模拟研究》，《哈尔滨工业大学学报》（社会科学版）2007 年第 6 期。

李冬伟：《环境可见度视角下企业绿色响应驱动研究——基于上市公司数据的分析》，《科学学与科学技术管理》2016 年第 12 期。

李桂君、杜磊、李玉龙：《小城镇发展系统结构及其支持政策选择》，《小城镇建设》2013 年第 10 期。

李健、孙康宁：《基于系统动力学的京津冀工业绿色发展路径研究》，《软科学》2018 年第 11 期。

李韧、聂春霞：《基于系统动力学的乌鲁木齐市水资源配置方案优选》，《中国农村水利水电》2019 年第 10 期。

李爽、汤嫣嫣、刘倩：《我国能源安全与能源消费结构关联机制的系统动力学建模与仿真》，《华东经济管理》2015 年第 8 期。

李素峰、严良、牛晓耕等：《矿产资源密集型区域可持续发展模式的系统动力学仿真研究》，《数学的实践与认识》2014 年第 24 期。

李文超、田立新、贺丹：《生态创新促进经济可持续发展的路径研究》，《科学管理研究》2013 年第 2 期。

李晓西：《〈中国绿色发展指数报告〉发布六周年小记》，《中国环境管理》2016 年第 1 期。

李香菊、杜伟、王雄飞：《环境税制与绿色发展：基于技术进步视角的考察》，《当代经济科学》2017 年第 4 期。

李雪梅、张丽妍、殷克东：《中国沿海地区典型滨海湿地绿色发展效应评价研究》，《中国海洋大学学报》（社会科学版）2019 年第 6 期。

李子美、张爱儒：《三江源生态功能区产业生态化模式系统动力学分析》，《统计与决策》2018 年第 9 期。

李周：《中国经济学如何研究绿色发展》，《改革》2016 年第 6 期。

连飞：《中国经济与生态环境协调发展预警系统研究——基于因子分析和 BP 神经网络模型》，《经济与管理》2008 年第 12 期。

梁丽琨、汝旋、韦朝海：《我国西南四省（区）大气煤基 PAHs 排放系统动力学分析》，《环境科学学报》2018 年第 9 期。

廖小平：《绿色发展：湖南实现可持续发展的战略抉择——加快建设"绿色湖南"的思路与对策研究》，《湖南社会科学》2012 年第 1 期。

刘超、林晓乐：《城镇化与生态环境交互协调行为研究——以黄河三角洲为例》，《华东经济管理》2015 年第 7 期。

刘芳、孙华：《水资源项目治理的社会网络动态分析》，《中国人口·资源与环境》2012 年第 3 期。

刘茂松：《论经济发展新常态与湖南绿色发展战略及其路径》，《湖南社会科学》2015 年第 3 期。

刘晓、熊文、朱永彬等：《经济平稳增长下的湖南省能源消费量及碳排放量预测》,《热带地理》2011 年第 3 期。

刘蔚:《城市居民低碳出行的影响因素及引导策略研究》,北京理工大学博士学位论文,2014。

刘杨、杨建梁、梁媛:《中国城市群绿色发展效率评价及均衡特征》,《经济地理》2019 年第 2 期。

刘耀彬、陈斐、李仁东:《区域城市化与生态环境耦合发展模拟及调控策略——以江苏省为例》,《地理研究》2007 年第 1 期。

卢飞、刘明辉、孙元元:《贸易开放、产业地理与绿色发展——集聚与产业异质性视角》,《经济理论与经济管理》2018 年第 9 期。

栾胜基、黄艺、张金华:《深圳环境展望(2007)》,UNEP/SZPKU(联合国环境规划署/北京大学深圳研究生院)联合出版,2007。

罗福周、李琬钰:《基于系统动力学的陕南地区循环经济发展水平研究》,《生态经济》2019 年第 7 期。

罗光斌、何丙辉、刘光平等:《重庆市农业面源污染 SD 仿真研究》,《西南大学学报》(自然科学版)2010 年第 9 期。

马永强、华志芹:《生态城镇化的人口—产业与生态协同演化机理研究——以江苏省城镇化为例》,《中国农业资源与区划》2019 年第 3 期。

潘家华:《"十二五"绿色发展指标无需过激》,《气候变化研究进展》2011 年第 3 期。

彭芬兰、邓集文：《绿色湖南视域下行政文化的生态化需求及其社会化》，《中南林业科技大学学报》（社会科学版）2013 年第 5 期。

彭乾、邵超峰、鞠美庭：《基于 PSR 模型和系统动力学的城市环境绩效动态评估研究》，《地理与地理信息科学》2016 年第 3 期。

彭文兵、马永威、张方方：《政府绿色支持政策对我国新能源推广影响研究》，《价格理论与实践》2018 年第 9 期。

蒲云辉、李文渊：《国外绿色建筑推广对我国的启示》，《建筑技术》2017 年第 7 期。

乔长涛、杜巍、屈志光：《我国绿色食品产量灰色预测及政策启示——基于供给增长驱动力视角的分析》，《农产品质量与安全》2011 年第 1 期。

秦欢欢、赖冬蓉、万卫等：《基于系统动力学的北京市需水量预测及缺水分析》，《科学技术与工程》2018 年第 21 期。

秦书生、晋晓晓：《政府、市场和公众协同促进绿色发展机制构建》，《中国特色社会主义研究》2017 年第 3 期。

秦文展：《营造绿色文化　建设绿色湖南》，《经济研究导刊》2012 年第 4 期。

秦钟、章家恩、骆世明等：《基于系统动力学的广东省循环经济发展的情景分析》，《中国生态农业学报》2009 年第 4 期。

瞿庆玲、钱新、王瑾：《综合类工业园环境系统动力学仿真与调控》，《环境保护科学》2010 年第 2 期。

邵继东：《基于情景分析的环保投资路径选择研究》，大连理工大学硕士学位论文，2013。

沈晓艳、王广洪、黄贤金：《1997～2013年中国绿色GDP核算及时空格局研究》，《自然资源学报》2017年第10期。

盛明科、朱玉梅：《生态文明建设导向下创新政绩考评体系的建议》，《中国行政管理》2015年第7期。

石培基、祝璇：《甘肃省人口预测与可持续发展研究》，《干旱区资源与环境》2007年第9期。

孙凌宇：《对推进柴达木地区绿色发展的思考》，《柴达木开发研究》2011年第2期。

孙秀丽、高斌：《城市园林绿化的预测分析与政策取向研究——以山东省为例》，《东岳论丛》2010年第12期。

唐建荣、邓林：《基于Lasso－Arima－GM的碳足迹情景分析》，《管理现代化》2014年第5期。

滕藤：《生态经济与相关范畴》，《生态经济》2002年第12期。

田红娜、毕克新、夏冰等：《基于系统动力学的制造业绿色工艺创新运行过程评价分析》，《科技进步与对策》2012年第13期。

涂小松、濮励杰、严祥等：《土地资源优化配置与土壤质量调控的系统动力学分析》，《环境科学研究》2009年第2期。

王翠霞、贾仁安、邓群钊：《中部农村规模养殖生态系统管理策略的系统动力学仿真分析》，《系统工程理论与实践》

2007 年第 12 期。

王耕、李优：《基于 SD 模型的城市生活垃圾资源化处理模拟研究——以大连市为例》，《环境工程技术学报》2016 年第 5 期。

王耕、刘秋波、丁晓静：《基于系统动力学的辽宁省生态安全预警研究》，《环境科学与管理》2013 年第 2 期。

汪光焘：《对未来城市绿色发展的思考》，《城市规划》2019 年第 7 期。

王其藩：《系统动力学》（修订版），清华大学出版社，1994。

王全良：《财税政策对中国绿色发展的影响研究——基于空间计量模型的实证检验》，《中国软科学》2017 年第 9 期。

王向华、朱晓东、李杨帆等：《厦门海湾型城市发展累积生态效应动态评价》，《生态学报》2007 年第 6 期。

王晓君、吴敬学、蒋和平：《中国农村生态环境质量动态评价及未来发展趋势预测》，《自然资源学报》2017 年第 5 期。

王行风、汪云甲、李永峰：《基于 SD – CA – GIS 的环境累积效应时空分析模型及应用》，《环境科学学报》2013 年第 7 期。

王毅：《厘清"绿色发展"理念》，《北京观察》2011 年第 6 期。

汪一鸣：《宁夏南部山区经济与人口、资源、环境协调发展的系统动态分析》，《干旱区资源与环境》1989 年第 1 期。

韦静、曾维华：《生态承载力约束下的区域可持续发展的动态模拟——以博鳌特别规划区为例》，《中国环境科学》

2009 年第 3 期。

温兴琦、程海芳、蔡建湖等：《绿色供应链中政府补贴策略及效果分析》，《管理学报》2018 年第 4 期。

吴代赦、郑宝山、唐修义等：《中国煤中氮的含量及其分布》，《地球与环境》2006 年第 1 期。

夏胜国、王树盛、曹国华：《绿色交通规划理念与技术——以新加坡·南京江心洲生态科技岛为例》，《城市交通》2011 年第 4 期。

夏扬坤、庞燕、夏扬奇：《长株潭城市绿色物流发展预测分析》，《中国科技投资》2014 年第 4 期。

肖阳、卢雨婷：《偏好分层视角下消费者创新性与新能源汽车采用行为的关系研究》，《科技管理研究》2016 年第 24 期。

谢瑾岚、刘敏、杨顺顺：《沿"三大战略路径"挺进 绘湖南绿色发展新篇》，《湖南日报》2016 年 9 月 20 日。

熊鹰、李静芝、蒋丁玲：《基于仿真模拟的长株潭城市群水资源供需系统决策优化》，《地理学报》2013 年第 9 期。

熊映梧：《选择绿色发展的道路——海南与台湾产业政策比较分析》，《科技导报》1994 年第 12 期。

熊振兴：《生态赤字税：绿色发展与税制改革》，《经济理论与经济管理》2018 年第 4 期。

徐鹏、高伟、周丰等：《流域社会经济的水环境效应评估新方法及在南四湖的应用》，《环境科学学报》2013 年第 8 期。

徐鹏、林永红、栾胜基：《低碳生态城市建设效应评估方法构建及在深圳市的应用》，《环境科学学报》2016 年第 4 期。

徐礼来、崔胜辉、闫祯等：《城市生活垃圾产生预测的核心问题探讨》，《环境科学与技术》2013 年第 2 期。

徐如意、陈田：《边境特色小城镇发展模式的系统动力学分析》，《现代城市研究》2019 年第 7 期。

徐升华、吴丹：《基于系统动力学的鄱阳湖生态产业集群"产业—经济—资源"系统模拟分析》，《资源科学》2016 年第 5 期。

许宪春、任雪、常子豪：《大数据与绿色发展》，《中国工业经济》2019 年第 4 期。

徐志嫱、魏红、黄廷林：《西安市污水再生利用系统的优化与发展趋势分析》，《西北农林科技大学学报》（自然科学版）2008 年第 6 期。

严茂超：《生态经济学新论：理论、方法与应用》，中国致公出版社，2001。

杨秉赓、赵士鹏：《龙井县社会—经济—生态复合系统动态仿真》，《地理科学》1989 年第 1 期。

杨杰、李洪砚、杨丽：《面向绿色建筑推广的政府经济激励机制研究》，《山东建筑大学学报》2013 年第 4 期。

杨开宇：《运用系统动力学分析我国城镇化对水资源供需平衡的影响》，《财政研究》2013 年第 6 期。

杨顺顺：《中国工业部门碳排放转移评价及预测研究》，

《中国工业经济》2015年第6期。

杨顺顺：《系统动力学应用于中国区域绿色发展政策仿真的方法学综述》，《中国环境管理》2017年第6期。

杨顺顺：《基于系统动力学的区域绿色发展多情景仿真及实证研究》，《系统工程》2017年第7期。

杨顺顺：《建设"美丽湖南"须拓展非政府主体参与模式》，《湖南日报》2017年12月27日。

杨顺顺：《抓好长江经济带绿色发展的三大维度》，《中国社会科学报》2018年7月25日。

杨顺顺：《长江经济带绿色发展指数测度及比较研究》，《求索》2018年第5期。

杨顺顺：《深入推进环境污染第三方治理》，《中国社会科学报》2020年2月19日。

杨顺顺：《因势利导，打好绿色发展国际合作牌》，《湖南日报》2019年1月24日。

杨顺顺、徐鹏、李丽丽：《南方流域农业面源污染控制政策仿真》，科学出版社，2017。

杨顺顺、邹质霞：《创新中国低碳技术的推广机制》，《中国社会科学报》2016年6月8日。

杨解君：《论中国绿色发展的法律布局》，《法学评论》2016年第4期。

杨子江、韩伟超、杨恩秀：《昆明市水资源承载力系统动力学模拟》，《长江流域资源与环境》2019年第3期。

杨志江、文超祥：《中国绿色发展效率的评价与区域差异》，《经济地理》2017 年第 3 期。

叶龙浩、周丰、郭怀成等：《基于水环境承载力的沁河流域系统优化调控》，《地理研究》2013 年第 6 期。

于堃、熊黑钢、韩茜等：《基于目标规划模型的大连市水资源承载力分析》，《城市环境与城市生态》2005 年第 5 期。

袁润松、丰超、王苗等：《技术创新、技术差距与中国区域绿色发展》，《科学学研究》2016 年第 10 期。

曾悦、商婕：《生态工业园区绿色发展水平趋势预测及驱动力研究》，《福州大学学报》（自然科学版）2017 年第 2 期。

张波、王桥、孙强等：《基于 SD – GIS 的突发水污染事故水质时空模拟》，《武汉大学学报》（信息科学版）2009 年第 3 期。

张波、虞朝晖、孙强等：《系统动力学简介及其相关软件综述》，《环境与可持续发展》2010 年第 2 期。

张国俊、邓毛颖、姚洋洋等：《广东省产业绿色发展的空间格局及影响因素分析》，《自然资源学报》2019 年第 8 期。

张江雪、张力小、李丁：《绿色技术创新：制度障碍与政策体系》，《中国行政管理》2018 年第 2 期。

张梦婕、官冬杰、苏维词：《基于系统动力学的重庆三峡库区生态安全情景模拟及指标阈值确定》，《生态学报》2015 年第 14 期。

张腾飞、杨俊：《绿色发展绩效的环境保护财政支出效应评价及政策匹配》，《改革》2019 年第 5 期。

张晓宇、许端阳、卢周扬帆等：《基于系统动力学的阿拉善"三生"用水系统演化模拟与调控》，《干旱区资源与环境》2019 年第 8 期。

张雪花、郭怀成、张宝安：《系统动力学—多目标规划整合模型在秦皇岛市水资源规划中的应用》，《水科学进展》2002 年第 3 期。

张雪花、王小双、陶贻侠：《人类绿色发展指数的构建与测度方法研究》，《2013 中国可持续发展论坛暨中国可持续发展研究会学术年会》，2013。

张燕：《对我国生态农业技术推广的思考》，《农业经济》2011 年第 2 期。

张莹、刘波：《我国发展绿色经济的对策选择》，《开放导报》2011 年第 5 期。

赵敏、赵国浩、张宝建：《地方政府行为视角下资源型企业绿色责任动力机制研究》，《华东经济管理》2019 年第 8 期。

郑宏娜：《中国绿色发展系统模型构建与评价研究》，大连理工大学硕士学位论文，2013。

郑斯瑞、钱新、瞿庆玲：《化学工业园的系统动力学仿真与调控》，《环境科学研究》2011 年第 5 期。

中国行政管理学会、环境保护部宣传教育司联合课题组：《实施中国特色的绿色新政　推动科学发展和生态文明建设》，

《中国行政管理》2010 年第 4 期。

周宏春：《走中国特色的绿色发展之路》，《中国科学院院刊》2010 年第 2 期。

周宏春：《绿色发展是中国现代化的应有之义》，《绿叶》2015 年第 8 期。

周宏春：《乡村振兴背景下的农业农村绿色发展》，《环境保护》2018 年第 7 期。

周业晶、周敬宣、肖人彬等：《以 GDP－PM2.5 达标为约束的东莞大气环境容量及承载力研究》，《环境科学学报》2016 年第 6 期。

周志远：《湖南长沙县实施绿色政绩考核精准评价干部实绩》，《中国行政管理》2015 年第 1 期。

朱发根、单葆国：《基于情景分析模型的 2030 年中国能源供需格局研究》，《生态经济》2013 年第 12 期。

朱永彬、王铮、庞丽等：《基于经济模拟的中国能源消费与碳排放高峰预测》，《地理学报》2009 年第 8 期。

祝秀芝、李宪文、贾克敬等：《上海市土地综合承载力的系统动力学研究》，《中国土地科学》2014 年第 2 期。

庄贵阳、薄凡、张靖：《中国在全球气候治理中的角色定位与战略选择》，《世界经济与政治》2018 年第 4 期。

"经济增长与环境"课题组：《经济与环境：预警机制与政策分析》，中国环境与发展国际合作委员会，2005。

Ahmad S. , Simonovic S. P. , "Spatial System Dynamics:

New Approach for Simulation of Water Resources Systems," *Journal of Computing in Civil Engineering*, 2004, 18（4）.

Allen C., Metternicht G., Wiedmann T., "National Pathways to the Sustainable Development Goals（SDGs）：A Comparative Review of Scenario Modelling Tools," *Environmental Science & Policy*, 2016.

Carr E. R., Wingard P. M., Yorty S. C., et al., "Applying DPSIR to Sustainable Development," *International Journal of Sustainable Development and World Ecology*, 2007, 14（6）.

Cazcarro I., Duarte R., Sánchez-Chóliz J., et al., "Environmental Footprints and Scenario Analysis for Assessing the Impacts of the Agri-food Industry on a Regional Economy：A Case Study in Spain," *Journal of Industrial Ecology*, 2015, 19（4）.

Chang Y. C., Ko T. T., "An Interactive Dynamic Multi – Objective Programming Model to Support Better Land Use Planning," *Land Use Policy*, 2014, 36.

Dong X. Q., Li C. L., Li J., et al., "Application of A System Dynamics Approach for Assessment of the Impact of Regulations on Cleaner Production in the Electroplating Industry in China," *Journal of Cleaner Production*, 2012, 20（1）.

Feng L. H., Zhang X. C., Luo G. Y., "Application of System Dynamics in Analyzing the Carrying Capacity of Water Resources in Yiwu City, China," *Mathematics and Computers in*

Simulation, 2008, 79（3）.

Feng Y. Y. , Chen S. Q. , Zhang L. X. , "System Dynamics Modeling for Urban Energy Consumption and CO_2 Emissions: A Case Study of Beijing, China," *Ecological Modelling*, 2013, 252.

Forrester J. W. , "Industrial Dynamics: A Breakthrough for Decision Makers," *Harvard Business Review*, 1958, 36（4）.

Forrester J. W. , *Industrial Dynamics*, Canbridge, MA: The MIT Press, 1961.

Guan D. J. , Gao W. J. , Su W. C. , et al. , "Modeling and Dynamic Assessment of Urban Economy-resource-environment System with a Coupled System Dynamics-geographic Information System Model," *Ecological Indicators*, 2011, 11（5）.

Guo H. C. , Liu L. , Huang G. H. , et al. , "A System Dynamics Approach for Regional Environmental Planning and Management: A Study for the Lake Erhai Basin," *Journal of Environmental Management*, 2001, 61（1）.

Han J. , Hayashi Y. , "A System Dynamics Model of CO_2 Mitigation in China's Inter-city Passenger Transport," *Transportation Research Part D: Transport and Environment*, 2008, 13（5）.

IPCC, 2006 IPCC Guidelines for National Greenhouse Gas Inventories, Hayama, IGES for the IPCC, 2006.

Jin W. , Xu L. Y. , Yang Z. F. , "Modeling a Policy Making

Framework for Urban Sustainability: Incorporating System Dynamics into the Ecological Footprint," *Ecological Economics*, 2009, 68 (12).

Liao Z. X., Ren P. Y., Jin M. Z., et al., "A System Dynamics Model to Analyse the Impact of Environment and Economy on Scenic's Sustainable Development Via a Discrete Graph Approach," *Journal of Difference Equations and Applications*, 2017, 23 (1 – 2).

Liu H., Benoit G., Liu T., et al., "An Integrated System Dynamics Model Developed for Managing Lake Water Quality at the Watershed Scale," *Journal of Environmental Management*, 2015, 155.

Liu X., Mao G. Z., Ren J., et al., "How Might China Achieve Its 2020 Emissions Target? A Scenario Analysis of Energy Consumption and CO_2 Emissions Using the System Dynamics Model," *Journal of Cleaner Production*, 2015, 103.

Lu Y., Wang X. R., Xie Y. J., et al., "Integrating Future Land Use Scenarios to Evaluate the Spatio – Temporal Dynamics of Landscape Ecological Security," *Sustainability*, 2016, 8 (12).

Pearce D. W., Markandya A., Barbier E. B., *Blueprint for a Green Economy*, London: Earth scan Publication Limited, 1989.

Shen Q. P. , Chen Q. , Tang B. , et al. , "A System Dynamics Model for the Sustainable Land Use Planning and Development," *Habitat International*, 2009, 33 (1).

Tian Y. H. , Govindan K. , Zhu Q. H. , "A System Dynamics Model Based on Evolutionary Game Theory for Green Supply Chain Management Diffusion among Chinese Manufacturers," *Journal of Cleaner Production*, 2014, 80.

Tsolakis N. , Anthopoulos L. , "Eco – cities: An Integrated System Dynamics Framework and a Concise Research Taxonomy," *Sustainable Cities and Society*, 2015, 17.

Wei S. K. , Yang H. , Song J. X. , et al. , "System Dynamics Simulation Model for Assessing Socio-economic Impacts of Different Levels of Environmental Flow Allocation in the Weihe River Basin, China," *European Journal of Operational Research*, 2012, 221 (1).

Winz I. , Brierley G. , Trowsdale S. , "The Use of System Dynamics Simulation in Water Resources Management," *Water Resources Management*, 2009, 23 (7).

Wu Z. , Xu J. , "Predicting and Optimization of Energy Consumption Using System Dynamics-fuzzy Multiple Objective Programming in World Heritage Areas," *Energy*, 2013, 49.

Xu Z. , Coors V. , "Combining System Dynamics Model, GIS and 3D Visualization in Sustainability Assessment of Urban

Residential Development," *Building and Environment*, 2012, 47.

Yang J. F. , Lei K. , Khu S. , et al. , "Assessment of Water Environmental Carrying Capacity for Sustainable Development Using a Coupled System Dynamics Approach Applied to the Tieling of the Liao River Basin, China," *Environmental Earth Sciences*, 2015, 73 (9).

Zhao W. , Ren H. , Rotter V. S. , "A System Dynamics Model for Evaluating the Alternative of Type in Construction and Demolition Waste Recycling Center: The Case of Chongqing, China," *Resources, Conservation and Recycling*, 2011, 55 (11).

后　记

　　本书在笔者发表于《系统工程》《中国环境管理》《学习时报》《中国社会科学报》等多个刊物的相关论文，以及笔者从 2015 年下半年至今主持或执行主持的三个课题研究报告和中期成果（"湖南清洁低碳技术推广重点和机制研究""长株潭试验区在全面深化改革中保持领先重点领域研究""湖南省创新绿色产品供给管理体制机制研究"）的基础上，进行了大量增补完善工作而形成。一方面理论方法篇章，对研究中涉及的系统动力学模型进行了数据更新和方程重新拟合，增加了更远期预测结果，结论相较于原研究有所推进和改善；另一方面实证应用篇章，重新梳理了相关报告逻辑框架，增补了近期作者对相关问题的调查报告、跟进研究，使政策举措更合时宜。

　　与以前笔者的相关著作相比，本书涉及的成果更接近于政策实践层面，不再是运用数据采集、建立模型、分析结果、得出结论的逻辑范式，而是更多地采用了案例收集、模式比对、政策梳理、归纳建议的方式进行阐述，更接地气，但也较难于得到纵向课题的支持。本书能整理刊印，一方面要感谢省、院智库类课题在决策研究方面的资助；另一方面本书第四章至第六章的部分由省两型委（现省两型服务中心）委托项目成果转化而来，在项目的执行过程中，得到了刘怀德主任、刘建华处长等委领导和改革处领导在政策建议上的细致指导和企业调研工作上的大力支持，让我受益匪浅，邹质霞博士、邓吉祥博士、刘晓博士和陶庆先副研究员在这些项目的调研、咨询或执笔中也付出了努力，在此一并表示感谢。

记得 2005 年还在学校选修社会学方面的一门课程《经济社会学研究》时，在结课作业要求的读书笔记上，笔者写下了这样的一段话：19 世纪末 20 世纪初，经济学边际革命中出现了现行主流经济学的基本研究范式——最大化工具，经过百余年来的发展，主流经济学的逻辑体系已经相当严密。然而，经济学中用以演绎乃至最终构筑这个严整的逻辑体系的根基——那些基本假设却受到了人们越来越多的批评。正是由于这些过强的假设（如"理性人假定""自由市场制度假定"），我们发现主流经济学方程给我们的结果往往与现实社会之间存在偏差，而很多现实社会的现象似乎也无法用主流经济学的观点进行解释。主流经济学的另一个问题是对技术的"迷恋"，这种"迷恋"导致经济学家们对无法做最大化及边际分析的问题不再关心。正如杨小凯所说的"再好的经济学思想，如果不能变成数学模型，就会被人遗忘，而再浅薄的经济学思想，一旦它变成数学模型，就有机会进入主流学派而可能流传下去"。数学的应用使经济学概念精确化，提高了人们交流争论时的效率，而数学语言的精确性也降低了经济学内部分工所产生的通信费用。推理过程的前提和表述过程的精确化促进了经济学的进步，但是社会中复杂纷繁的经济学现象仅仅被抽象成一行行的方程和数字必然会造成信息的流失。经济学中使用演绎方法的有效条件是经济因素的结合是机械的，然而这个前提明显难以成立。经济学研究的对象是经常变化的，量变到质变的过程随时可能发生，基于经济因素机械结合的"经济力学"永远不是经济学的根本目标。运用数学是为了借助其简短、清晰、深刻的特点，而不在于构造长链条的演绎，否则那就是数学游戏。在经济学中，精确度与研究范围实在是难以协调的一对问题。这些观点有的来自《新经济社会学》（张其仔），有的来自授课时课堂笔记的延伸。

这些年，笔者也陆续发表过不少学术论文，但大多仍以模型方法为主，对策建议都相对理想化，政策建议的实用价值在国内政府实际操作中尚难以体现，如何使学术成果能更简便地应用于实际的政策制定是笔者一直思考的问题。2019 年，笔者开始协助《系统工程》期刊编辑部进行相关的稿件筛选及内审、外审工作，从审稿情况上看，不少来稿文章模型方法洋洋洒洒十余页，方法越来越规范但创新仍显不足，更严重的问题往往在于一是研究的对象本身没有太大的现实意义，二是结论难找亮点或难以实际应用。这些状态也加深了笔者希望从单纯的方法研究转向涉及更多的政策实操研究的想法。

　　在拟定本书大纲之际，正逢笔者参与了省两型委在绿色技术、绿色产品等方面的体制机制改革举措研究，这些项目既针对具体的政策制定，又具有一定的连续性，故在本书中与相关的理论模型研究汇集展示，形成从理论方法模型构建到经验比对政策建议的逻辑链条。当然，由于笔者能力有限以及成稿时间相对仓促，目前书中对政策举措方面的研究主要还是在借鉴国际国内其他地区先进经验的基础上，加以综合提炼和本地化改进，完全"原创"的政策建议依然有待深入探索。

杨顺顺

湖南省社会科学院

2020 年 7 月于长沙　德雅村

图书在版编目（CIP）数据

绿色发展情景仿真、技术推广与重点领域建设：以
湖南为例 / 杨顺顺著 . -- 北京：社会科学文献出版社，
2020.9

ISBN 978 - 7 - 5201 - 7205 - 9

Ⅰ.①绿…　Ⅱ.①杨…　Ⅲ.①绿色经济 - 经济发展 -
研究 - 湖南　Ⅳ.①F127.64

中国版本图书馆 CIP 数据核字（2020）第 164140 号

绿色发展情景仿真、技术推广与重点领域建设：以湖南为例

著　　者 / 杨顺顺

出 版 人 / 谢寿光
责任编辑 / 吴　敏

出　　版 / 社会科学文献出版社·皮书出版分社（010）59367127
　　　　　　地址：北京市北三环中路甲 29 号院华龙大厦　邮编：100029
　　　　　　网址：www. ssap. com. cn
发　　行 / 市场营销中心（010）59367081　59367083
印　　装 / 三河市尚艺印装有限公司

规　　格 / 开　本：787mm × 1092mm　1/16
　　　　　　印　张：21　字　数：210 千字
版　　次 / 2020 年 9 月第 1 版　2020 年 9 月第 1 次印刷
书　　号 / ISBN 978 - 7 - 5201 - 7205 - 9
定　　价 / 98.00 元

本书如有印装质量问题，请与读者服务中心（010 - 59367028）联系